JN233506

淑徳大学社会学部研究叢書　17

近代日本における地理学の一潮流

Beyond the Academe :
Another Lineage of Modern Japanese Geography

源　　昌　久　著
MINAMOTO Shokyu

学　文　社

近代日本における地理学の一潮流

Beyond the Academe :
Another Lineage of Modern Japanese Geography

目　次

序　章 …………………………………………………………………………… 1

第Ⅰ章　福沢諭吉（1834-1901）著『世界国尽』に関する一研究
　　　　── 書誌学的調査 ── ………………………………………… 8
　　1．はじめに ……………………………………………………………… 8
　　2．『世界国尽』 ………………………………………………………… 11
　　3．『頭書』の原拠本に関する調査 …………………………………… 18
　　4．おわりに ……………………………………………………………… 33

第Ⅱ章　内村鑑三（1861-1930）の地理学 ── 書誌学的調査 ── ……… 39
　　1．はじめに ……………………………………………………………… 39
　　2．地理学関係著作目録 ………………………………………………… 40
　　3．書誌的注解 …………………………………………………………… 49
　　4．内村の地理学に関する研究文献目録 ……………………………… 54
　　（付）地理学専門誌における反響 …………………………………… 60

第Ⅲ章　矢津昌永（1863-1922）の地理学 ── 書誌学的調査 ── ……… 62
　　1．はじめに ……………………………………………………………… 62
　　2．著作目録 ……………………………………………………………… 63
　　3．研究文献目録 ………………………………………………………… 94
　　4．書誌的注解 …………………………………………………………… 97
　　5．矢津昌永の生涯 ……………………………………………………… 119

目 次 iii

第Ⅳ章　矢津昌永著『日本地文學』に関する一考察 …………… 135
　1．はじめに …………………………………………………………… 135
　2．明治20年までの地（理）学 ……………………………………… 137
　3．当時のアカデミック地（理）学 ………………………………… 143
　4．『日本地文學』 …………………………………………………… 147
　5．ライン著 JAPAN との比較 ……………………………………… 150

第Ⅴ章　志賀重昂（1863-1927）の地理学 —— 書誌学的調査 —— … 159
　1．はじめに …………………………………………………………… 159
　2．著作目録 …………………………………………………………… 162
　3．書誌的注解 ………………………………………………………… 178
　4．地理学専門誌における反響 ……………………………………… 187
　5．志賀の地理学（1） ……………………………………………… 190
　6．志賀の地理学（2） ……………………………………………… 194

第Ⅵ章　J.M.D. メイクルジョン（1830-1902）著『比較新地理学』に関する
　　　　一考察 —— 明治地理学史の一節 —— ……………………… 202
　1．はじめに …………………………………………………………… 202
　2．志賀重昂著『地理学講義』と Meiklejohn ……………………… 202
　3．A New Geography...について …………………………………… 205
　4．わが国における A New Geography...の流布状況 ……………… 211

（補論）日本の大学における J.M.D. Meiklejohn 著 A New Geography の
　　　　所蔵調査 ………………………………………………………… 223
　1．はじめに …………………………………………………………… 223
　2．調査および結果 …………………………………………………… 228
　3．考察 —— むすびにかえて —— ………………………………… 231

第Ⅶ章　山上萬次郎（1868-1946）の地理学に関する一研究
　　　　—— 伝記・書誌学的調査 ——　……………………………………　234
　　1．山上萬次郎の生涯　…………………………………………………　235
　　2．山上の地理学観　……………………………………………………　243

文献　…………………………………………………………………………　257
SUMMARIES（Chap. Ⅰ — Chap. Ⅶ）　…………………………………　260
　あとがき　…………………………………………………………………　265
索　引　………………………………………………………………………　268

序　章

　　四半世紀以前，日本の近代地理学史研究は帝国大学を中心とする，いわゆるアカデミック地理学の形成に関心が向けられていたといってもよいであろう。後章でも言及するが，日本のアカデミック地理学の成立について，ここでふれておこう。アカデミック地理学の成立に関しては，種々のアプローチにより研究がなされ，異なる見解も見受けられる。筆者は，制度史的立場から個別の地理学研究者による地理学の教授によって定められるのではなく，専門課程（システム）としての地理学講座の設置をもってアカデミック地理学の成立とみなす考え方を有している。つまり，1907年に京都帝国大学文科大学史学科に史学地理学講座第二講座，1911年に東京帝国大学理科大学地質学科に地理学講座が開設された。これらをもって日本のアカデミック地理学が成立したと見てよいであろう。それぞれの帝国大学で小川琢治（1870-1941），山崎直方（1870-1929）が中心となって研究を進めた。他方，明治地理学形成の前史ないし，ノン・アカデミック地理学史の研究は，ほとんど空白状態であった。筆者は，このような地理学史研究の未開拓の分野をうめるために，25年にわたり，福沢諭吉（1834-1901），内村鑑三（1861-1930），矢津昌永（1863-1922），志賀重昂（1863-1927），山上万次郎（1868-1946）等の地理学に関する論考を発表してきた。本書はこれらの研究論文のうち，主要な諸篇を集めたものである。彼等に共通するひとつの特徴は，アカデミズムの流れとは異なる，つまり，オーソドックスではない（非正統的：Heterodoxy）地理学者ないし地理学に関心を寄せた人びとであったことである。地理学者を分類すると3つのタイプが考えられる。第一は，帝国大学で地理学（地質学）を修得し，地理学界の主流で研究を行っているアカデミック地理学者である。たとえば，山崎直方。第二は，帝国大学で地理学（地質学）を修得しているが，地理学界の主流ではない部門で地

理学を研鑽している研究者である。彼等は，アカデミック地理学者ではあるが，非正統的地理学者ともいえよう（Takeuchi 2000：86）。たとえば，山上万次郎。第三は，帝国大学以外で地理学を学び（独学も含む），かつ，地理学界の主流ではない部門で研究活動を行っている非正統的地理学者がいる。たとえば，矢津昌永。この第三のタイプに属している地理学者を筆者は，ノン・アカデミック地理学者と称している。なお，アウトサイダー地理学者という用語を使用する研究者がいる。アカデミズムの流れと一線を引くという視点からであろうが，第二と第三のタイプの混同があり，扱い方が不確定につき筆者はこの用語の使用を避けたい。

　筆者は，主として第三のタイプ，つまり，ノン・アカデミック地理学者を研究対象としている。しかし，山上万次郎のように帝国大学理科大学地質学科の卒業生であるが，主流に属さない第二のタイプの地理学者も考察を行なっている。それは，彼が帝国大学出身でありながら，第三のタイプに属する研究者の諸論をも参考にし，彼等の業績を高く評価しているからである。

　本書のタイトル中に表記されている「一潮流」とは，上述したノン・アカデミック地理学者の系譜を意味している。彼等は，揺籃期アカデミック地理学ないしアカデミック地理学確立以前の時期に主として活躍していた。

　地理学史研究へのアプローチの方法（手法）は，社会との係わりを重視しているコンテクスチュアル（Contextual）・アプローチを始め，さまざま，考えられる。　筆者は研究方法として，章見出しの副題に示されているように，書誌学的アプローチないし伝記・書誌（学）的（Bio-bibliographical）アプローチを地理学史研究に採用している。筆者がノン・アカデミック地理学者をテーマとして採り上げた最初の論文は，「志賀重昻の地理学 ── 書誌学的調査 ──」（本書第Ⅴ章収載）であった。これは，その副題に記載されているように書誌学的アプローチを活用して，作成された論文である。四半世紀以前の日本における地理学史研究者の間では，学史研究の基礎的作業が，完全な書誌の作成にあるという観点に欠けていたように考えられた。書誌あるいは目録と称する著作が

存在しても，それらは書誌学的に厳密な検討に基づく調査によらず，研究者の我流による手法によってほとんど作成されていた。たとえば，我流のものには，著書の刊行年の間違い，タイトルの誤記等，いくつもの書誌学的誤りが少なくなかった。一方，図書館員が作成した目録類は，研究者にとって役にたたないケースが多く見出された。その理由は，図書館員が主題（地理学）への関心が低く，学界の新しい研究水準を採り入れていないからである。研究の基礎的作業としての書誌・目録は，地理学史研究の水準を押し上げるものでなければならない。

このような状況下で，筆者は，主題（地理学）を理解し，原典を確認し，正確な記述を行うことの必要性を提唱した。なお，明治30年代中頃までの地理（学）書を記述する際，西洋書誌学で記されているルールをそのまま適用することは難しい。日本の伝統的書誌学の知識と西洋書誌学のそれとを併せ，工夫することが不可欠であった。

筆者と伝記・書誌（学）的アプローチとの出会いについてのべてみよう。数点の書誌学的調査に基づく論文を発表していた時期，1981年に竹内啓一先生（当時・一橋大学社会学部教授）から *Geographers*[1] への投稿を勧められた。本誌のサブ・タイトルには，*Bio-bibliographical Studies* と付されていた。筆者は，Bio-bibliography の内容については，西洋書誌学のテキストですでに理解していたので，志賀重昂について Bio-bibliographical アプローチを使用して原稿を作成し，投稿することにした。1983年2月，筆者は，当時の *Geographers* の編集者 T.W. Freeman 氏へ英文原稿を郵送し，Vol. 8.（1984年10月刊）に掲載（Minamoto 1984：95-105）された。

Bio-bibliography は，日本の地理学者にとってはあまり知られていない用語ではなかろうか。日本語訳はいくつかあるが，筆者は伝記・書誌（学）と訳している。伝記・書誌（学）的フォームを利用した目録は，西洋では中世から見られる。つまり，対象者の略伝とその人物の著作リストを共に記した目録（書誌）である。たとえば，Conrad von Gesner（1516-1565）による *Bibliotheca*

universalis...(『世　界　文　庫，或いは，ギリシャ，ラテン，ヘブライ三言語の
　　　　　　ビブリオテカ・ウニヴェルサリス……
著作豊富なる作品目録』[2] 1545 年）は，伝記・書誌（学）的記述を使用している。
また，日本においてもこのタイプの書誌はいくつも見出すことができる。たとえば，校勘学の系譜上に位置する『近世漢学者伝記著作大事典』（関儀一郎・関義直，井田書店，1943 年）が同様の手法を活用している。

　地理学史研究における伝記・書誌（学）的アプローチとは，地理学者あるいは地理学に関連した人物の生涯の調査および書誌（著作・研究文献等）の作成を基礎にし，対象人物の地理（学）思想を明らかにしていくことである。なお，本書の第Ⅲ章に収録されている「矢津昌永（1863－1922）の地理学 ── 書誌学的調査 ──」は，副題に「書誌学的」と記されているが，内容は伝記・書誌（学）的調査である。本書の第Ⅶ章に収録されている「山上萬次郎（1868－1946）の地理学に関する一研究 ── 伝記・書誌学的調査 ──」も副題が示すとおり伝記・書誌（学）的アプローチを活用している。

　このように，筆者は，書誌学的アプローチないし伝記・書誌（学）的アプローチを日本において地理学史研究に適用し，論文を発表してきた。また，研究会の席上においても口頭発表を行い，本アプローチの有効性について論じてきた。[3]

　本書の構成は，上述のような方法（手法）により近代日本のノン・アカデミック地理学者を中心に発表してきた研究論文のなかから，8 篇を選択し，原則として対象人物（著者）の生年順に排列してある。

　第Ⅰ章では，明治時代，最大の啓蒙思想家のひとりである福沢諭吉の地理学に関する書誌学的研究である。本研究は，福沢の地理学関連著作のうち，『頭書大全世界国尽』（全6巻）（1869 年）を採り上げ，内容を調査・検討し，その原拠本の確定を主目的とし，今後の発表に際して本格的考察のための基礎的資料を提示することを試みている。

　第Ⅱ章では，明治・大正期における最大の思想家かつ宗教家のひとりである内村鑑三の地理学関係に関する著作リストの作成および内村の地理学に関する

研究文献リストの作成を通じて,書誌学的研究を行なった。そして,明治地理学史研究のためのひとつの素材を提供することを試みた。

　第Ⅲ章では,日本におけるアカデミック地理学確立以前に地理学教育に一生を捧げてきた,ノン・アカデミック地理学者である矢津昌永を採り上げ,彼の著作目録,研究文献リストを作成することにした。これにより,これまで空白であった明治地理学形成の前史に対して,ひとつの研究素材を提供することを筆者は行なった。さらに,矢津の生涯について,筆者が調査した史・資料に基づいて彼の略伝を記した。この小論は,既述のように伝記・書誌(学)的アプローチを試みた第一作であった。

　第Ⅳ章では,矢津昌永が著述した『日本地文学』(1889年)を採り上げ,考察を試みた。地質学者かつアカデミック地理学者であった小藤文次郎(1856－1935)が執筆した地文学に関する3点の文献(1886-1890年に発表)と『日本地文学』との内容の検討を試み,当時のアカデミック地理学者とノン・アカデミック地理学者との成果の比較を筆者は試みた。

　『日本地文学』の内容に関する特徴のひとつとして,日常生活に密着している記事,実用的な記事,および実業に関連している記事が散見していることがあげられる。

　『日本地文学』の種本が,Rein, Johannes Justus (1835－1918) 著の *Japan* であると記している文章が存在する。しかし,矢津は *Japan* をあくまでも参考程度に参照したに過ぎないことを筆者は究明した。

　第Ⅴ章は,明治・大正期に活躍した啓蒙思想家であり,ノン・アカデミック地理学者であった志賀重昂の地理学文献著作目録,書誌的注解,当時(1889－1927年)の地理学専門誌における志賀に関する文献リスト,志賀の地理学についての考察から構成されている。

　第Ⅵ章では,志賀重昂の著書『地理学講義』(訂正5版,1892年)の中で,紹介されている,ある英国地理学者および彼の著作について書誌学的アプローチを通じて確定することを筆者は初めに試みた。その結果,その人物はJ.M.D.

Meiklejohn (1830-1902) であり，著作は *A new geography on the comparative method with maps and diagrams.* (1st ed.,1889) であることが判明した。山上万次郎（第Ⅶ章において考察する）・浜田俊三郎 (1870?-1946?) は，『新撰万国地理』(1983年) を著述したが，その内容は *A new geography...* の地誌の部分翻訳であった。さらに，牧口常三郎 (1871-1944) は，『人生地理学』(1903年刊) の中で *A new geography...* を著述の際に利用した参考文献として記載している。

　第Ⅵ章補論では，筆者は，上述の Meiklejohn 著の *A new geography...* が日本の大学およびそれに匹敵する高等教育機関（対象となったのは全てで27機関）に所蔵されている状況を調査した結果と，その調査方法を述べて，学史研究における書誌学的アプローチの一例を示すことを試み。

　第Ⅶ章では，明治中期から大正時代にかけて，多数の地理学書，地理教科書を執筆した山上万次郎の生涯と，彼の主要な地理学書を伝記・書誌学的手法によって調査し，彼の明治・大正地理学史上の地位を明らかにする本格的研究のための，若干の基礎的資料を提供することを目的としている。山上は，帝国大学理科大学地質学科出身者でありながら，いわゆるアカデミック地理学者グループとは異なる立場で活躍していた。したがって，これまで空白であった明治地理学史の前史についての研究に，筆者が素材提供を試みてきた一連のノン・アカデミック地理学者に関する伝記・書誌（学）的調査に続くものとして山上を採り上げた。

　本書に収載されている文章は，第Ⅵ章（補論を除く）以外，事実や表記上の誤りの訂正，初出論文に記されていた謝辞・使用した補助金名などの削除の他は，原則として内容の重複した部分の削除などを行なわず，発表当時の原型のままとした。現時点で見直してみると，幾分，学術論文として荒削りな箇所も見られる。また，発表後，いくつかの興味ある事実が発表されるなど，いろいろと訂正・増補したい部分もあった。これらについては，すべて次の機会をとらえたいと思う。

　なお，第Ⅵ章（補論を除く）は，初出時，英文であったが，本書に転載する

に際し，他の章との関係および本叢書の体裁上，今回，全文を邦訳した。

注)
1) *Geographers* は，1977 年から the International Geographical Union (IGU) と the International Union of the History and Philosophy of Science (IUHPS) とによる地理思想史のワーキング・グループによって刊行された。Vol. 22. が 2002 年に刊行予定（[Commission on the History of Geographical Thought] *NEWSLETTER* No.21：p. 3）。
2) タイトルの訳語は，マルクレス，L.-N. 著，藤野幸雄訳 1981.『書誌』白水社．(Malclès, L. -N. 1977. *La bibliographie*. 4e éd., Paris: Presses Universitaires de France.) p. 31 による。
3) 本テーマに関する口頭発表例（地理思想史関係）をあげておこう
   (1) 「日本地理学史研究における書誌学的アプローチ」を日本地理学会 地理思想史研究グループ（発起人代表：竹内啓一）の第2回研究会（1983 年 1 月 22 日，東京　一橋講堂　二階　集会室）にて発表。
   (2) 「地理学史研究における伝記・書誌学的手法について」を人文地理学会の第 11 回　地理思想研究部会（1987 年 7 月 11 日，京都　日本イタリア京都会館）にて発表。なお，発表要旨は，人文地理 39：pp. 477-448. に掲載されている。

（文献表は，巻末に記載してある。）

第Ⅰ章　福沢諭吉(1834-1901)著『世界国尽』に関する一研究 ——書誌学的調査——

1. はじめに

　本章は明治時代，最大の啓蒙思想家のひとり福沢諭吉（1834〈天保5〉年－1901〈明治34〉年）の地理学に関する書誌学的研究の第1報であり，筆者が，これまで空白であった明治地理学形成前史について発表してきた，志賀重昂（1863〈文久3〉年－1927〈昭和2〉年），内村鑑三（1861〈文久元〉年－1930〈昭和5〉年），矢津昌永（1863〈文久3〉年－1922〈大正11〉年），山上万次郎（1868〈明治元〉年－1946〈昭和21〉年）等の論考に続くものである。なお，本章の研究は，福沢の地理（学）関連著作の内，『世界国尽』（1869〈明治2〉年）をとりあげ内容を調査・検討し，その原拠本の確定を主目的とし，今後発表する本格的考察のための基礎的資料を提示することを試みている。したがって，彼の地理学体系およびそれが彼の思想の内にしめる地位についての発表は，後日に期したい。

　筆者が『世界国尽』を論題としてとりあげた動機のひとつは，同書の内容が今日的意義を有していると考えられるからである。本書は，明治初期に多数部（一説に100万部）刊行され，国民との結びつきが非常に強く，国民の国際理解を深め，地理的知識の向上を計っている。現在，学校教育の場にとらわれない広い意味での地理教育が一般国民にどれ程，密接な繋がりをもっているのか。さらに，地理についての知識向上に努力しているのか。本書の内容（表現を含めて）を考察することは，現在の地理教育を検討する上で欠くことのできないものと思われたからである。

　『世界国尽』を論じる前に，同書が出版された当時の時代背景について少し触れてみたい。幕末，アメリカを始めとする列強の開国要求により，1854（安

第Ⅰ章　福沢諭吉（1834-1901）著『世界国尽』に関する一研究　9

政元）年，江戸幕府はアメリカと和親条約を締結し，下田・函館2港を開いた。次いで，ロシア，イギリス，オランダとも和親条約が結ばれ，諸外国と国際関係をもつことになり，200年以上続いた鎖国政策解消の糸口が開かれた。1860（万延元）年，日米条約批准交換のために幕府は使節をワシントンへ遣わした。この使節の一員として，福沢は参加し，近代国家アメリカを直接に見聞した。開国後，先進資本主義国家の欧米との貿易が開始され，日本は世界市場に組み込まれ，経済の大変動が引き起こされた。経済的にも政治的にも遅れていた日本では，植民地化されるのではないかという危機感が生じてきた。このような状況の中，反幕府勢力の増大に伴い徳川政権が崩壊へと進行し，明治維新を迎えた。新政府は開国進取の方針で望み，国際社会の一員として出発した時期であった。

　ここで，福沢の地理（学）および地理（学）関連の著作（翻訳に近いものも含む）の主要なものについてリスト・アップしてみよう（タイトル等の書誌記述方式は，後述の第2節1）の(2)および(5)の規則を準用する）。

① 『［万延元年アメリカハワイ見聞報告書］』1860（万延元）年
② 『［西航記］』1862（文久2）年
③ 『［西航手帳］』1862（文久2）年
④ 『唐人往来』（表紙）　1865（慶応元）年
⑤ 『西洋事情』（見返し）（初編）三冊本　1866（慶応2）年
⑥ 『［慶應三年日記］』1867（慶応3）年
⑦ 『西洋旅案内　付録万国商法』（見返し）二冊本　1867（慶応3）年
⑧ 『条約十一国記』1867（慶応3）年
⑨ 『西洋事情外編』（見返し）三冊本　1867（慶応3）年［1868（慶応4）年］
⑩ 『〈訓蒙〉窮理図解』（見返し）三冊本　1868（明治元）年
⑪ 『掌中万国一覧』1869（明治2）年
⑫ 『〈頭書／大全〉世界国尽』（外題）六冊本　1869（明治2）年

⑬ 『西洋事情二編』(見返し)四冊本　1870(明治3)年
⑭ 『〈啓/蒙〉手習の友』(見返し)二冊本　1871(明治4)年
⑮ 『〈子供必用〉日本地図草子』1873(明治6)年
⑯ 『道中日記』(表紙)　1889(明治22)年

　上記の他に『学問のすゝめ』等も地理学に言及している箇所が見受けられる。このように，福沢の主たる地理(学)および地理(学)関連の著作は，1860年から1873年頃までの14年間にほぼ集中し，『世界国尽』は，この14年間の半ばより後に刊行されたことがわかる。
　この期間に福沢は外国を直接，見聞する機会を3回得ている。第1回目は，既述したとおりである。1860(万延元)年，日米条約批准交換のために幕府が使節をワシントンへ遣わした際に，この使節の一員として参加。第2回目は，1865(慶応元)年1月から12月までの遣欧使節の随員としての体験であった。第3回目は，1867(慶応3)年1月から同年6月まで，幕府の軍艦受取委員の一員として再度，渡米体験をした。渡米中，福沢は地理書を含む学校用教科書を大量にしかも同じ書物を複数分，購入した事実は注目すべきである。
　福沢の地理学に関係した活動として，1879(明治12)年4月，英国のRoyal Geographical Societyにならって設立された東京地学協会の会員としての経歴があげられる。彼は，協会が発足以来，4ヵ月余りで退社している。退社理由について，石田(1969：p. 7)は，"また肌合いからいっても合わなかったのであろう。"とし，辻田(1975：p. 294)は，"民主的な福沢は，貴族的・社交的な協会の水に合わないことを自覚したのか，…。"と記している。
　なお，本章中のタイトル，固有名詞，引用文は，本章を初出した『空間・社会・地理思想』の執筆要領に従い，できる限り常用漢字を使用し，変体仮名・異体字は通行の表記に改める。引用文の振り仮名は，原拠によらず地名等，最小限度に止める。タイトル中の二行割書，角書きは，〈　〉内に入れ，半角で示す。タイトル関連情報の小文字も半角で示す。引用文を慶應義塾編纂

(1958-1964)『福沢諭吉全集』による場合は，『全集』と略し，巻号はアラビア数字で示す。

2．『世界国尽』

1）書誌的調査

　『世界国尽』は，福沢の著書のうちでも最も多くの発行部数を有した書物のひとつであり，各種の版本や偽版も出版された。ここでは本稿の底本とする『〈頭書／大全〉世界国尽』（以下，書誌以外では『頭書』と略す）および『〈素本〉世界国尽』，『〈真字／素本〉世界国尽』について書誌的事項を簡単[1]に記してみよう。

　本書誌の書誌的事項の記載方法は次の規則に従う。

(1) 記載の順序は『(総合) タイトル』，責任表示，その版に関する事項，出版事項，対照事項。

　　各著作のタイトルがある場合は，『タイトル』，丁数を記す。

(2) 本文巻頭以外のタイトルを採用した場合には，タイトルのあとに（　）で注記する。

(3) 目次等で内容を知るために重要と思われた著作については，（内容）の項に記す。

(4) 本の大きさの表示について，半紙判は半，大本の半截は中と記す。

(5) ［　］記号は定められた情報以外から得た語や数字を補記したい場合に使用する。

　　（　）記号は説明を加えたり限定したりした場合に使用する。

　　／記号は原文で改行になっている場合に使用する。

　　なお，使用した書物は，慶應義塾福沢研究センター所蔵のものである。

① 『世界国尽』　6巻　福沢諭吉訳述　慶應義塾蔵版　江戸　岡田屋嘉七　明治2（1869）（木版）半　6冊

a．『〈頭書／大全〉世界国尽　亜細亜洲　一』（外題）

序文4丁　凡例3丁　目録2丁　本文17丁　折込色彩地図［2（東の半世界・西の半世界）（亜細亜洲）］面　慶應義塾蔵版目録1丁半

（内容）目録

　　一の巻　発端　亜細亜洲　同頭書図入
　　二の巻　阿非利加洲　同頭書図入
　　三の巻　欧羅巴洲　同頭書図入
　　四の巻　北亜米利加洲　同頭書図入
　　五の巻　南亜米利加洲　同頭書図入　大洋洲　同頭書図入
　　六の巻　地理学の総論　天文の地学　自然の地学　人間の地学

b．『〈頭書／大全〉世界国尽　阿非利加洲　二』（外題）　本文16丁　折込色彩地図［1］面

c．『〈頭書／大全〉世界国尽　欧羅巴洲　三』（外題）　本文33丁　折込色彩地図［1］面

d．『〈頭書／大全〉世界国尽　北亜米利加洲　四』（外題）　本文24丁　折込色彩地図［1］面

e．『〈頭書／大全〉世界国尽　南亜米利加洲　大洋洲 五』（外題）　本文19丁　折込色彩地図［2］面

f．『〈頭書／大全〉世界国尽　附録　六』（外題）　本文22丁　奥付

② 『世界国尽』　6巻　福沢諭吉訳述　慶應義塾蔵版　再版[2]　江戸　岡田屋嘉七　明治4（1871）［明治5（1872）][3]（木版）半　6冊

a．『〈頭書／大全〉世界国尽　亜細亜洲　一　再刻』（外題）　序文4丁　凡例3丁　目録2丁　本文17丁　折込色彩地図［2］面

b．－e．[4]

f．『〈頭書／大全〉世界国尽　附録　六　再刻』（外題）　本文22丁　慶應義塾蔵版目録［1］丁　奥付

②-1)『世界国尽』 6巻 福沢諭吉訳述 慶應義塾蔵版 再版 江戸 岡田屋嘉七 明治4(1871)[明治5(1872)] (木版) 半 合3冊
a.『〈頭書/大全〉世界国尽 亜細亜洲／阿非利加洲 巻之一二 再刻』(外題) 序文4丁 凡例3丁 目録2丁 本文33丁 折込色彩地図[3]面
b.『〈頭書/大全〉世界国尽 欧羅巴洲／北亜米利加洲 巻之三四 再刻』(外題) 本文57丁 折込色彩地図[2]面
c.『〈頭書/大全〉世界国尽 南亜米利加洲／大洋／附録 巻之五六 再刻』(外題)
本文41丁 折込色彩地図[2]面

③『世界国尽』[5)] 3巻 福沢諭吉著 江戸 福沢諭吉 明治5(1872) (木版) 中 合3冊
a.『〈素/本〉 世界国尽 一』(外題) 本文37丁 折込色彩地図[1(東の半世界・西の半世界)]面[6)]
b.『〈素/本〉 世界国尽 二』(外題) 本文37丁
c.『〈素/本〉 世界国尽 三』(外題) 本文50丁

④『〈真字/素本〉 世界国尽』[7)] 福沢諭吉著 福沢氏版
明治8(1876) (木版) 半 1冊 本文24丁半 奥付

2)『頭書』の内容および表現上の特徴

本項では『頭書』の内容および表現上の特徴について言及してみよう。

(1) 内容に関する特徴

本書は，第2節1)の①のa.(内容)で示したとおり，世界全体を地域別に日本の属しているアジアを最初に述べ，次にアフリカ→ヨーロッパ→北アメリカ→南アメリカ→大洋洲(オセアニア)の順に解説している世界地誌の書物であり，かつ，手習い(習字)・読み方の役割を果たしている教材でもある。

学制領布（1872〈明治5〉年）以降，下等小学の地学読方，地学輪講の教科書として採用されている。

　本書の作法について福沢は，「一　此書は世間にある翻訳書の風に異なれとも，…。」（一の巻　凡例　第五丁オ）と記し，欧米の地理書，歴史書のエッセンスを集めて翻訳を行なったとしている。『頭書』の刊行される前年（1868〈明治元〉年）6月7日付の山口良蔵宛の書簡中で福沢は，"…翻訳物も現金にて仕候…。一　兵書，窮理書，地理書，舎密書，新聞紙の類，十行二十字の訳書一枚に付代金壱両。"（『全集』17, p. 56）と記し，翻訳者として生計をたてる決意を述べている。[8] この点からも明治初期には彼は翻訳に力をいれていたことがうかがわれる。さらに，筆者は，『頭書』の見返しに「福沢諭吉訳述」（筆者下線）と記載されている点からも，本書を著書というよりも訳書に近い書物とみている。

　初めに，『頭書』六巻の内，筆者が地理学史研究上，最も重要とみている六の巻の特徴（内容面）について述べてみよう。一の巻から五の巻までの内容は，挿絵図付世界地誌で，六の巻の内容は，系統地理である。六の巻では，「地理学の総論」で始まり，「天文の地学」「自然の地学」「人間の地学」の順に地理学を頭書なしで解説を行っている。地理学を3分野に分ける方法は，名称および構成順序の違いを別にして，"江戸時代に伝えられた17世紀の地理学以来共通"（日本地学史編纂委員会　1993：p. 882）のものである。福沢が系統地理を六の巻附録として位置づけている点は注目すべきである。当時の英米版地理教科書は，菅見の限りでは，世界地誌の記述に入る前，つまり，冒頭の部分において系統地理を説明している場合が多い。さらに，第2節1）の③・④で示したように，『〈素／本〉世界国尽』・『〈真字／素本〉世界国尽』は，六の巻を付していない。上述の事柄は，次のことを意味しているのではなかろうか。系統地理に関する記述は，地理学を理解する上では，重要であり，一の巻から五の巻の内容を理解する際の基礎的なバック・ボーンである。しかし，それは，やや抽象的な側面も含み，明治初期の『頭書』の対象読者層（児童婦女子）にとっては，

第Ⅰ章　福沢諭吉（1834-1901）著『世界国尽』に関する一研究　15

理解しがたい部分を有している。そこで，一の巻の冒頭において系統地理に関する記述を行うと，読者が地理学アレルギーを引き起こす危惧を福沢は感じていたのではなかろうか。当時の民衆に世界地理の知識をわかりやすく教えることが文明開化期の啓蒙地理書にとって第一の任務であり，読者もそれを望んでいたので，上記のような結果になったと思われる。

　次に，『頭書』上梓の目的についてみてみよう。福沢自身が目的について序で，"専ラ児童婦女子ノ輩ヲシテ世界ノ形勢ヲ解セシメ，其知識ノ端緒ヲ開キ，以テ天下幸福ノ基ヲ立テントスルノ微意ノミ…"（一の巻　序　第一丁オ）と述べている。明治初期，内外の社会情勢が激動する中，児童・婦女を対象に世界地理を教えて，天下（国家）の幸福の基本になることが本書の究極の目的である。

　第三に，福沢が『頭書』中において資料・データをいかに扱っているかを考察してみよう。本書は，往来物の分類系の中においては，地誌型[9]に属している。同型で世界を記述対象としたものが盛んに刊行・編纂されるようになったのは，明治以降のこと[10]である。本書は，他の地誌型往来物に比較すると，地勢，産物，人口数等の地理情報（計数データを含む）を正確に，詳細に記載している。たとえば，『〈童蒙／楷梯〉西洋往来』（1868〈明治元〉年，作者不明，本文15丁）[11]では，記載国の面積，人口数共に表記されていない。また，『〈銅版画入〉

万国往来』（1871〈明治4〉年刊，四方茂平著）[12]では，日本から他国への航海上距離は記されているが，記載国の面積，人口数，政体等については言及されていない。

　第四に，『頭書』にみられる歴史的観点について記してみよう。本文（一の巻から五の巻まで）および頭書を調べてみると，地理情報とあわせて，歴史，特に，記載国の18～19世紀の歴史，つまり，当時の近代史（戦争史，建国史）が記されていることがわかる。明治初期から中期にかけて読まれた歴史教科書（原書）の一冊である『パルリー万国史』（*Peter Parley's Universal History, <u>on the basis of geography</u>*）[13]（筆者下線）が地理に基づく歴史書であるの

とは対照的に,『頭書』は,歴史に基づく地理書といえよう。地理情報とともに当時の各国事情を記述することで,福沢が国家の成立プロセスを紹介しながら,自国の新国家形成の理念および将来像を理解させようとする意図を筆者は見出だす。なお,六の巻「人間の地学」中で述べられている政府の体政（三種：立君,貴族合議,共和政治）に関しても,同様の理由から説明[14]が加えられ種別ごとに多数の国が明記されている。

(2) 表現上の特徴

初めに,挿絵図（福沢は「図」と表記）についてみてみよう。『頭書』に関する先行研究資料をみると,頭書部分に掲載されている木版刷りの挿絵図に言及し,著者等はそれらの挿絵図が内容の理解を深めかつ楽しく読みやすくしていることを指摘している。挿絵図は,正確に描かれ,本文および頭書の解説に役立つように掲載されている。山口（1992：p. 55）は,自身の体験談で挿絵図の風景描写がいかに正確かを裏付ける証言として,『頭書』の「香港の景」（一の巻　第五丁オ）に関連して,次のように述べている。

　　ヴィクトリア・ピークを背景に香港島の市街を望むその写真は,諭吉が『世界国尽』に掲げた「香港の景」（第十三図）とほぼ同じ構図になった。

これらの挿絵図は,本書がベスト・セラーであったことも一因[15]となり,場所のイメージを固定させる作用をしたと思われる。つまり,『頭書』の挿絵図は,対象の地域・国々を代表するイメージを形作る上で貢献し,明治以降,日本人のステレオ・タイプの海外に関する景観イメージ形成にきわめて影響が大きかったといえるのではないか。

挿絵図と頭書の説明は,本文の七五調で簡潔にまとめた文章の理解に役立つように工夫されている。このような工夫は,江戸時代の往来物にみられるスタイルである。それは,「頭書画入」「頭書絵入」等の形式と同様であり,伝統的な様式を踏襲したものであると考えてよいであろう。

次に，本文の文体について述べてみよう。文章は，漢字（総振り仮名付き）と平仮名を使用し，七五調の韻文体で書かれ，児童にも読みやすくかつ口誦しやすく記述されている。また，それらの文章は，草・行書体で記されている。これらの編集手法は，従来の往来物にすでに活用されていたもので，福沢が新規に工夫したものではない。前述に関連して，教育史的見地から考察するならば，『頭書』の物理的数量が問題になる。『頭書』は，手習い（習字）の教材として目的のみで作成されたのではなく，読本としての用途を有していた。習字用の手本は，半年ないし1年で別のテキストに改める習慣があった。ゆえに，習字用の手本は，大冊のものは使用されない。しかし，読本としても用いられると，分量には制限がなくなり，大部のものでも使用可能になる。『頭書』は，このような従前の習字主義から読書主義路線への転換期に位置づけられる。本書が6冊から構成され大部になった点は，新しい時代に沿った展開である。[16)]

　第三に，『頭書』中における外国地名・人名の表記の仕方について述べてみよう。本書の凡例で，福沢は，"ゆえに此書中には勉て日本人に分り易き文字を用るやふにせり"（一の巻　凡例　第六丁オ－ウ）と記している。従来の地理書では，地名の読み方は唐音の漢訳字を当てたりして，"国地名に定字なし"と注記するものが多くみられた。福沢は，凡例で述べた方針に沿い，外国地名・人名の読みに和訓字を当てている。西浦（1970：p. 317）は，この新しい展開を"大胆な旧習打の実践表記"とみなしている。たとえば，ペルー（Peru〈スペイン語〉，Peru〈英語〉）は，江戸期の地理書および明治初期の外交文書では孛露，庀魯，秘魯，白魯と記されていたが，『頭書』では，平柳（ぺいりう）と表記されている。なお，地名の読み方に和訓字を当てる仕方の最初の例として，明治文化研究会（1969：p. 1276）は，"万延元年（筆者注：1860年）作，桂園森田行（筆者注：森田清行（1812〈文化9〉年－1861〈文久元〉年）。1860年，日米条約批准の際，随員として渡米）の［航米雑詩］に，虬鬚碧眼花間宰（バナマ），…"をあげ，福沢を"和訓音訳の中興開山"と位置付けている。

　以上のように，『頭書』における内容および表現上の特徴について筆者はま

とめてみた。その結果，福沢は，江戸時代の往来物にもみられる表現形態——七五調の文体，漢字・仮名混じり文，頭書図入等——を採用している。一方，彼は，正確な地理・歴史情報および国家形成期の国民に必要な知識を上手に伝統的手法により活用してわかりやすく理解させた。この意義は非常に大である。

3．『頭書』の原拠本に関する調査

　『頭書』の著述（作成）には，第2節2）の(1)で既述したように，なんらかの翻訳のための原拠本が使用されたことは明らかである。太田（1976：p. 131）は，福沢の著訳書の原拠本についての研究を発表し，そこで『頭書』に関して，"明治二年刊の「世界国尽」（全集第二巻五七九-六〇八）の歴史の部分，…。上記の書［筆者注：歴史に関する原書11冊が列記されている］が随所に利用せられたが，パーレイは特に逐語訳の箇所もある。"と指摘している。しかし，前述以上の詳細な調査は試みられていない。筆者は，『頭書』の原拠本を探索するため，福沢が披見した可能性のある書物を含むと思われる『慶應義塾図書館洋書目録』（1906年）[17]中のGeography and travelsの項に掲載されている図書，福沢の著訳書に記載されている英米の地理学書，『〈藩学養／賢堂蔵〉洋書目録全』[18]等を調査し，該当書を探すことを試みた。その結果，挿絵図（計108図）中，83図（約77％）に関しての原典および六の巻についても部分的に原拠本を見出した。

1）挿絵図の原典

　筆者は，挿絵図の原典を調査する際，『頭書』の全図に通し図番号を付して，原拠が判明したものに出典を記して整理したものが表1-1であり，さらに，集計結果の数値をまとめたものが表1-2である

　原典が判明した計83図について調べてみると，次の2点のことがいえる。

　第一に，福沢は，『頭書』の訳述に際し，少なくとも5種以上の原書を活用して，若干の例外（たとえば，図番号7）を除いて，本文および頭書の解説に適切な図を原書から選択し，付している。

第Ⅰ章　福沢諭吉（1834-1901）著『世界国尽』に関する一研究　19

表1-1　『頭書』中の挿絵図の原典調査

図番号	ノンブル		題目（キャプション）	出典(原拠本)	原タイトル
1	一の巻第3丁オ		亜細亜人種　支那の下人	1) p. 33	The mongol race.（A Chinese laborer.）
2	同上	4丁オ	（無題）	原拠本不明	
3	同上	5丁オ	香港の景	1) p. 377	Hong-Kong.
4	同上	7丁オ	孔子門人へ教る図	5) p. 104	＊Confucius and his disciples.
5	同上	9丁オ	鷹寺洲河の景	1) p. 365	Scene on the Ganges.
6	同上	10丁オ	軽骨田奉行所の景	1) p. 368	Goverment-house, Calcutta.
7	同上	10丁ウ	印度の人　象にのる	1) p. 371	Scene in Siam.
8	同上	11丁ウ	獅子　うはばみを喰ふ	1) p. 367	Asiatic lion.
9	同上	12丁ウ	「ぺるしや」の男女　家内のありさま	1) p. 360	Group of Persians.
10	同上	14丁オ	「あらびや」の人　らくだに乗り乗り旅行する	原拠本不明	
11	同上	15丁ウ	馴鹿　橇を引て氷を渡る	原拠本不明	
12	同上	17丁オ	嘉無薩加の景	原拠本不明	
13	二の巻第1丁ウ		あふりか人	1) p. 412	Ashantee.［アシャンティ（王国）］
14	同上	3丁ウ	内留河大水の景	1) p. 404	Overflow of the Nile-Suez railroad.
15	同上	5丁ウ	「ぴらみゐで」の図	1) p. 401	Pyramid of Cheops, and Sphinx.
16	同上	5丁ウ	（無題）	1) p. 406	Natives hunting the hippopotamus.
17	同上	7丁オ	麻田糟軽の都　棚奈龍の景	1) p. 428	City of Tananarivou, Madagascar.
18	同上	8丁オ	喜望峯の景	1) p. 417	Cape Town-Table mountain.
19	同上	9丁オ	獅子　人を喰ふ	1) p. 414	African lion.
20	同上	10丁ウ	丹路留の景	2) p. 282	Tangier, Morocco.
21	同上	11丁ウ	「あるぜりや」の景	1) p. 393	City of Algiers.
22	同上	13丁オ	砂漠へ入口の景	1) p. 396	Gate to Sahara.
23	同上	15丁オ	麻寺島の景	1) p. 426	Funchal, Madeira Island.
24	同上	16丁オ	新都辺礼奈の景	2) p. 297	St.Helena.

25	三の巻第1丁ウ		欧羅巴人種 (えうろつぱ)	1) p. 33	The Caucasian race.
26	同上	2丁ウ	今の魯西亜帝第二世「あれきさんどる」今の仏蘭西帝第三世「なぽれおん」今の墺地利帝「じょうせふ」	1) p. 39	Alexander Ⅱ, Napoleon Ⅲ, Francis Joseph.
27	同上	3丁オ	今の英吉利女王　ひくとりや	1) p. 39	Queen Victoria.
28	同上	4丁ウ	無智の民　字を知らば戦ふなり	1) p. 36	The savege state.
29	同上	5丁オ	いまだ家なくして　てんまくの下に居るあらびやの如し	1) p. 37	The barbarous state.
30	同上	5丁オ	人家さだまり　文字あれども　人情いやしき「とるこ」「ぺるしや」の如し	1) p. 37	The half-civilized state.
31	同上	5丁ウ	文明開化の人は書をよみ　人情をとなしく　楽をほし	1) p. 35	The enlighted state.
32	同上	七丁オ	いぎりすのみやこ「ろんどん」の風景	原拠本不明	
33	同上	九丁ウ	蒸気車　伝信機	原拠本不明	
34	同上	11丁オ	ふらんすのみやこ「ぱりす」の景	1) p. 301	Boulevard Sebastopol, Paris.
35	同上	13丁オ	仏蘭西帝第一世　なぽれおん	原拠本不明	
36	同上	14丁ウ	西班牙(いすぱにや)の都「まどりつと」の景	2) p. 220	＊Madrid, Spain.
37	同上	15丁ウ	葡萄牙(ほるとがる)の都「りすぼん」の景	2) p. 222	＊Lisbon, Portugal.
38	同上	16丁ウ	「じぶらたる」の景	原拠本不明	
39	同上	17丁ウ	丸太嶋(まるたしま)の景	2) p. 242	The Island of Malta.
40	同上	18丁オ	獅子里嶋(ししりしま)　江戸奈山(えとなさん)の景	1) p. 336	Mount Etna, Sicily.
41	同上	19丁オ	いたりや国の風景	2) p. 211	Genoa, Italy.
42	同上	19丁ウ	「しんとぺいとる」宮殿の図	4) p. 237	St.Peter's, Rome.
43	同上	20丁ウ	ぎりいきの都　安全洲(あぜんす)の景	1) p. 334	The Acropolis at Athens.

第Ⅰ章　福沢諭吉（1834-1901）著『世界国尽』に関する一研究　21

44	同上	21丁オ	土留古の都「こんすたんちのぷる」の景	1) p. 331	City of Constantinople.
45	同上	22丁オ	墺地利の都　宇陰奈の景	1) p. 326	Church of St.Charles, and the polytechnic school at Viena.
46	同上	23丁ウ	普魯士の都「べるりん」王宮の図	1) p. 295	Royal Palace, Berlin.
47	同上	24丁オ	瑞西　田舎の景	1) p. 319	Swiss cottage.
48	同上	25丁オ	「あむすてるだむ」の景	1) p. 303	City of Amsterdam.
49	同上	26丁ウ	骨片波辺　遊園の景	1) p. 288	Grand square, Copenhagen.
50	同上	27丁ウ	瑞典の都　須徳保留武王宮の図	1) p. 283	Royal Palace, Stockholm.
51	同上	29丁オ	平土留帝	原拠本不明	
52	同上	30丁オ	ろしやの都「ぺいとるぽるふ」の景	4) p. 276	St.Petersburg.
53	同上	31丁ウ	「せぱすとぽる」台場の図	4) p. 280	Sebastopol.
54	同上	33丁オ	もすこうの景	原拠本不明	
55	四の巻第1丁オ		古論武子	原拠本不明	
56	同上	3丁オ	「ころんぶす」西班牙を出帆す	原拠本不明	
57	同上	4丁ウ	「えすきもう」氷をつみたてて家とす	原拠本不明	
58	同上	6丁オ	「アメリカ」土人「えうろぱ」の人をうちころさんとす	原拠本不明	
59	同上	7丁オ	喜別久台場の図	1) p. 70	Citadel, Qubec.
60	同上	7丁ウ	金田の都　小田羽府　政事堂	1) p. 65	New parliament buildings at Ottawa.
61	同上	10丁オ	名将わしんとん	原拠本不明	
62	同上	12丁オ	ぶんける山の戦	原拠本不明	
63	同上	16丁オ	「ぼふすとん」の小児英吉利の大将へ公事を訴ふ	原拠本不明	
64	同上	17丁オ	「わしんとん」府　政事堂	1) p. 83	Capital at Wasington.
65	同上	17丁ウ	「にうよるく」市中　遊園の図	1) p. 110	View in Central Park.

66	同上	18丁オ	金山の穴の模様	1) p. 87	Gold-mining in Nevada.
67	同上	19丁オ	「めきしこ」の礦山学校	1) p. 204	College of mines, city of Mexico.
68	同上	20丁オ	「あかぽるこ」	1) p. 207	Acaplico.
69	同上	22丁ウ	（無題 - 地図）	原拠本不明	
70	同上	24丁オ	「西いんど」の風景	1) p. 215	Scene in the West Indies.
71	同上	24丁ウ	芭蕉	1) p. 212	＊ Banana-tree.
72	同上	24丁ウ	「パイナップル」をちー松子の如し	1) p. 217	（キャプションなし）
73	五の巻第1丁ウ		南亜米利加の風景	1) p. 218	General scene.
74	同上	2丁ウ	「ぱなま」の景	2) p. 156	Panama.
75	同上	3丁ウ	かるかすの景	1) p. 226	City of Caracas.
76	同上	4丁ウ	武良尻の都「りをじゃねいろ」の景	1) p. 232	City of Rio de Janeiro.
77	同上	5丁ウ	「ぶらしり」の深山	2) p. 160	A scene in a Brazilian forest.
78	同上	6丁ウ	縄橋を渡る	1) p. 239	Bridge of ropes.
79	同上	8丁オ	うはばみ蝮蛇　人馬を害す	1) p. 221-	Boa-constrictor.
80	同上	8丁オ	群猿　河を渡る	1) p. 246	Monkeys crossing a stream in South-America.
81	同上	9丁オ	「けいぷほふるん」の景	原拠本不明	
82	同上	11丁オ	ぺいりゅう国の都会「くすこ」の景	1) p. 236	City of Cuzco.
83	同上	12丁オ	南あめりかの嶋にて　鳥の糞を取る	原拠本不明	
84	同上	14丁オ	呂宋の都　まにらの景	2) p. 314	Manilla, Island of Luson.
85	同上	16丁オ	あふすたりやの港「しどに」	1) p. 436	City of Sydney.
86	同上	17丁オ	めるぼろんの景	1) p. 437	City of Melbourne.
87	同上	17丁ウ	しんぢんらんどの人　大洋洲の人種あり	原拠本不明	
88	同上	18丁オ	「しんぢんらんど」の景	1) p. 438	Auckland, New Zealand.
89	同上	19丁オ	「はわい」嶋　火山の絶頂の景	原拠本不明	
90	六の巻第6丁ウ		（無題 - 地球の図）	原拠本不明	
91	同上	3丁ウ	（無題 - 方向を示す像）	3) 第6丁オ	（キャプションなし）
92	同上	4丁オ	羅針盤の図	2) p. 326	＊ The mariner's compass.
93	同上	4丁ウ	子午線　平行線	原拠本不明	

第Ⅰ章　福沢諭吉（1834-1901）著『世界国尽』に関する一研究　23

94	同上	5丁オ	地球儀に経度緯度を刻みたる図	2) p. 397	（キャプションなし）
95	同上	6丁オ	（無題 - 気候帯）	原拠本不明	
96	同上	6丁ウ	熱帯諸国の獣類	1) p. 26	Elephants and the tiger.
97	同上	7丁オ	駝鳥	1) p. 27	Ostriches.
98	同上	7丁オ	寒帯の獣類	1) p. 25	Polar bears.
99	同上	7丁ウ	（無題）	1) p. 9	Mouth of a river opening into the ocean. In the river, …
100	同上	8丁ウ	嶋・半島・地狭の図	1) p. 10	Peninsula, isthmus, and islands.
101	同上	9丁ウ	火山	1) p. 11	A volcano.
102	同上	10丁ウ	大洋	1) p. 13	The ocean.
103	同上	11丁オ	海	1) p. 14	A sea.
104	同上	11丁ウ	北亜米利加の合衆国と金田との界にある湖水	1) p. 15	Great lakes of North America.
105	同上	12丁オ	谷川	1) p. 15	Spring and brook.
106	同上	12丁ウ	ないあがらの滝	1) p. 16	Falls of Niagara.
107	同上	18丁オ	合衆国の都会「にうをるりいんす」の景	1) p. 40	City of New Orleans.
108	同上	22丁ウ	亜米利加合衆国議事院の図	1) p. 42	The United State house of representative

注）1．原拠本文献番号　1）*MSG.*(1872)　2）*Cornell's high school geography.*(1868)　3）『地学初歩』　4）*A pictorial hand-book of modern geography…*(1865)　5）*Peter Parley's universal history…*(n.d.)
　　2．＊記号を付した図は，『頭書』中の挿絵図と構図等が多少異なる。

表1-2　原典調査の集計結果

原拠本文献番号	引用された図数	（引用された図数／全体数）の比率
1)	67図	62%
2)	10図	10%
3)	1図	1%
4)	3図	3%
5)	1図	1%
（合計）	（82図）	（77%）

注）1．原拠本文献番号は表1-1の注）1．に対応。
　　2．％値は小数点第1位を四捨五入。

図1-1 挿絵図と原拠本の図との比較（2例）

出典：『頭書』一の巻　第12丁ウ
(a) 図番号9

出典：MSG.(1872) p. 360.
(a') 原拠本の図 (Group of Persians.)

出典：『頭書』三の巻　第23丁ウ
(b) 図番号46

出典：MSG.(1872) p. 295.
(b') 原拠本の図 (Royal Palace, Berlin.)

第Ⅰ章　福沢諭吉（1834-1901）著『世界国尽』に関する一研究　25

　第二に，大部分の挿絵図は，構図が同一である（図1‐1参照）のとともに，原典の銅版画のタッチを木版画で模写（刻）したと表現しても過言でない程に原画を再現している。付言するならば，これは，明治初期，木版画作成に従事する熟練の職人が存在していたから可能になったのではなかろうか。
　以下，原拠となった図書について述べてみよう。

文献番号1） *Mitchell's new school geography.*[19]

　挿絵図中67図（全図の約62％）が *Mitchell's new school geography.*（以下 *MSG* と略す）（1872年）（複刻版）[20] に掲載されていた図からの転写である。*MSG* の序文（p.4）によると，図（銅版画）の大部分は描かれている対象物のオリジナルなスケッチに基づいて作成されたと記されている。一橋大学附属図書館所蔵本（刊年不明）の図をみると，図周辺下部に微小文字で"VAN INCEN-SNYDER"と記されている。"VAN INCEN-SNYDER"は，画の作成者なのかあるいは彫り師なのか判断できない。*MSG* は，**注）**26）に記したとおり，"Mitchell's new series of geographies"の一冊で，ハイスクール用地理教科書である。同シリーズで本書より内容の易しいレベルの地理教科書として，*The new primary geography*…等がある。本調査においては，*MSG* に掲載されている銅版画と同様の構図のものが，"Mitchell's new series of geographies"の他書に見出される場合，*MSG* 分としてカウントしている。
　福沢の著作において，「ミッチッル」地理書のタイトルは，『〈訓蒙〉窮理図解』の凡例中，"米版「ミッチッル」地理書　千八百六十六年"（『全集』2, pp.237），『掌中万国一覧』の凡例中，"同年（千八百六十六年）亜版「ミッチッル」地理書"（『全集』2, p.456）のように記載されている。しかし，これらの図書がMitchellのどの地理書なのかは同定できないが，筆者は，*MSG* の可能性が高いと推測している。
　なお，日本地学史編纂委員会（1993：p.882）によると，*MSG* は，次に述べる *Cornell's high school geography* と同様に学制期の下級［等］中学用地理教科書

（原書）として，指定されていた。慶應義塾においても『〈明治七年／改正〉　慶應義塾社中之約束』に掲載されている課業表から『ミツチエル地理書』（MSG の可能性が高い）が教科書として採用されていたことがわかる（佐志　1986：p. 49）。Mitchell および彼の著書については，第4節「おわりに」で解説する。

文献番号2），3）Sarah S. Cornell の著書

本調査で利用した Cornell（発音は［koːrnél］であり，コーネルの表記が近似）の著書は，次のとおりである。

Cornell's high school geography.（1868 年刊）[21]（慶應義塾大学メディアセンター蔵）：2）

コル子ル氏著『地学初歩』（渡辺一郎複刻　1866（慶應2）年刊　渡部氏蔵版 *Cornell's primary geography. Revised.*）[22]（慶應義塾福沢研究センター蔵）：3）

2），3）からの図の転写は，合計12図であるが，1）に比較すると『頭書』中の構図とまったく一致しているとは言いがたいものも含くまれている。また，2），3）の図を多少，省略しているものもある。

福沢の著作において「コルネル」地理書のタイトルは，『〈訓蒙〉窮理図解』の凡例中，"米版「コルネル」地理書　千八百六十六年」"（『全集』2，p. 237），『掌中万国一覧』の凡例中，"千八百六十七年　亜版「コルネル」地理書"（『全集』2，p. 456），外国諸書翻訳草稿の標題中，"千八百六十年亜米利加開版「コルネル」地理書「クーソル」島の部"（『全集』7，p. 471）のように記載されている。しかし，これらの図書が Cornell のどの地理書なのかは同定できない。

なお，前述のごとく Cornell の地理書は教科書として使用され，明治初期の慶應義塾においても2），3）（原書）共に日課表・課業表等から塾においても地理教科書として採用されていたことがわかる（佐志　1986：p. 32，p. 45）・（慶應義塾　1958：p. 282）。

文献番号4） *A pictorial hand-book of modern geography*...[23]

本書中計3図が『頭書』三の巻へ転写されている。本調査では，1865年刊行本（東京大学附属図書館蔵）を使用する。

福沢の著作において「ボン」地理書のタイトルは，『〈訓蒙〉窮理図解』の凡例中，"英版「ボン」地理書千八百六十二年"（『全集』第二巻，p. 237）のように記載され，前記図書は上述の改訂版 2nd ed. rev. (1862) であると思われる。

文献番号5） *Peter Parley's universal history*...

本書中1図が『頭書』の図番号4へ転写されている。しかし，構図は似ているが同一とはいいがたい。今回の調査では，慶應義塾大学メディアセンター所蔵本（school edition）を使用する。本書は明治前期，『パーレー万国史』として歴史教科書として広く採用され，明治初期，慶應義塾においてもテキストとして使用されている（佐志　1986：p. 32, p. 45）・（慶應義塾　1958：p. 263, p. 282）．早くも，1869（明治2）年，本書の翻刻本が木版で作られている（明治文化研究会　1969：p. 591）。

福沢の著作において「パーレーの万国史」のタイトルは，福沢文集二編　巻一「三田演説第百回の記」に2度（『全集』4，p. 477, p. 478）登場する．しかし，この「パーレーの万国史」が *Peter Parley's universal history*...か同著者の *Pictorial history on the world*...かは，現時点では判断できない。

2）本文および頭書（除　挿絵図）の原拠本

本文および頭書（除　挿絵図）の原拠本の調査結果について述べてみよう。一の巻から五の巻までの世界地誌については，*MSG* からの翻訳と推測される箇所が若干，見出だされた。たとえば，「いすぱにあ」を解説した頭書の部分，"元来此国の人は骨格もよく..."（三の巻　第14丁オ）は，*MSG* の p. 311 にほぼ該当する。*MSG* 以外の図書からの翻訳については，現時点では不明。

六の巻の系統地理については，*MSG* からの翻訳が目立つ。六の巻は，地理

学あるいは地理教育上，重要な意味を持つ。[24] なお，MSG は，問答体の形式をとりながら系統地理に関する記述→北アメリカ→中央アメリカ→南アメリカ→ヨーロッパ→アジア→アフリカ→オセアニア→南極大陸→統計の順で構成されている。

『頭書』六の巻と MSG とを以下，比較しながら考察を進めてみよう。六の巻の始めにある「地理学の総論」(六の巻　第一丁オ−第二丁オ) の文章は，MSG の "Principles and definitions"（pp.7−8）中の質問に対する解答箇所に近似している。しかし，六の巻の始めでは，地理学をあすとろのみかる・じょうがらひい→ひしかる・じょうがらひい→ぽりちかる・じょうがらひいの順で説明しているが，MSG では，physical geography → astoro geography → political geography の順で説明している。

「天文の地学」(六の巻　第二丁オ−第七丁オ) の文章は，原拠不明。

「自然の地学」(六の巻　第七丁ウ−第十二丁ウ) についてみると，冒頭に掲げられいる挿絵図 (図番号 99)（図 1−2）は，表 1−1 で示したとおり MSG の "Natural or physical geography" の最初に記載されている画（図 1−3）と同一である。その画のキャプションが「自然の地学」の解説の始めにやや小さな文字で書かれている箇所に相当する。山住（1970：p. 35）は本図（図番号 99）について，"此図を見るに，…あとで学習をすすめる際に必要な事柄をえがいた典型的な絵図によって，大まかなところを，まず知らせようという<u>方針</u>である。"（筆者下線）と記している。上述の方針のルーツは，MSG に求められる。

「自然の地学」の内容について，「こんちねんと」，島，半島，地峡，岬，大洋，海，湖水，河に関する記述は，MSG の問答体の解答の全訳あるいは部分訳である。山，火山，砂漠，入海，瀬戸は，MSG とは異なる。なお，MSG に記載されている Coast or shore, Oasis の説明は，六の巻にはみられない。

「人間の地学」(六の巻　第十三丁オ−第二十二丁ウ) においては，冒頭で自然の地学を人間の地学に先行させて記した理由が述べられている。この部分の原拠は不明。つぎに，世界における社会の進化のプロセスを，２つに大別（蠻野

図1-2　挿絵図（図番号99）

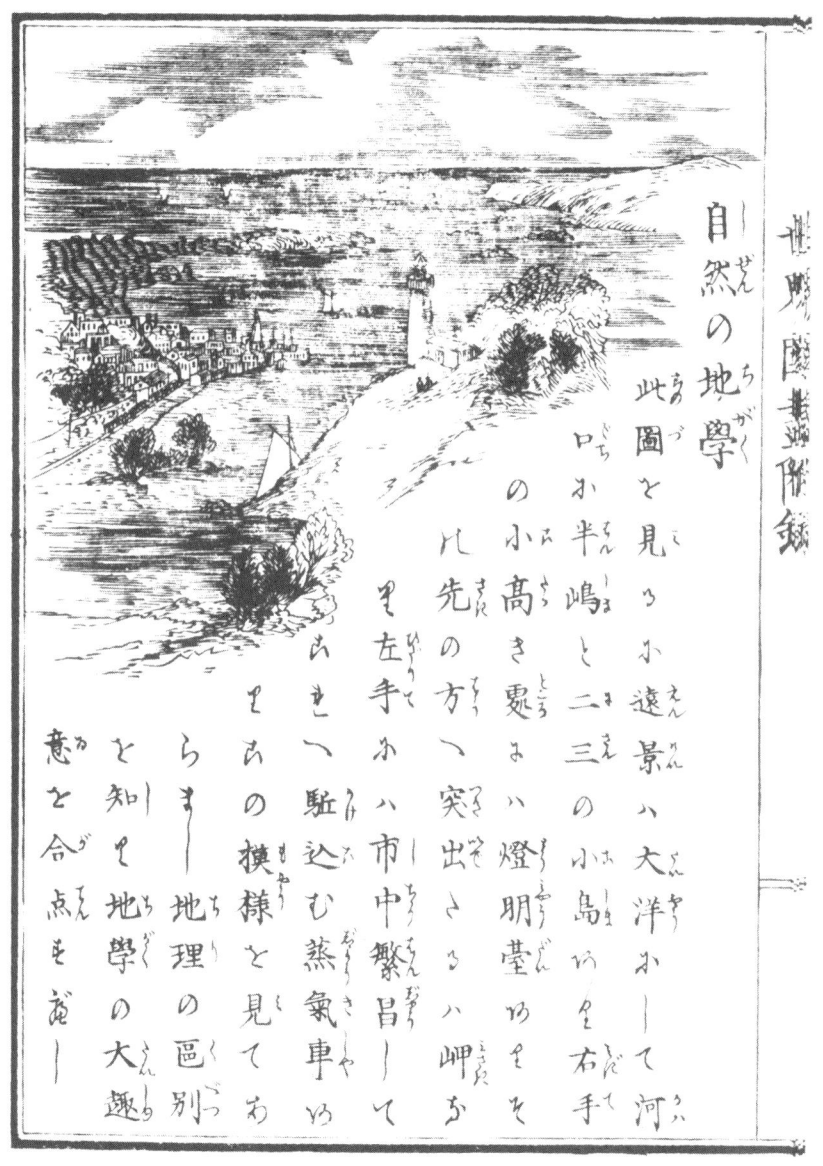

自然の地學

此圖を見るに遠景ハ大洋かーて河口ふ半嶋と二三の小嶋あり右手の小高き處ハ燈明臺ありし先の方へ突出さるハ岬左手ハ市中繁昌して駈込む蒸氣車ありまたもの摸様を見てあらまし地理の區別と知り地學の大趣意と合点を得し

世界國盡附録

出典：『頭書』六の巻　第7丁ウ

図1-3 原拠本の図 (Mouth of a river...)

NATURAL OR PHYSICAL GEOGRAPHY.

DIVISIONS OF THE LAND.

MOUTH OF A RIVER OPENING INTO THE OCEAN. IN THE RIVER, AT ITS MOUTH, ARE A PENINSULA AND SEVERAL ISLANDS. ON THE RIGHT IS A LIGHT-HOUSE ON HIGH GROUND; BEYOND, IN THE DISTANCE, JUTTING OUT INTO THE OCEAN, IS A CAPE. ON THE LEFT IS A CITY; A RAILROAD TRAIN IS ENTERING IT.

出典:*MSG.* (1872) p. 9

第Ⅰ章　福沢諭吉（1834-1901）著『世界国尽』に関する一研究　31

と文明開化）し，さらに4つのレベル（混沌，蠻野，未（半）開，文明開化）に分類し，詳しく具体的に国名をあげて記している（六の巻　第十四丁オ－第十七丁オ）。なお，社会の進化を4段階に分ける考え方は，ヨーロッパ地誌の総論における頭書（三の巻　第三丁オ－第五丁ウ）で，すでにMSGから転写した挿絵図（図番号28－31）をも掲載してヨーロッパ社会が発展する過程として言及されている。

　2つの大別および4つのレベルの説明は，"Civil or political geography" の章中の The states of society の項での質問 Q144-Q159 の解答部分に相当する。ここでひとつ注意すべき点として，六の巻の未（半）開の解説（MSG の Q157 の解答部分後半に相当）において，福沢は，"支那, 土留古, 辺留社等の諸国..."（六の巻　第十六丁ウ）と記しているが，MSG では，"China, Japan, Turkey, and Persia..."（p. 38）と書かれている。福沢は，MSG において2番目に列記された "Japan" を意識的に欠いて訳したのではなかろうか。佐藤（1994：p. 7）は，"...本書（筆者注：『頭書』）に何故か日本は直接には登場しないが，『文明論之概略』に「土留古，支那，日本等，亜細亜の諸国を以て半開の国と称し」（④16）（筆者注：『全集』4，p. 16）と述べられていることから，日本は「半開」に位置づけられていた。"（筆者下線）と記している。佐藤の疑問への直接的答えにはならないが，ひとつのコメントとして，MSG に日本の国名が既に列記されていたことを示しておく。なお，三の巻　ヨーロッパ地誌の総論における頭書中の挿絵図（図番号30）で，未（半）開の国として「とるこ」，「ぺるしや」があげられ，日本はここにおいても列記されていない。

　上述の4つのレベルに分類する考え方は，福沢の地理学を分析する際，重要な鍵である。佐藤（1994：p. 5）は，"これこそ（筆者注：佐藤は「発展段階説」と表記）が福沢の地理学に関する方法論であったといえる。" とし，それは，"当時のヨーロッパにおいては，むしろ一般的な考え方であり，..." とも述べている。福沢は，当時，欧米の文明開化の段階にある先進国と対比して，日本が置かれていた危機的状況を国民に認識させるために，社会の進化の4つのレベル

を『頭書』中で提示し，強調している。[25]

　次に，「人間の地学」では"世界中に帝国あり，王国あり，公国あり，侯国あり，或は共和政治の国あり。"（六の巻　第十七丁オ）と文章が続く。それは *MSG* の "Civil or political geography" の章中の Political divisions の項での質問 Q162-Q167 の解答に相当する。さらに，"人民の多く集りて家を建て市町を開きし処を都会といふ…。"（六の巻　第十七丁ウ）は，質問 Q169, Q171 の解答とほぼ一致する。最後に，"政府の体裁とは其国を治むる法の立方をいふ。その種類三あり。"（六の巻　第十八丁ウ）と続き，「もなるき」，「貴族合議」，「共和政治」の説明をして「人間の地学」を終える。政体（政府の体裁）は，*MSG* の "Civil or political geography" 中の Forms of government の項での質問 Q175-Q183（Q182 を除く）の解答に相当する。ただし，共和政治の "共和政治の趣意は，…国威を海外にまで耀かすを趣意とせり"（六の巻　第二十丁オ－第二十二丁オ）の部分は，*MSG* には見当たらず原拠不明である。前文に続く本項の最終文章，"亜米利加合衆国にては…二年交代なり"（六の巻　第二十二丁オ－第二十二丁ウ）は，*MSG* の質問 Q184-Q186 の解答とほぼ一致する。政体についても一の巻から五の巻までの各国地誌の説明中で随時，言及し強調している。*MSG* の "Civil or political geography" の章では，上記に続いて，Varieties of languages, Systems of religion の項が記載されているが，『頭書』においては，該当箇所はなし。言語と宗教の事項が翻訳されなかった理由は，わからない。

　以上のような調査結果から，六の巻「人間の地学」の主要な部分における内容記述および挿絵図を含む内容項目の構成は，*MSG* の "Civil or political geography" の章に準じ，翻訳されているとみなしてよいであろう。しかも，『頭書』の中心的な概念である社会の進化を4段階に分ける考え方と政体（政府の体裁）についての区分は，*MSG* によっていることが判明した。

　後日，『頭書』と *MSG* との対照を行い，訳文にない原文箇所あるいは逆に原文にない訳文箇所等を詳細に調査し，発表してみたい。

4. おわりに

　筆者は，福沢が『頭書』を著訳述する際，参照し，執筆上，強い影響を与えた書物，MSG の著者 Mitchell および彼の著作について述べることで結語にかえる。

　以下の Mitchell に関する伝記的事項は，主として *Dictionary of American biography*. Vol. 13. (1934) と *Biographical dictionary of American educators*. Vol. 2. (1978) によっている。Mitchell のフル・ネームは Samuel Augustus Mitchell で，父親 William と母親 Mary の息子として 1792 年 3 月 20 日に Connecticut 州 Bristol で出生した。父親 William は，1773 年頃スコットランドから Connecticut 州 Bristol へ移住してきた。1815 年 8 月，Samuel Mitchell は，Rhoda Ann Fuller と結婚した。若い頃，彼は，教師の職についていたが，当時の地理教科書中における解説・教授法に満足できなかった。彼は，経営力とともに文才を有していたので，Pennsylvania 州 Philadelphia における 40 年間，地理教科書，地図，教材の改良のために地理資料を著述し，出版することに尽力を傾けた。一時期，地理教科書，地図等を年間 40 万部も販売した。このように需要が多くあった理由のひとつは，最新の地理上の発見を図書等に組み込む努力を怠らなかったからである。

　1831 年，*A new American atlas* とアメリカ合衆国を幾つかに分けた区分図を出版し，引き続き移住地の地図を刊行した。南北戦争（1861-1865）の開始時期，彼は *Map of the United States and territories* を出版し，それは軍隊の要塞作りに役立った。Mitchell が発行した初期の地図の多くは，J.H. Young によって彫られ，有名なイギリスのマップ・メーカー，John Arrowsmith（1790-1873）が作った同時期の地図と比較される。Mitchell は，地図学の分野にタイミング良く参入した。1803 年から 1806 年にかけての Meriwether Lewis（1774-1809）と William Clark（1770-1830）による Missouri River の探検等に続き，人びとはより新しい国土に関心をむけ，旅行地図やガイドブックを切望する時期であった。

Mitchell は，生徒の学力の発達段階に適合した学校地理システムのプランを早い時期から考えていた。そこで，"Mitchell's (old) series of geographies"，あとには，"Mitchell's new series of geographies"[26] を刊行した。後者のシリーズの一冊が MSG である。上述の図書の多くは，多数の版次を重ね，改訂されて20世紀初頭まで発売されていた。彼は，アメリカ地理学の発展に偉大な足跡を残して，1868年12月18日，Philadelphia にて死去。

　Mitchell の著作（地理教科書）の日本への導入についてみてみよう。導入の最初の人物は，現時点では断定できない。しかし，福沢が『〈訓蒙〉窮理図解』（1867年）の凡例に引いている点から，福沢は Mitchell の著作を導入した初期の人物のひとりと考えて良いであろう。

　既述のごとく，Mitchell の地理教科書（原書）は，明治初期から中期にかけて広く学校で採用された。また，Mitchell の地理教科書の翻訳書あるいは参照したことを明記した書物が刊行された。たとえば，『万国地誌階梯』（松村精一郎訳，1878〈明治11〉年）[27]，『ミツエル地理書直訳』（谷　春雄訳，1887〈明治20〉年）[28] 等がある。なお，筆者未見であるが翻刻本も刊行された様子である（高梨・出来　1993：p.33）。

　本章は福沢諭吉の地理学を解明するための基礎的作業として，『頭書』を取り上げ，内容を調査・検討し，原拠本を同定することを試みた。原拠本調査は，原資料所蔵の制約上の理由等で十分に行えなかった。また，原典とのチェックもできるだけ努力したが果たし得ない場合も多くあった。読者のご指摘によって，本調査を改善し，今後の研究を進めてみたい。

注）
1）『世界国尽』は，同版においても刷りが異なると，本文に訂正がなされたり，あるいは，慶應義塾蔵版目録に収録されている書名に違いが生じたりする場合もある。また，内容が同一であっても表紙が異なることもある。子細に点検すると，種々の書物が存在する。これらの考察は，書誌学的には重要であるが，本稿では触れない。
2）再版では，初版の誤りを埋め木して訂正してある。

3）富田（1964：p. 16）によると，刊年について次のような見解を述べている。見返しに"明治四年辛未十二月再刻"と記されているが，再版六の巻に付されている慶應義塾蔵版目録中の書名を検討すると，再版が実際に発行発売された時期は，明治五年夏頃と富田は推定している。
4）再版二の巻から五の巻までの本文等のノンブルは，初版と同じなので略する。
5）『〈素／本〉 世界国尽』は，『頭書』の一の巻から五の巻までの本文のみを習字用手本として草・行書体で記したもの。版下は福沢門下生であった内田晋斎（1848〈嘉永元〉年 ?- ?）の筆による。
6）地図（東の半世界・西の半世界）について『頭書』と『〈素／本〉世界国尽』とを比較すると，『頭書』の図に見られた縁飾りが『〈素／本〉世界国尽』では省略されている。『頭書』の図では，原本（不明）にある縁飾りまでも忠実に複製したのではないか。
7）『〈真字／素本〉世界国尽』は，『頭書』の一の巻から五の巻までの本文のみを楷書体で読本風に刻する。巻末に，"明治九年二月二日版権免許"と記されている。
8）福沢の翻訳活動について，杉山（1986：p. 230）は，"訳者としての彼の活動は『西洋事情』（初編）から『帳合之法』に至る，すなわち一八六六（慶應二）年から一八七四年（明治六）年に至る，そして点数にかんしていえば中間の一八七〇（明治二）年を頂点とする，この短い期間にほぼ集中している"と述べている。したがって，『頭書』は，翻訳活動の頂点時の作品である。
9）地誌型往来物とは，ある地域の風土，産物，人情風俗，名所旧跡等を記している往来物を指す。現在の社会科（地理）の教科書の性格に類似している面もある。
10）石川・石川（1967：p. 78）を参照。
11）石川・石川（1967：pp. 489-491）は本書を収録し，解題を付している（石川・石川 1967：pp. 121-122）。
12）石川・石川（1967：pp. 492-509）は本書を収録し，解題を付している（石川・石川 1967：p. 122）。
13）本書の書誌的事項は，*The national union catalog pre-1965 imprints*,（以下 *NUC* と略す）Vol. 206（1972：p. 473）によると次のとおりである。Goodrich, Samuel Griswold, 1793-1860.

　　Peter Parley's universal history, on the basis of geography. For the use of families... [c1837]

　　および，慶應義塾大学メディアセンター所蔵本のタイトル・ページ裏に "Entered, according to the Act of Congress, in the year 1837,..." との記載があり，本書の初版の刊行は，1837年とみなして良いであろう。
14）政体の説明について，石川（1988：p. 120）は，"概して，絶対君主制・専制政治の国国については，筆を簡略にして長所よりも多くの短所をかぞえ，反対に

英国のような立憲君主制，米国のごとき共和制については詳しく記述して，その長をあげている。"と記している。福沢のこのような記述の仕方は，本稿中にも指摘したとおり，福沢が自国の将来像を国民に理解させる意図から生じたのであろうと筆者（源）は考えている。

15) 学制期の生徒の内には，小学時代，『頭書』中に掲載されている挿絵図に接し，さらに，本章第3節の1で述べるように下等中学で挿絵図の原拠本（原書）に再び接する者もいた。このことも，場所のイメージを固定させる作用を助長したと推測する。

16) 教育史的視点の項については，石川・石川（1967：pp. 22-23）を参照。

17) 本書の書誌的事項は，次のとおりである。

東野利孝 1906:『慶應義塾図書館　洋書目録』(Catalogue of the Keiogijuku library). 東京　慶應義塾，418p.

本目録は，慶應義塾図書館において最初の洋書蔵書目録（冊子体）である。

18) 本目録は，次の資料に収録されているものを利用する。

金子宏二　1981.『藩学養賢堂蔵洋書目録』について――慶應三年福沢諭吉将来本――．福沢諭吉年鑑8：pp. 207-217.（初出は早稲田大学図書館紀要　第20号）

本目録は，福沢が再度，渡米した際，購入した図書中，仙台藩に分けた分を記載している。

19) 本書の書誌的事項は，NUC Vol.388（1975：p. 100）によると次のとおりである。

Mitchell's new school geography. Fourth book of the series. A system of modern geography, physical, political, and descriptive; accompanied by a new atlas of forty-four copperplate maps… Philadelphia, E.H. Buter & co., 1865. 456p. illus. …

上記のように，初版の刊行は，1865年である。一橋大学附属図書館では刊年不明のものを所蔵している。一橋大本と複刻本とを比較すると，両者の総ページは各456頁で同じであるが，本文の記事，データ等に違いがあり，挿絵図の掲載ページも異なる箇所が幾つも見出される。内容表記から判断して，一橋大本は複製本より刊年が新しい版である。したがって，本稿では，原則として複刻本を使用する。また，上記のように姉妹書として，手彩地図を含むMitchell's new school atlas（1865）があり，慶應義塾大学メディアセンターにおいて1874年版を所蔵している。

20) 複刻本の書誌的事項は，次のとおりである。

高梨健吉・出来成訓監修　1992：Mitchell's new school geography. 東京　大空社，[6]，456p.（英語教科書名著選集　第4巻）．

21) 本書の書誌的事項は，NUC Vol. 23（1970：p. 133）によると次のとおりであ

る。
　　Cornell's high school geograhy: … N.Y., D. Appleton & co., 1856.
　　上記のように，初版の刊行は，1856 年である。D. Appleton & co. は，New York の出版社兼書店で，福沢が再度の渡米の際に，立ち寄った店である。本稿で利用した *Cornell's high school geography* は，タイトル・ページに "慶應義塾之印" および "慶應義塾書館" という蔵書印二顆が捺印され，墨字で "第三十九号" と書かれている。"慶應義塾之印" から判断して，本書は 1868（慶應 4）年 4 月から 1869 年の間に塾で学生貸与用に所蔵したものであることがわかる。

22) *Cornell's primary geography.* の原本に接することが不可能であったので，本稿では，"複刻" と称している『地学初歩』を使用する。
　　Cornell's primary geography. と『地学初歩』との関連については，次ぎの論文が詳しい。
　　石山　洋　1965：英学における地理研究．日本英学史研究会研究報告 26：pp. 1-4.

23) 本書の書誌的事項は，*NUC* Vol. 64（1969：p. 115）によると次のとおりである。
　　Bohn, Henry George. 1796-1884.
　　A pictorial hand-book of modern geography, on a popular plan, compiled from the best authorities, English and foreign, …, 1861.
　　上記のように，初版の刊行は，1861 年である。

24) 山住（1970：p. 35）は，六の巻について，"この本編は有名だが，そのあとについている地理学総論も，地理教育にとって重要である。" と述べている。

25) Takeuchi, K.（1974：pp. 4-5）は，社会の進化の 4 つのレベルに関連して，"This conviction, this aspiring towards civilization was just what the *Sekai Kunizukushi* appealed most to in the readers of those days." と述べている。

26) *The new primary geography.*（1875 年，一橋大学附属図書館蔵）のタイトル・ページ裏の "Advertisement" によると，"Mitchell's new series of geographies." には次の図書が含まれる。
　　Mitchell's First Lessons in Geography, Mitchell's New Primary Geography, Mitchell's New Intermediate Geography, Mitchell's New School Geography and Atlas, Mitchell's New Physical Geography, Mitchell's New Outline Maps., and Mitchell's New Ancient Geography.

27) 本書の凡例によると，"（ミッチエル）氏著大小ノ二地理書原本ニ依リ訳出スト雖…"（凡例，p. 3）と記されているが，本書が，"Mitchell's new series of geographies" 中のいかなる書物を翻訳したのは同定できない。本書には，挿絵図はなく，地名の読み方については『瀛環志略』（徐繼畬，1848 年），『地理

全誌』(Muirhead, W. 慕維廉 (中), 1858年), 『地球説略』(Way, R.Q. 禕理哲 (中), 1860年) 等を参考にして唐音の漢訳字を当てている。校訂版が1881 (明治14) 年に刊行されている。

28) 本書は, "Mitchell's new series of geographies" 中の, *Mitchell's new primary geography* を訳出したのではなかろうか。本書の目次構成は, *Mitchell's new primary geography* に近似しているが, 本書には, 原本にある挿絵図・地図はなく, また, 原本の全ての文章を翻訳していない。

(文献表は, 巻末に記載してある。)

第Ⅱ章　内村鑑三（1861-1930）の地理学
── 書誌学的調査 ──

1. はじめに

　本章は，内村鑑三の地理学関係の著作目録の作成および内村の地理学に関する研究文献の書誌学的研究を通じて，明治地理学史の研究のためのひとつの素材を提供する試みであり，筆者が先に発表し，本書第Ⅴ章に再録した「志賀重昂（1863-1927）の地理学 ── 書誌学的調査 ──」[1]につぐものである。

　明治・大正時代における最大の思想家のひとり，内村鑑三の地理学に視点を合わせた理由は志賀重昂と同様に明治地理学史上，アカデミズムの流れとは異なった位置にあって展開された彼の地理学がわが国における地理学の研究の学問的反省に資することが大きいと考えられるにもかかわらず，これまでの内村研究の領域においてこのような視点から接近した研究が比較的少なかったからに外ならない。

　本章の研究は内村の地理学研究の基礎的作業であり，彼の地理学の体系およびそれが彼の思想のうちに占める地位に関する研究発表は後日を期したい。したがって，内村地理学に関する研究文献目録においても，今回は彼の地理学を直接とりあげたもののみに限った。

　内村鑑三（文久元〈1861〉年－昭和5〈1930〉年）は，上州高崎藩江戸詰め藩士内村全之丞宜之の長男として江戸　小石川に生まれた。札幌農学校に入学し，在学中に入信した。明治14（1881）年，札幌農学校を卒業し，開拓使御用掛けとなる。後，米国へ留学し，帰国後，「日本國の天職」等を『六合雑誌』に発表していたが，明治27（1894）年5月，彼の地理学の知識を集約した本格的な地理学書『地理學考』を刊行し，この年は日清戦争が開戦（8月）された年で

あった。『地理學考』は後に『地人論』と改題され、その序には日清戦争以後の彼の日本人観の一端が示されている。明治30 (1897) 年、日刊新聞『萬朝報』の朝報社へ招かれたが、明治31 (1898) 年に辞して、『東京獨立雑誌』を創刊する。内村は同誌上で社会問題等について論じ、地理関係では紀行文を掲載している。明治33 (1900) 年、『東京獨立雑誌』を廃刊、同年『聖書之研究』を創刊する。この雑誌は昭和5 (1930) 年、内村が死去するまで継続されたが、同誌にも紀行文等を掲載している。また、『萬朝報』にも客員として迎えられ、明治34 (1901) 年には渡良瀬川沿岸の足尾銅山鉱毒問題について『萬朝報』誌上に「鑛毒地巡遊記」を執筆し、その実情を訴えた。内村は終生、地理学を愛し、一時は地理学者になることを夢みた時期もあり、このことは彼の日記に地理（学）に関する事柄が多数見出されることからも証明できる。

2．地理学関係著作目録

ここに掲載した内村の地理学関係の資料は、つぎの規則に従って目録に作成された。

A．収録の範囲

1）期　間

明治15 (1882) 年から昭和51 (1976) 年10月現在までに発行されたもの。

2）対象とした資料

資料は地理学およびそれに関連すると思われるものに限定した。これを（a）地理・地理学、（b）紀行、（c）その他、に分類した。

なお、単行書は初版本にできる限りあたった。また単行書は『地理學考』（改題、『地人論』）を除いて、原則として異版（本）は省略した。雑誌論文は原則として初出の雑誌に限定し、単行書等に再録された場合にはとりあげなかった。

B．記載方法

単行書、論文ともに発表の順に記載した。単行書には文献番号の後に「＊」

印を付した（以下，「文献番号」はⓧと略す）。また，本章第3節の書誌的注解にとり上げてあるものには書名あるいは論文の標題のあとに「□」印を付した。
1) 単行書の記述
 (1) 記載の順序は書名，肩書および著者名（「内村鑑三」著以外の時のみ記入），発行所（東京以外は地名付記），発行年月日，判型，頁数（序，目次，本文等に分けて記入），定価，叢書注記，所蔵注記の順に記入した。
  構成は次のとおり。
  番号　書名　肩書および著者名
  発行地　発行所　発行年月日　判型　頁数
  定価　（叢書名）〈所蔵機関名〉
 (2) 書名の決定は標題紙，奥付を参考にしてきめた。
 (3) 頁数の記入の方法はノンブルのある場合はそれに従い，第何頁（「丁」）から第何頁（「丁」）を示す。序文等にノンブルのない場合はその総ページ数を記した。なお，数字は原本に使われているものを採用した。
 (4) 定価は奥付，広告，目録等で判明したもののみを記入した。
 (5) 所蔵機関名の略称は直接採録した図書に限って記入し，次のようにした。早稲田大学図書館は〈早大図〉，国立国会図書館は〈国会図〉，慶應義塾図書館は〈慶図〉，国際基督教大学図書館は〈基大図〉。
2) 論文，新聞記事の記述
  雑誌，新聞より採録した論文，記事は次のように書誌的事項を記入した。
  標題，筆者名（「内村鑑三〔著〕」以外の時のみ記入），誌名（紙名），巻号，発行年月日，記載頁。
  構成は，次のとおり。
番号　標題　筆者名
『誌名』　巻号　発行年月日　記載頁
なお，頁付けの数字はアラビア数字に統一した。
  ただし，『内村鑑三全集』（岩波書店，昭和7〜8年．以下，「全集」と略す）か

ら採録し，原資料を直接調査できなかった資料についてはその旨を記した。
3) その他
  (1) 使用漢字，かな文字は著者目録，注，備考，内容等の引用文のところでは原本に従い，略字，当用漢字は使用しなかった。
  (2) 〔　〕記号は，筆者が必要と思われる語，数字を追加した場合に使用した。
    （　）記号は，説明その他がある場合に使用した。
    「　」記号は，筆者が注意しなければならないと思われる語について使用した。
  (3) 序，緒言等で内容を知るために，重要と思われた書物については（備考）の項に記した。また，目次については（内容）の項に記した。

（a）地理・地理学

1　千歳川鮭魚減少之源因[注1]　札幌縣勸業課員　内村鑑三報
『大日本水產會報告』第壹號　明治十五年刊行　p. 83～85.

  注1：第壹號の目次では本論文の標題は「千歳川鮭魚減少ノ原因」と記されている。また，『十五年分大日本水產會報告總目錄自第一號至第十號』によると，本論文の標題は第壹號の目次と同様であり，掲載頁を「第壹號　八十三丁」と記しているが，この「丁」は正しくは「頁」である。

2　北海道鱈漁業の景況　在札幌　内村鑑三
『大日本水產會報告』第四號　明治十五年六月刊行　p. 22～30.

3　漁業ト氣象學ノ關係
『大日本水產會報告』第貳拾貳號　明治十七年二月刊行　p. 26～31.
　氣象學ト漁業トノ關係（承前）
『大日本水產會報告』第貳拾三號　明治十七年三月刊行　p. 18～44.

4　石狩川鮭魚減少ノ源因
『大日本水產會報告』第貳拾六號　明治十七年五月廿四日刊行　p. 10～20.

5　漁業ト鐵道ノ關係
『大日本水產會報告』第貳拾八號　明治十七年七月廿六日刊行　p. 11～24.

6　瑞典國鰊漁廢絶の源因
『大日本水產會報告』第三十七號　明治十八年四月廿五日刊行　p. 31～37.

第Ⅱ章　内村鑑三（1861-1930）の地理学　43

7　**日本國の天職**　バチヱロル，オブ，サイアンス　内村鑑三
『六合雜誌』第百三十六號〔明治25年4月〕p. 1～11.

8　**コロムブスの功績**
『六合雜誌』第百四十二號〔明治25年10月〕p. 1～11.

9　**米國發見事業の事務官ピンゾン兄弟**
『六合雜誌』第百四十三號〔明治25年11月〕p. 24～30.

10＊ 記念論文 **コロムブス功績　附コロムブス傳，肖像地圖入**
警醒社　明治廿六年二月廿七日出版　四六判
コロムブス之肖像〔1頁〕　前書一～三　目錄〔1頁〕コロムブス年代記〔1枚〕コロムブス發見地略圖〔1枚〕　本文〔地圖共〕一～百三十二
〔定價十六錢〕注1　〈基大図〉
注1：⑫11の奥付裏広告による。
（備考）前書
此書ハ著者が曾て六合雜誌ニ寄投せし論文に加ふるニ著者が友人渡邊秋造高田増平兩氏の助力ニ依て編纂せしコロムブス傳を以てせしものにして之れニ鄭重ふ゛る訂正と數千萬を語を増加して此ニ一書とふせしものふり（後略）

（内容）目錄
一　コロムブスの肖像
一　コロムブスの年代記
一　コロムブス發見地署圖
一　コロムブス傳 圖而二枚入
一　コロムスブ〔ブスの誤植か〕の功績
一　附錄ピンゾン兄弟

10―A＊ **コロムブスと彼の功績**　肖像地圖入
警醒社書店　明治三十二年十二月九日再版發行　四六判
コロムブス之肖像〔1頁〕　前書一～三　目錄〔1頁〕　コロムブス年代記〔1枚〕　コロムブス發見地略圖〔1枚〕〔Behaim の地図その他〕〔2枚〕　本文一～百十三
〔定價十八錢〕注1　〈基大図〉
注1：『東京書籍商組合員圖書總目錄』（明治三十九年十月刊行）による。但し，この目錄では本書の書名を「コロンブスと彼の功蹟」（発行所別の項の p. 259）。

11＊ **地理學考**（改題，**地人論**）
内村の地理学を研究する際，中心となる図書であるので現在筆者が知りうる限りの異版をあげた。

地理學考　農學士　米國理學士　内村鑑三著
警醒社書店　明治廿七年五月十日發行　四六判

〔標題紙〕〔1頁〕 〔題詞〕〔1頁〕 自序一〜三 參考書目一〜三 目次〔1頁〕 本書〔図共〕一〜二百六十六丁[注1]
〈早大図〉

注1:「丁」を「頁」と同義に使用。

(備考) 參考書目

此書を編むを當て余ハ左ニ記載する諸書ニ負ふ處甚だ多し

一，ギョー氏，地人論 The Earth and Man, or Comparative Physical Geography in its Relation to the History of Mankind: By Arnold Guiyot.

一，ギョー氏，地文學 Physical Gegraphy by Arnold Guiyot.

一，リッテル氏，地學（英著書名略）

一，ペシエル氏，比較地理（独著書名略）

一，ソマビル夫人，地文學（英著書名略）

一，マーシュ氏人，人工地理（英著書名略）

一，ハッチンソン氏，山岳論（英著書名略）

一，ハッソン氏，文明起原論（英著書名略）

一，ローリンソン氏，國民起原論（英著書名略）

一，コッツカー氏，宇宙論（英著書名略）

一，ヘーゲル氏，歷史哲學（英著書名略）

一，ラフィート氏，支那文明論（英著書名略）

一，ドラモンド氏，亞非利加論（英著書名略），其他ハムボルト（Humboldt）ダーウヰン（Darwin），ドレーパー（Draper），リビングストン（Livingstone），レクルース（Reclus），等の箸ニして直接ニ間接ニ余の教訓ニ與かりし書名ハ略す。

書名中載する處の六大洲山脈圖はギョー氏地文學ニ依れり，又余ハ茲ニ矢津昌永君が氏の有益なる著書「日本地文學」より日本山脈圖並に其說明を此書ニ謄載するを承諾を與へられし厚意を謝す。

(內容) 目次

第一章 地理學研究の目的總論，山國論

第二章 地理學と歷史，其一總論，山國論

第三章 地理學と歷史，其二平原論，海國論

第四章 地理學と攝理

第五章 亞細亞總論並に西方亞細亞

第六章 歐羅巴論

第七章 亞米利加論

第八章 東洋論

第九章 日本の地理と其天職

第十章 南三大陸

11—A*地人論□

警醒社書店 明治三十年二月廿五日再版[注1] 四六判

〔題詞〕〔1頁〕 第二版に附する自序一〜二 第一版に附する自序三〜四 參考書目一〜三 目次〔1頁〕 本文〔図共〕一〜二百十九丁

〔定價四十錢〕[注2] 〈早大図〉

注1：再版は『地理學考』の再版という意味であるが，標題はその際『地人論』と改題された。

注2：『東京書籍出版營業者組合書籍總目錄』（明治三十一年五月出版）による。

（備考）第二版に附する自序

余は久しく本書の改題に躊躇せり，然れとも二三親友の勸誘に從ひ，竟に先哲アーノルド，ギョー氏の著書に倣ひ，其名を藉りて此書に附するに至れり，勿論彼の優此の劣は余の言を待ずして明かなり。

日清戰爭以後の日本人は余が本書に於て論究せしが如き大天職を充たすの民にあらざる證するが如し然れども余は天の指明を信する篤し，猶ほ暫く余の考察を存して事實の成行と待んと欲す。（後略）

11—B* 地人論□

岩波書店 昭和七年十月十五日發行 四六判

〔題詞〕〔1頁〕 自序五三三 第二版に附する自序五三四 參考書目五三五〜五三六 本文五三七〜六五三

（全集第一卷）〈慶図〉

11—C* 地人論□

岩波書店 昭和十七年九月七日發行 菊半截判

〔標題紙〕〔1頁〕 目次3〜4 〔内題〕〔1頁〕〔題詞〕〔1頁〕 自序7 第二版に附する自序8 參考書目9〜10 本文〔図共〕11〜191 註193〜196 解説〔鈴木俊郎〕197〜216

定價四十錢 （岩波文庫）〈慶図〉

11—D* 地人論□

警醒社書店 昭和二十三年六月十五日發行 四六判

〔標題紙〕〔1頁〕〔題詞〕〔1頁〕 第二版附する自序1〜2 第一版に附する自序3〜9 參考書目5〜6 目次7 附記〔内村美代子〕8 〔内題〕〔1頁〕本文11〜180

定價百貳拾圓 〈基大図〉

11—E* 地人論□

教文館 昭和三十八年八月二十五日発行 四六判

〔題詞〕〔自序〕〔第二版に付する自序〕5〜6 參考書目6〜7 本文7〜103 注103〜105 解説〔山本泰次郎〕241〜261

定価500円 （『内村鑑三信仰著作全集4』）＜基大図＞

12 志賀重昻氏著『日本風景論』〔書評〕

『六合雜誌』第百六拾八號　明治二十七年十二月發兌　p. 29～31.

13　デンマルク國の話　信仰と樹木とを以て國を救ひし話[注1]
『聖書之研究』十一月號（第百參拾六號）明治四十四年十一月十日　p. 34～47.

　　注1：標題に續き「（十月廿二日今井舘に於て）」と記されている。

14　海中の富
『國民新聞』大正十三年七月二十日〔朝刊〕第1面

15　地理と歴史
『國民新聞』大正十三年七月二十五日〔朝刊〕第3面

(b)　紀　行

16　鑛毒地巡遊記　内村生
『萬朝報』
（上）　明治卅四年四月廿五日　第1面
（中）　明治卅四年四月廿六日　第1面
（下の一）　明治卅四年四月廿九日　第1面
（下の二）　明治卅四年四月三十日　第1面

17　東北紀行　内村生
『東京獨立雜誌』　廿參號　明治三十二年二月二十五日〔發行〕　p. 16～19.

18　近縣歩行　内村生
『東京獨立雜誌』　第廿七號　明治三十二年四月五日〔發行〕　p. 20～22.

19　始めて日光を見る　内村生
『東京獨立雜誌』　第四拾號　明治三十二年八月十五日〔發行〕　p. 20～21.

20　三たび信州に入るの記　内村生
『聖書之研究』　第參號　明治三十三年十一月二十三日〔發行〕　p. 79～84.

21　第二回夏期講談會の地（信州小諸）
　　全集第十卷　pp. 787～788（明治34年6月？）[注1]

　　注1：書誌的事項は全集第十卷の卷末の内容年譜による。原資料は調査を行なったが判明しなかった。

22　入信日記　内村生
『萬朝報』
（一）　明治卅四年十月一日　第1面
（二）　明治卅四年十月二日　第1面
（三）　明治卅四年十月三日　第1面
（四）　明治卅四年十月四日　第1面
（五.）　明治卅四年十月六日　第1面
（六）　明治卅四年十月七日　第1面
（七）　明治卅四年十月八日　第1面

第Ⅱ章　内村鑑三（1861-1930）の地理学　47

23　北上錄（上）　内村生
『萬朝報』　明治卅四年十一月三日　第1面

24　大井川上り
『萬朝報』　内村生
（上）明治三十五年八月十二日　第1面
（中）明治三十五年八月十四日　第1面
（下）明治三十五年八月十五日　第1面

25　北越巡行日記　内村生
『新希望』[注1]　第六拾四號　明治三十八年六月十日〔發行〕　p. 62〜63.
　注1：この号から『聖書之研究』は『新希望』と改題された。なお、巻号は継続している。雑誌名は再び明治三十九年五月十日　第九巻第六號（第七拾五號）からもとの『聖書之研究』に復した。

26　東北傳道　近刊半谷清壽翁著『東北之將來』へ寄贈せんために稿せる一篇
『聖書之研究』　第九卷第八號（第七十七號）　明治三十九年七月十日發行　p. 37〜42.

27　秋の傳道　内村生
『聖書之研究』　第九卷第拾貳號（第八十壹號）　明治三十九年十一月十日發行　p. 38〜41.

28　關西紀行　内村生
『聖書之研究』　第九卷第拾參號（第八十貳號）　明治三十九年十二月十日發行　p. 44〜47.

29　勿來關を訪ふの記
『聖書之研究』　第拾壹卷第七號（第百壹號）　明治四十一年八月十日發行　p. 44〜47.

30　山形縣に入るの記　内村生
『聖書之研究』　十月號（第百拾參號）明治四十二年十月十日發行　p. 44〜46.

31　北海の秋[注1]
『聖書之研究』　十一月號（第百四拾八號）[注2]　大正元年十一月十日發行　p. 35〜41.
　注1：本論文の最後に『(以下次號)』と記してあるが続稿なし。
　注2：『札幌講演號』の副標題がある。

32　八丈島に渡るの記　内村生
『聖書之研究』　五月號（第百五拾四號）　大正二年五月十日發行　p. 51〜52.

33　越後傳道　入越所感
『聖書之研究』　七月號（第百五拾六號）　大正二年（一九一三年）七月十日發行　p. 2〜4.

34　北海道訪問日記
全集第十九卷　pp. 463〜473　大正7年[注1]

35 史學の研究

全集第二巻 pp. 374〜382 明治29年[注1]

注1：全集第二巻の巻末の内容年譜によるとつぎの通り。
「普通學講義録所載。年月不詳 小憤慨録（上）再録」
原資料は，調査を行なったが判明しなかった。

36 興國史談

『東京獨立雑誌』

第一回 興國と亡國 第四拾三號 明治三十二年九月十五日〔発行〕 p. 1〜4.

第二回 興國の要素 第四拾四號 明治三十二年九月二十五日〔発行〕 p. 1〜4.

第三回 埃及 第四拾五號 明治三十二年十月五日〔発行〕 p. 1〜3.

第四回 埃及人と埃及文明 第四拾六號 明治三十二年十月十五日〔発行〕 p. 1〜5.

第五回 巴比倫尼亞(バビロニヤ)[注1] 第四拾七號 明治三十二年十月二十五日〔発行〕 p. 1〜5.

第六回 アッシリヤ（上） 第四拾八號 明治三十二年十一月五日〔発行〕 p. 1〜5.

第七回 アッシリヤ（下） 第四拾九號

注1：書誌的事項は全集十九巻の目次による。原資料は調査を行なったが判明しなかった。

（c） その他

明治三十二年十一月十五日〔発行〕 p. 1〜6.

第八回 新バビロニヤ（上） 子ブカド子ザルの王國 第五拾號 明治三十二年十一月二十五日〔発行〕 p. 1〜4.

第九回 新バビロニヤ（下） 子ブカド子ザルの王國 第五拾壹號 明治三十二年十二月五日〔発行〕 p. 1〜4.

第十回 フィニシヤ（上） 第五拾六號 明治三十三年一月二十五日〔発行〕 p. 1〜4.

第十一回 フィニシヤ（中） 第五拾七號 明治三十三年二月五日〔発行〕 p. 1〜4.

第十二回 フィニシヤ（下） 第五拾八號 明治三十三年二月十五日〔発行〕 p. 1〜4.

第十三回 ユダヤ（上） 第五拾九號 明治三十三年二月二十五日〔発行〕 p. 1〜4.

第十四回 ユダヤ（中） 第六拾號 明治三十三年三月五日〔発行〕 p. 1〜5.

第十五回 ユダヤ（下） 第六拾壹號 明治三十三年三月十五日〔発行〕 p. 1〜5.

第十六回 歴史的人種（上） 第六拾四號 明治三十三年四月十五日〔発行〕 p.

第Ⅱ章　内村鑑三（1861-1930）の地理学　49

1〜5.
第十七回　歴史的人種（中）　第六拾五號　明治三十三年四月二十五日〔発行〕p. 1〜3.
第十八回　歴史的人種（下）　第六拾六號　明治三十三年五月五日〔発行〕p. 1〜3.
第十九回　伊蘭高原　第六拾七號　明治三十三年五月十五日〔発行〕p. 1〜3.
第二十回　アリヤン人権の勃興　第六拾八號　明治三十三年五月二十五日〔発行〕p. 1〜4.
第二十一回　アリヤン人権の特性　第六拾九號　明治三十三年六月五日〔発行〕p. 1〜4.
第二十二回　メデヤ（MEDEA）　第七拾號　明治三十三年六月十五日〔発行〕p. 1〜4.
第二十三回　ペルシヤ（PERSIA）　第七拾壹號　明治三十三年六月二十五日〔発行〕p. 1〜4.

注1：『コ』は『ニ』の誤植か。

37　余の見たる信州人　内村鑑三（寄）
『信濃毎日新聞』明治卅六年七月六日　第2面

38　宗教と農業
『聖書之研究』十一月號（第百四拾八號）注1　大正元年十一月十日發行　p. 28〜35.

注1：㉞31の注2を参照。

3．書誌的注解

　ここでは前途の地理学関係著作目録の書誌的注解を「□」を付した単行本および論文について，掲載の順に行なった。

㉞1　千歳川鮭魚減少之源因
　千歳川の鮭魚の減少の原因を追求し，明治9年鮭魚保護の令が発令されて以来，鯎魚が蕃殖し鮭魚の卵子を食いつくすために鮭魚が減少していると指摘している。

㉞2　北海道鱈漁業の景況
　『聖書之研究』の天然號（第百拾六號　明治四十三年一月十日發行）pp. 33〜37に再録されている冒頭に，"編者曰ふ，此篇今や科學的に何の用あるなし，然れども歴史的に多少の用なき能はず，是れ我國に於ける組織的水産調査の嚆矢たりしなり，（後略）"と記し，後日の参考になるように再録した旨がのべられ

ている。
㊃3　漁業ト氣象學ノ關係

　全集第二巻 pp. 33 〜 40 では「漁業ト氣象學ノ關係」を標題に統一している。また，全集では（承前）の pp. 18 〜 36 の漁業日記が略されている。

㊃4　石狩川鮭魚減少ノ源因

　減少の原因を次のように 7 箇あげている。

　　第一　種川ノ無定
　　第二　漁場ノ増加
　　第三　漁具ノ改良
　　第四　モウライシップ境ムエン岬ノ建網
　　第五　漁期ノ無制限
　　第六　河口漁場ノ設立
　　第七　幌内石炭山ノ開採

㊃6　瑞典國鰊漁廢絶の源因

　全集第二巻の目次と，内村鑑三信仰著作全集　25 の年譜中の著書・主要論説欄（p. 23）ともに，本論文の出版年を明治 17 年としているが，正しくは明治 18 年である。

㊃7　日本國の天職

　冒頭に次のような文が記されている。

　　　左のハ一篇ハ過日余の横濱メール新聞ゑ投書せしものゑして讀者諸氏よりしバしバ之を本邦文に譯し世ゑ公ゑせんことを促さる、に依り今之を平易なる日本文ゑ飜譯しメール記者プリンクレー氏の同意を得て爰ゑ登載するものなり（㊃7　p. 1）

㊃8　コロムブスの功績

　全集の「第一巻内容年譜」によると，"六合雜誌第一四二號明治二十五年

(一八九二年）十月「コロムブスの行續」ト題シテ"と記されているが,「功績」が正しい。

㊟9　米國發見事業の事務官ピンゾン兄弟

本論文の終り（p. 30）に㊟8中の「誤正」が付してある。

㊟10　紀念論文　コロムブス功績

『国立国会図書館所蔵　明治期刊行図書目録　第1巻　哲学・宗教・歴史・地理の部』（1971年）のp. 803にある次の書物,

　　コロムブス伝　内村鑑三編

　　「福永文之助刊」　明治26.2　132p.

　　19cm　特20 — 518

と記された図書を調べてみると，筆者の目録中の㊟10と同一の図書であった。これは恐らく，国立国会図書館の目録作業のミスであろう。なお,『福永文之助』は本書の奥付によると，発行者である。

㊟10 — A　コロムブスと彼の功績

出版年は奥付によると，"明治廿六年二月廿七日出版　明治三十二年十二月九日再版發行"と記され，本書は内容も㊟10と一致し，㊟10の改題本である。そのために㊟10と㊟10 — Aの間で，書名，出版年に関して両書を誤認する研究者がかなり存在する。また，細事ではあるが，発行所名を間違っている例も多数見うけられた。書誌的事項を誤認している事例をいくつか次に紹介してみる。

　（イ）　瀧澤信彦編. 著書目録〈河上徹太郎編. 内村鑑三集　東京，筑摩書房，昭和42年（明治文學全集39）〉p. 405.

　　　コロムブスと彼の功績　明治二六年（一八九三）二月　警醒社書店

　　　これを受けて前田　愛の作製した目録も同様の誤りをおかしている。[2]

　（ロ）　石田龍次郎 1971. 明治・大正期の日本の地理学界の思想的動向 —— 山崎直方・小川琢治の昭和期への役割 ——. 地理学評論　Vol. 48, No. 8：p. 543.

"なお求安録の前に「コロムブスと彼の功績」(明26)という小著がある."

(ハ)　山上　弘 1969.『内村鑑三著作目録 ── その書誌学的の試み ──』山上　弘, p. 3.

コロムブスと彼の功績　明治32年12月9日　警醒社

㊷11　地理學考

本書の成立の経緯をみると，執筆当時の明治26年前後は内村の文筆活動の最も盛んな頃であり，「求安録」(明治26年8月)等の代表作もこの年に著述され，「地理學考」もまたこの年に書かれたと推定される。当時の状況は米国の友人ベル(D. C. Bell)宛への内村の手紙にも書かれている。[3]『地理學考』の構想の一部は「日本國の天職」(㊷7)にみられるが，そこでは地理学的内容は未熟であった。内村の地理学の体系は『地理學考』にいたって完成される。

㊷11─A　地人論

『地理學考』の第1版は売りつくすのに2年間を要した。明治30年2月に再版が『地人論』(㊷11─A)と改題されて発行された。㊷11と㊷11─Aの両書の間では内容的には相違はないが詳細に比較すると内村が著述する際に使用した用語等に変化がみられる。たとえば第十章の最後の部分で，㊷11では，

"沈思萬國圖に對する時吾人をして<u>皇命</u>の重きを感ぜしめよ."(第266丁　下線筆者)

㊷11─Aでは，

"沈思萬國圖に對する時吾人をして<u>神命</u>の重きを感ぜしめよ."(第228〜229丁　下線筆者)

のように，「皇命」と「神命」という語感の微妙な相違は存在する。

㊷11─B　地人論

内容，構成ともに㊷11─Aと同じであるが，本書の参考書目の後に，

書中載する處の六大洲山脈圖はギョー氏…(中略)(本全集には以上の圖

版を省略す ―― 編者)（㊟11－B　p.536）

と記されているように図版等に省略がある。
㊟11－C　地人論
　同書の解説によると，

> テキストは全集版に據り，之に送假名，熟字，正字，文章の掛り結び等に若干の變更を加へ，讀者の飜讀の便を計るに努めた。併しそれら變更の個所は極めて僅少にすぎないことは勿論である。（中略）なほ原本の有する頭註および文中の傍點圏點等は，文庫編輯者の意向により，除去せられた。そのため得失双方の結果を生じたと思ふが，止むを得ざりし處置として諒承を乞ひたい。尙，本文の後に「註」を附し，本文に引用せられてゐる英詩の，解題者による拙譯を掲げた。（㊟11－C　pp. 215～216）

と記されている。
㊟11－D　地人論
　戦後間もなく発行されたもので，内村鑑三の長男祐之の夫人美代子による次の附記があり，発行の意図および本書の性格が述べられている。

> この書は遠く明治廿七年に著されたものでありますが，これが「文學的古典」ではないことを考へて，文中の漢字を多く假名に改め，句讀點を打つて讀み易くいたしました。（後略）（㊟11－D　p.8）

㊟11－E　地人論
　現在（昭和51年）一番入手しやすい書物であり，内村の初期の著作「興國史談」とともに収められている。編者の注および巻末に解説がある。
㊟14　海中の富

"海の產は陸の夫(それ)に譲らない。能く海を開拓して陸の不足を補ふ事が出来る。"と主張し海洋の開拓を説く。

㊅17　東北紀行

本論文に"回顧すれば今を去る八年前，一月九日東京本郷なる第一高等學校の講堂（後略）"（p.17　下段）とあるが，これは第一高等中學校不敬事件をさす。第一高等学校は当時，高等中学校と称していた。

㊅18　近縣歩行

一泊二日の小旅行における藤沢，鎌倉，金沢八景等神奈川県内の見聞。

㊅22　入信日記

信州および信州人について述べている。

㊅23　北上錄（上）

10月に十余年ぶりに札幌に帰国した時の当地についての感想。なお，これは（上）であるが下については筆者は未見。

㊅27　秋の傳道

宇都宮（栃木県），信州方面に明治39年秋に伝道を行なった際の記録。

㊅35　史學の研究

『歴史の定義弁に區域』，『歴史の兩眼』，『歴史の區分』等について記している。

㊅36　興國史談

山本泰次郎は，"本書は既述のとおり，著者主筆の『東京独立雑誌』の一八九九年九月十五日号（第四三号）から毎号に一回分づつ連載され，（後略）"[4]（傍点筆者）と記しているが，筆者の目録でも明らかなように，「興國史談」の論文の掲載は毎号なされたのではなく，52〜55号，62〜63号の間は抜けている。

4．内村の地理学に関する研究文献目録

本節では内村の地理学を直接とりあげた論文（単行書の解説も含む）のみを収録するにとどめた。次の規則に従って作成した。

A．収録の範囲

1) 期間

昭和 50（1975）年 12 月現在までの発表論文。

2) 収録範囲

単行書の他，学術雑誌，総合雑誌等に発表された論文で筆者が原資料にあたったもののみを収録した。

B．記載方法

文献番号は前掲の内村の著作目録より引き続いている。単行本の一部に掲載されたものには文献番号の後に＊印を付した。

1) 論文の記述

構成は次のとおり。

番号　著者名：標題　誌名　巻（号）　発行年月　頁付け

2) 単行書の一部に掲載された時の記述

番号　著者：標題　〈本体の編者（もしあれば）　書名　発行地　発行所　発行年月日　（叢書名）〉関連箇所の頁付け

3) その他

(1) 使用漢字，かな文字は標題，誌名，書名，著者名は原資料に従い，略字，当用漢字は使用しなかった。巻号，頁付け，発行年月日の数字はアラビア数字に統一した。

(2) 〔　〕記号は筆者が必要と思われる語，数字を追加した場合に使用した。

研究文献目録

39　山路生[注1]：内村鑑三君の地理學考『國民之友』第 227 号　明治 27 年 5 月 23 日　p. 35～37.

　注 1：『山路生』とは山路愛山（元治元〈1864〉年～大正 6〈1917〉年）である。

40　高木友三郎：日本地政學の先覺者内村鑑三君の三大廣域圏論『地政學』第 1 巻第 4 号 4 月号　昭和 17 年 4 月　p. 1～9.

論文の構成は，次のとおり。

(1) 日本人と廣域圏論
(2) 「地人論」
(3) 「地人論」の内容
(4) 世界三大廣域圏論
(5) 文明の推移と日本の使命
(6) 南半球の存在理由
(7) 結語

本論文は高木の"内村鑑三氏の三大ブロック論"〈『新體制の經濟』東京，第一書房　昭和15年〉p.75～77をもとに，さらにくわしく展開したものである。高木は内村を日本の地政学の先覺者とみなし，内村が『地人論』の「第4章　地理学と接理」中の「陸地機械的配布」の項で，

地球表面に五大洋と五大州の散布するあり。しかして皮相的觀察はこれを偶然の配布に歸（き）するならん。（中略）五大陸は第一図のごとく，北極を中眞点として，三大陸塊となりて三方に向かって放射すること。（㊅11－E　pp.30～31）

と述べて，1．アジア＝オーストラリア陸塊，2．ヨーロッパ＝アフリカ陸塊，3．アメリカ陸塊の三陸塊にわけていることをうけて，高木は次のように指摘している。

クーデンホーフ氏により第一次歐戰後いち早く唱へられ，それがフランスのブリアンその他の大政治家を動かしたが，更に遙かな今から五十年前にわが内村鑑三先生により，世界三大廣域論が既にすでに發表されてゐるのである。（㊅40　p.2）

高木は内村を日本地政学の先覺者とみなしているが，山口貞雄は，

本書［『地人論』］のもつ天才的直覺性，卽ち地理と歴史との有機的關聯の上に立ち文明史に及ぼす「地的束縛性」を研究し，世界三大廣域論を述べ，日本の有機的使命を主張する等そのま、現代地政学に回顧せられる所である。然しそれは未だ單なる讀返しの程度であり，果して地政學と如何なる關係にあるか，又果して地政學と名付け得べきものとすれば現代の「日本地政學」と如何に相違するや全てその調査は今後の研究に殘された儘である。[5]

と述べ，内村と地政学の関係については即断をさけ，慎重な態度を示している。

なお，辻田は㊅42の註⑥（㊅42 p.80）で本論文について，"高木友三郎「日本地政學の先覺者内村鑑三の三大廣域圏論「地政學」一ノ三"と記しているが，

この巻号は誤りで,「一ノ四」が正しいことを付記しておく。

41* **鈴木俊郎**:〔『地人論』の〕**解説**
〈内村鑑三著 地人論注1 東京,岩波書店 昭和17年(岩波文庫)〉p. 197〜216.

筆者が,この「解説」の編成に従って作成した内容は次のとおり。
(1) 内村の大正八年当時の日記(当時,『地人論』の訂正に従事。)
(2) 『地人論』の各章を順に追ってその構造を明らかにする。
(3) 地政学との関係。
(4) 「日本天職論」
(5) 文庫版の書誌的事項の説明。
注1:⊗11―Cを参照。

42 **辻田右左男:地人論とその著者**『日本史研究』7(歴史地理學特輯) 昭和23年3月 p. 75〜80.

本論文は5章より構成され,辻田は内村の地理学の評価を次のようにあたえている。

地人論執筆を最後に,地理學に筆を絶つたとはいえ,またその地理學的業績において同時代の地理學者志賀重昂に遠く及ばないとはいえ,また今日の立場よりすれば地理學とも地理學者ともいえないものであるにせよ,この著者が一時傾けつくした地理學への熱愛と,世界は日本を要し,日本は世界を要す,全世界ならでは我は満足せざるべしと唱えた彼の世界市民的地理學は,今日なお日本國民の地理学に明瞭な一つの方向を示す,一つの炬火であることを信じて疑わないものである。(⊗42 p. 80)

この論文以後も辻田は内村の『地人論』について論じているが,この点についての詳細は次回を期したい。

なお,辻田の論文中の書誌的誤りおよび事実誤認(ミスプリントも含む)を筆者が気付いた範囲で記しておく。

(イ)矢津昌永著『日本地文學』の発行年について。

辻田は,"明治廿一年刊行の矢津昌永氏「日本地文學」..."(⊗42 p. 76)と記しているが,原著書(第3版)をみると,『日本地文學自序』の日付は"明治二十一年八月廿五日東京池上光明館樓上ニ於テ 矢津昌永識"と記されているが,奥付をみると次のとおり。

明治二十二年二月二十日印刷
　同　　　年三月　六日出版
　同　　　年五月廿五日訂正再版印刷
　同　　　年同月三十日訂正再版出版
明治二十四年二月一日三版印刷及出版
したがって発行年は明治22年と看做

（ロ）第一高等中学校不敬事件について

　辻田は，"明治二十三年，第一高等學校不敬事件によって東京を去り..."（⑳42　p.77）と記している。しかし内村がこの事件を起したのは明治24年であり，また，先述の如く学校の名称は第一高等中学校である。

　（ハ）内村の帰朝した時期について

　辻田は論文中で，"彼〔内村〕が歸朝した頃，前記矢津昌永氏の「日本地文學」が刊行された。"（⑳42　p.77）記している。しかし（イ）で述べたように，『日本地文學』は明治22年に刊行されているが，内村の帰国したのは明治21年である。したがって，彼が帰朝した時には出版されていないので，この辻田の記述は誤認であろう。

43　川崎庸之：内村鑑三と「日本國の天職」『内村鑑三著作集月報』2（第2巻付録）　昭和28年5月　p.1～3.

　内村の地理学関係論文のひとつであり，『地人論』の原型ともいわれている「日本國の天職」を論述し，さらに，『地人論』についても当時の世相との関連で論じている。

44　大久保利謙：内村鑑三とナショナリズム──「地人論」と「興國史談」──『内村鑑三著作集月報』16（第4巻付録）昭和29年7月　p.3～6.

　明治20年代のナショナリズムと内村を論じたものである。大久保は次のように指摘している。

　　明治二十年代のナショナリズムには「日本人」一派の三宅雪嶺，「日本」の陸羯南が代表者のようになっている。それらは大體政治的言論として主張されていたが，内村鑑三のそれは歴史や地理學を通じて展開されていることに特徴があった。（⑳44　p.6）

45　恩田逸夫：テパーンタール砂漠の位置──宮沢賢治の地理観と内村鑑三の『地人論』──『四次元』130号　1961年〔昭和36年〕9月　p.1～10.

　"宮沢賢治が『イーハトーブ童話集注文の多い料理店』（大13.12.1）を出版する際に書いたという広告文..."（⑳45　p.1）の中に表われる「テパーンタール砂漠」の意味，位置の検討がなされ，その際，宮沢の地理観に影響したものとして，つまり，"地理歴史への関心に大きく作用したものの一つとして内村鑑三著『地人論』（東京警醒社書店刊）を挙

第Ⅱ章 内村鑑三（1861-1930）の地理学 59

げることができる"。(㊅45 p.5) と恩田は述べている。また恩田は内村の地理学への所感と宮沢のそれとの近似性を指摘し，両者の宗教性にまで言及している。

本論文は小沢俊郎編，賢治地理，東京，學藝書林，1975年（宮澤賢治研究叢書2）p.166～182に再録され，巻末には，編者の簡単な解説が付されている。

46 山名伸作：「地人論」と地理学『香川大學經濟論叢』第36巻第2号 1963年〔昭和38〕年6月 p.39～53.

論文の構成は次のとおり。
　Ⅰ　内村鑑三の地理学への指向
　Ⅱ　「地人論」の内容
　Ⅲ　「地人論」と地理学
　Ⅳ　結び

山名は『地人論』の地理学史上での位置づけを次のように記している。

> 「地人論」の地理学における位置づけは，古来からの宿命論的な環境論でもなく，また地理学史の中でのラッツエルの地理学的決定論に対応するものでもなく，カール・リッターとの関係で論じられなければならないことである。(㊅46 p.51)

さらに，次のように規定している。

> 「地人論」はたしかに近代思想としてあらわれたのであり，普通の意味での地理学の書であるよりは，やはり時代思潮の代表書である。地理的環境論というような言葉で分類されるよりも，内村自身がいうように「世界の地理を一大詩篇として見たる作である」であり「余の一大思潮を世に供せし」ものとみる方がよりたんてきに内容を表わすであろう。(㊅46 p.52)

なお，山名の論文中の書誌的誤りおよび事実誤認（ミスプリントも含む）を筆者が気付いた範囲で記しておく。

（イ）内村の日記の間違った孫引について

鈴木の「解説」(㊅41) で内村の日記を引用した部分をさらに山名はこの論文中で引用し，"「『地人論』の訂正に従事した，三十五年前…」"(㊅46 p.40) と記しているが，鈴木は「二十五年前」と正しい年次を『解説』の中で内村の日記より引用しているにも拘らず，十年間誤って前述の如く孫引している。（ミスプリントの可能性も強い。）他にも同様の誤りが存在する。

（ロ）参考・引用文献の書誌的事項の誤り

山名は論文の脚注(㊅46 p.47) で"赤峰倫介日本に於ける環境論の成立駒沢大学歴史地理学会誌第三号1938

年"と記しているが正しくは,「駒澤地歴學會誌 第二號 昭和14年〔1939年〕」である。

47* **山本泰次郎**:〔地人論・興国史談の〕**解説** 〈山本泰次郎編 地人論・興国史談注1 東京,教文館 昭和38年(内村鑑三信仰著作全集 4)〉p. 241 ～ 261.

筆者がこの『解説』の編成に従って作成した内容は次のとおり。

(1) 『地人論』執筆当時の事情および読書界への影響。
(2) 『地人論』の論旨と結論。
(3) 「興国史談」の成立事情。
(4) 「興国史談」の論旨と結論(「地人論」との関係についても含む。)

注1：⊗11—Eを参照。

(付) 地理学専門誌における反響

　内村の地理学が当時,日本の地理学界でいかなる評価を受けていたかを調査する方法として,没年である昭和5 (1930)年までの範囲で地理学関係誌(『地學雑誌』『歴史地理』『地理學評論』)に彼自身が著述した論文,内村の地理学を研究した文献,または書評等の存在の有無を調査して評価の判断基準にすることとして調査を行った。結果はまったく文献を見出し得なかった。これは当時,内村と同様にアカデミズムの流れとは異なった立場にいた志賀重昂とは対照的である。6)

　一般誌においては『國民之友』に山路生による,「内村鑑三君の地理學考」(⊗39)が掲載されていた。以上のように当時の地理学界では内村の地理学は当時殆んど評価されなかったと推測できる。『地人論』のもつそのユニークな内容のために地理学界はこれをいわゆる『科学的』でないとして受けいれなかったのである。しかし,読書界においては『地人論』は志賀の『日本風景論』と同様に多くの読者に親まれ,このことは「著作目録」中にも記しているように,6種類もの異版があり,長期にわたり出版されていることから明らかである。山本泰次郎は次のように述べている。

　　その清新な知識と,卓抜な思想・識見と,強烈な信仰・精神をもって当時

の読書界を風靡し,著者の名声をいやが上にも高からしめた。特に青年,学徒は競って本書を読み,甚大な感化をうけた。(㊷47 pp. 242〜243)

注)

1) 源　昌久 1975. 志賀重昂の地理学 ── 書誌学的調査 ──. *Library and Information Science* No.13：pp. 183-204.
2) 前田　愛作製 1972.〔内村鑑三〕著作目録. 福澤諭吉等『福澤諭吉　中江兆民　徳富蘇峰　三宅雪嶺　岡倉天心　内村鑑三集』p. 488, 筑摩書房. (現代日本文學大系　2)
3) 山本泰次郎, ㊷47, 241-242.
4) *Ibid.*, p. 261.
5) 山口貞雄 1943.『日本を中心とせる輓近地理學發達史』濟美堂, p. 110.
6) 源　昌久 1975. *op. cit.*, pp. 198-199.

第Ⅲ章　矢津昌永（1863-1922）の地理学
——書誌学的調査——

1. はじめに

　これまでの明治地理学史の研究は帝国大学を中心とするアカデミック地理学の形成にもっぱら関心が向けられてきたといってよい。最近，志賀重昂，内村鑑三を地理学者として再評価する試みがいくつかあらわれたことは，このような地理学史研究の欠陥を是正しようとするものである。

　筆者が本書の第Ⅱ章，第Ⅴ章に再録した内村[1]，志賀[2]の地理学に関する業績の書誌学的研究はこのような最近の明治地理学史研究の気運を助長するためのひとつの素材提供の試みであった。

　本章は，わが国におけるアカデミック地理学確立以前に地理学教育に一生を捧げた矢津昌永を採り上げて，彼の著作目録，研究文献目録を作成することによって，これまで空白であった明治地理学形成の前史に対してひとつの研究素材を提供することとしたい。

　なお，本章では矢津の生涯について筆者がこれまで調査した史料に基づいて彼の略伝のために一節を設けた。その理由は矢津については志賀，内村の場合と異なり，これまで地理学界においてほとんど黙殺されていたため，その生涯について信頼すべき文献が皆無であると考えられたためである。

　本章の研究は矢津の地理学に関する研究のための基礎的作業であり，彼の地理学の体系，時代とのかかわり，さらに明治地理学史上における彼の位置の確立等についての研究発表は後日に期したい。

2．著作目録

ここに掲載した矢津の著作は，次の規則に従って目録に作成された．

A．収録の範囲

1）期　間

　明治22（1889）年から昭和53（1978）年7月までに発行されたものに限った．

2）対象とした資料

　矢津が執筆ないし共著作した単行書および論文とした．単行書は，（a）総記，（b）日本地理，（c）世界地理，（d）地図に分類し，できる限り初版本にあたり，異版（本）も可能な範囲で記載した．論文は原則として地理学関係誌より採録した．

B．記載方法

　単行書は上記の分類の内で刊行年順に排列して記載し，論文は分類せず発表順に記載した．また，第3節　書誌的注解にとり上げてあるものには書名あるいは論文の標題のあとに「□」を付した．

1）単行書の記述

（1）記載の順序は書名，肩書および著者名（「矢津昌永」著以外の時のみ記入），発行所（東京以外は地名付記），発行年月日，判型，頁数（序，目次，本文等に分けて記入），定価，叢書注記，所蔵注記の順に記入した．構成は，次のとおりである．

　　文献番号　書名　肩書および著者名
　　発行地　発行所　発行年月日（版表示）判型　頁数
　　定価（叢書名）〈所蔵機関名〉
　　（以下，文献番号は，㊛と略す．）

（2）書名の決定は標題紙，奥付を参考にして決定した．

（3）刊年を決定する際，初版本にあたることができなかった場合には筆者があたることができた再版以後の図書の版の刊年を参考にした．

(4) 頁数の記入の方法はノンブルのある場合はそれに従い，第何頁（「丁」）から第何頁（「丁」）を示す。序文等にノンブルのない場合はその総ページ数を記した。なお，数字は原本に使われているものを採用した。
(5) 「(奥付裏)広告」は筆者が必要と思われた場合のみ記載した。
(6) 1部2冊以上の図書は一括して記載し，また，外国編，関連する地図帳等も一括して「日本地理」の部へ排列した。ただし，叢書は別々に排列した。
(7) 地理学一般をあつかっている図書（概説書，通論）は「日本地理」の部へ分類して，排列した。
(8) 定価は奥付，広告，目録等で判明したもののみを記入した。
(9) 所蔵機関名の略称は直接採録を行った機関に限って記入し，次のように略記した。
　早稲田大学図書館は〈早大図〉，国立国会図書館は〈国会図〉，一橋大学附属図書館は〈一橋図〉，慶應義塾図書館は〈慶図〉。

2）論文の記述

論文は書誌的事項を次のように記入した。

標題，肩書および筆者名（「矢津昌永〔著〕」以外の時のみ記入），誌名，巻号，発行年月日，記載頁。

構成は次のとおりである。

　　㊝　標題　肩書および筆者名
　「誌名」　巻号　発行年月日　記載頁

なお，頁付けの数字はアラビア数字に統一した。

3）その他
(1) 使用漢字，かな文字は著作目録，注，備考，内容等の引用文のところでは原本に従い，略字等は使用しなかった。
(2) 〔　〕記号は，筆者が必要と思われる語，数字を追加した場合に使用した。

第Ⅲ章　矢津昌永（1861-1930）の地理学　65

　（　）記号は，説明その他がある場合に使用した。
　「　」記号は，筆者が注意しなければならないと思われる語について使用した。
⑶　序，緒言等で内容を知るために，重要と思われた書物については（備考）の項に記した。また，目次については（内容）の項に記した。

（A）単行書の部
（a）総　記（索引）

1　**地名索引　内外地誌　日本之部**□
　早稻田大學出版部　明治四十一年六月廿八日發行　菊判
　内外地誌發行の要旨一～四　目次一～十二〔本文（表共）〕一～五九六　日本地名畫引一～四六　日本地名索引1～73
　定價金貳圓五拾錢　〈早大図〉
　（備考）發行の要旨
（前略）本書は，もと地誌上の詳細なる研究を試みんとするもの，若くは文部省の教員檢定に應ぜんとする者の通誦用に供せんとの目的を以て，地學の泰斗矢津，野口兩敎授に起稿を懇請し，日本と外國との二部に分ちて，最近の歷史地理科講義に揭げしものなり。

　（後略）（p.2）
　（内容）目次
　緖論
　自然地理
　　位置　幅員　地形　地體の構造　地史　火山　水系　氣候　日本の海流
　人文地理
　　日本人　人口　人情　風俗　宗教　教育　衛生　國家　國體　皇室　政體　憲法　立法制　政黨　行政制　司法制　國防　軍政　海軍　經濟　交通　殖產　外交貿易
　地方誌
　　〔府縣別名〕臺灣　樺太南部　遼東半島　地方廳管轄一覽表

（b）日本地理

2　**日本地文學**□　理學博士　小藤文次郎校閲　矢津昌永編述[注1]
　　丸善商社[注2]　明治二十二年五月三十

日訂正再版出版[注3]　四六判
　序〔小藤文次郎識〕一～七　日本地文學自序一～七　日本地文學小引一～三　日

本地文學目次一～七 〔口絵〕〔1枚〕注4
〔本文（図共）〕一～四百七十五丁注5
定價金壹圓五拾錢 《国会図》
　注1：刊行当時の矢津の住所は，奥付によると，「福井縣福井佐佳枝中町百廿一番地寄留」。
　　（日本地理に分類される図書で住所表示が必要と思われるもののみ以下記載する。）
　注2：この表示は標題紙による。奥付の表示は「丸善商社書店」。
　注3：初版の出版年は本書の奥付によると，「明治二十二年三月六日出版」。
　注4：本文に入る前の図，写真，絵等は書誌的事項として別箇に記載する。以下同様。
　注5：「丁」を「頁」と同義に使用。

（備考）日本地文學自序
地學ノ語タルヤ其區域極メテ廣漠タリ而メ此語ノ適用ヲ今日通俗流用ノ區域内ニ限定スル牛ハ唯々地名及ヒ地理ニ關スル統計ヲ學習スルニ止マリ學者ヲシテ學習上地學ノ頗ル快樂ニシテ有益ナルノ眞味ヲ解セシムルヲ得ズ是レ豈ニ地學教育ノ趣吉ナランヤ顧フニ最初斯學ニ依リテ初學ヲ薫陶スルニアラザレバ教育上尋常ノ基礎ヲ置カザルノミナラズ初學ヲシテ理學的思想ヲ生セシメ難キモノナリ（中略）雖然書中引用注6ノ廣キト事實ノ精確ナルベキトハ余ノ聊カ自ヲ誇ル所也余ノ曩ニ福井縣中學ノ命ヲ帯ビテ中央氣象臺，地質局，水路部等ニ就キ事實ノ調査ヲ請フヤ各局部ハ大ニ調査ノ便宜ヲ與ヘラレ余ノ疑ヲ闕キシ （後略）(p. 1～2,

p. 4～5)
　注6：ここでいう「引用」とは説明のために事例（例証）をあげる意味であろう。なお，辻田は次のような見解を述べている。「昌永のいう引用の広さとは，おそらく広い視野から材料をえらんだというほどの意味であろう。」3)

日本地文學小引
一　此書ハ本ト中等學校教科用書ヲ目的トシテ編纂セリト雖モ編者ノ希望ハ獨リ學校教科用書ニ止マラズ又聊カ實業家ノ事業ニ一臂ノ力ヲ添ヘント欲スルモノナリ（後略）(p. 1)
（内容）日本地文學目次注7
第一編　總論
　緒言　地球ノ形状及ヒ其運動　經線及ヒ緯線　日本ノ位置
第二編　氣界
　空氣　空氣ノ壓力　空氣ノ温度　空氣ノ濕度　空氣ノ運動　天氣
第三編　陸界
　日本ノ地史　海岸線　陸地ノ水　山岳　谿谷　平原　日本火山附磐梯山ノ爆裂　地震　土地ノ變動　鑛泉　日本鑛力
第四編　水界
　海洋　海水ノ組織　海水ノ温度　海深　海水ノ運動　日本海流　海流ト氣候及ヒ其他ノ関係
第五編　氣候
　日本氣候ト各國トノ氣候　日本各地の氣候　霜雪終始ノ期節　日本氣候ト外客　氣候ト農耕トノ關係　日本植物帶

第Ⅲ章　矢津昌永（1861-1930）の地理学　67

高低ト植物帯ノ關係
　注7：各章の見出しに関しては，タイトル名のみを列挙する。

2―A　**日本地文學**[注1]　理學博士　小藤文次郎校閲　矢津昌永編述
　丸善商社[注2]　明治二十四年二月一日三版印刷及出版　四六判
序〔小藤文次郎識〕一～七　日本地文學自序一～七　日本地文學小引一～三　日本地文学目次一～七　〔口絵〕〔1枚〕〔本文（図共）〕一～四百七十五丁
定價金壹圓五拾錢[注3]　〈一橋図〉
　　注1：本書の表の見返し（遊びの側）に「文部省検定濟中學校教科用書師範學校教科用書」の朱印あり。
　　注2：②2の注2と同様。
　　注3：この表示は奥付による。本書の見返し（遊びの側）に記入（手書）されている事項は次のとおりである。（図書館購入日，価格であろう。）

（日付）明治二十四年十月七日
（価格）壹圓二十錢

2―B　**日本地文圖**[注1]
　丸善商社書店　明治二十五年十一月七日印刷及出版　29 cm×24 cm
　日本地文圖目次竝圖解〔4頁〕　日本地文圖例言〔1頁〕〔地圖・圖〕〔30枚〕〔奥付裏広告（日本地文學批評）〕〔3頁〕
〈国会図〉
　　注1：刊行当時の矢津の住所は，奥付によると，「熊本縣熊本市東外坪井町百三十六番地」。
（備考）例言
（前略）
一　本圖ハ概子日本地文學ノ挿圖ヲ採蒐シタルモノナルヲ以テ各地圖ノ詳細ナル説明ハ皆ナ日本地文學ニ譲ル
（中略）
一　地理ヲ學習スルニ地圖ト聯關感念ヲ要スル┐固ヨリナレバ學者ハ只ニ地圖ヲ繙閲スルノミナラズ併セテ此圖ニ示ス各種ノ現象ヲ描寫習練セン┐特ニ余ノ勸告スル所ナリ
明治二十五年八月廿五日東京駿臺ニテ
　　　　　　　　　　　　　　矢津昌永識

3　**日本帝國政治地理**[]　矢津昌永編述[注1]
　丸善商社[注2]　明治二十六年七月一日發行　菊判
日本帝國政治地理自序〔7頁〕　日本帝國政治地理例言一～二　日本帝國政治地理目次一～六（この内，挿入地圖及圖書目次五～六）〔本文（表，地図共）〕一～四百五十　〔広告（日本地文學批評）〕一～八　〔正誤表〕〔1頁〕
〔壹圓二十錢〇厘〕[注3]　〈一橋図〉
　　注1：刊行当時の矢津の住所は，奥付によると，「熊本縣熊本市東外坪井町百三十六番地」。
　　注2：②2の注2と同様。
　　注3：この表示は見返し（遊びの側）に記入（手書）されているもの。なお，日付は「明治二十六年十一月十三日」。

（備考）日本帝國政治地理例言

一　本書ハ中等教育ニ於ケル教科用書ノミナラズ又廣ク社會一般ノ需用ニ應ゼン丨ヲ期ス是レ我帝國民タル者ノ總テ悉知セザルベカラザル事實ナリト信ズレバナリ

一　本書ノ引用書ハ自ラ種々ノ種類ニ亘リシト雖モ別ニ爰ニ揭グベキ程ノモノハナシ只帝國統計年鑑・「ステーツマンス，イヤーブック」及官報，諸新聞雜誌等ハ頗ル參考ノ料トナレリ

一　書中插ム所ノ各種ノ地圖ハ槪子余ガ創意ニ係リ實ニ意外ノ時日ト苦心トヲ要セシモノナリ特ニ人口配布圖ノ如キ府縣別又ハ國別ヲ採用セズシテ自然ノ配布ヲ現ハサンガ爲メニハ大ニ精魂ヲ費セリ・看者希クハ各地圖ヲ利用スル丨ニ注セヨ

　（後略）（p.1）

（内容）日本帝國政治地理目次注4

第一編　總論
　　緒言　亞細亞ノ大勢　邦國ノ位置　國土ノ幅員　沿革附區畫／發達東夷ト地理ノ關係

第二編　社會住民
　　社會ノ組織　人種ノ說及種族制　人口附都邑ノ發達　人情　風俗　國語　敎育　宗敎

第三編　國家及政治
　　國家　國體及政體　憲法附地震火山ト立憲制度トノ說　立法制附第一期總選擧　行政制　司法制　國防軍制

第四編　財政及自治制
　　租稅及國家ノ經營　國債及貨幣　富ノ配布　地方自治制　市及町村　郡及府縣

第五編　交通通輪
　　交通及其来歷　道路及車　鐵道　郵便　電信及電話　通信ノ地方的配布　海運

第六編　生業物產
　　國土ト生業物產トノ關係　農業及農產物（一）土地（二）農業者（三）地產物（四）蠶業（五）畜產　林制及林產　工業及美術　商業附街ノ盛衰　漁業及水產　鑛業及鑛產

第七編　外交貿易
　　外交上日本ノ位地　外交　貿易　貿易主場ノ變遷　日本ノ西比利亞鐵道ニ對スル港

插入地圖及圖書目次（細目略）

注4：⊗2の注7と同様。

3—A　日本帝國**政治地理　訂正再版**　矢津昌永編述

丸善株式會社注1　明治二十六年十二月十八日訂正再版發行　菊判

日本帝國政治地理自序〔7頁〕　日本帝國政治地理例言一〜二　日本帝國政治地理再版に就きて一〜二　日本帝國政治地理目次一〜六（この内，挿入地圖及圖書目次五〜六）〔本文（表・地圖共）〕一〜四百五十〔廣告（日本帝國政治地理批評・日本地文學批評）〕一〜五十一・一〜八〈慶図〉

注1：この表示は標題紙による。奥付の

表示は「丸善株式會社書店」。

（備考）日本帝國政治地理再版に就きて

（前略）將に第二版を剞劂すべきヲを報せり。因りて江湖の批評中。其適當なる趣旨。反忠告を參酌し。傍ら初版の設謬等。凡そ二百三十有餘箇所を訂し。茲に再版に附するに臨み。本書に關し。批評若くハ忠告を辱ふしたる。江湖諸彦に嗚謝すと云爾。

　　明治二十六年十月三十日

　　　　　　　　　著者識（p.2）

4　中學日本地誌[注1]

丸善株式會社[注2]　明治二十八年三月十四日發行　四六判

中學日本地誌序言一〜六　注意一〜四　中學日本地誌目次一〜六　〔本文（地圖共）〕一〜二百七十七

定價金六拾五錢　〈国会図〉

　注1：刊行当時の矢津の住所は，奥付によると，「東京市麴町區有楽町三丁目一番地」。
　注2：②3—Aの注1と同様。

（備考）中學日本地誌序言

本書ヲ著スニ誂リ著者ガ特ニ意ヲ用井タル諸點ヲ擧グレバ，第一愛國心ノ涵養・第二生産物ノ配布及其發達・第三美術思想ノ獎勵・第四風土及土俗ノ異同是ナリ以上四點ハ中等地誌トシテ著者ノ最モ緊要ト認メタル所ナリ　（後略）（p.1）

注意

一　本書ハ余カ從來尋常中學及師範，高等中學及師範等ノ諸學校ニ於テ教授セシ經驗ニ據リ最モ中等教育初歩ニ適切ナリト思考スル事項及順序ニ據リテ編纂セル尋常中學校尋常師範學校及之ニ準スル學校ノ教科書ナリ　（後略）（p.1）

（内容）中學日本地誌目次

中學地誌總論

　方位　經線・緯線　面積　地心熱　水成岩・火成岩・沖積層　陸ノ名稱　山岳・分水嶺　河系　時候（同温線，雨量，海流）　地圖描法

日本地誌

　位置　形勢　幅員　區畫　人口　地形　地躰構造・火山　主要ノ山脉（樺太山系，支那山系，富士帶）　水理　平原　湖沼　海岸線（良港）　風景　地震・鑛泉　氣候（風位，海流，雨量）　生業産物（林産，工業，水産，鑛産）　國體及政體（立法，行政，司法）　國防（陸軍，海軍）　種族（人情，風俗，教育，宗教）　交通運輸（鐵道，郵便，電信電話，海運）　外交（公使，領事）　貿易（重要輸出入品，貿易國）　政治的區畫　氣候　沿革

地方誌

　幾内誌　東海道誌附豆南諸島　東山道誌　北陸道誌　山陰道誌　山陽道誌　南海道誌　西海道誌附琉球群島　北海道誌

4—A　中學日本地誌

丸善株式會社[注1]　明治二十八年四月廿三日再版訂正發行　四六判
[中學]日本地誌序言一〜六　注意一〜四　[中學]日本地誌目次一〜六　〔本文（地図共）〕一〜二百七十七
定價金六拾五錢　〈国会図〉
　注1：②3—Aの注1と同様。

4—B　[中學]日本地誌□
　丸善株式會社[注1]　明治二十九年三月十日増補訂正三版發行　四六判
[中學]日本地誌序言一〜六　注意一〜四[注2]
[中學]日本地誌目次一〜六　〔本文（地図共）〕一〜三百二
定價金六拾五錢　〈国会図〉
　注1：②3—Aの注1と同様。
　注2：「注意」の内容に関して，本版は初（再）版に比較して多少増加する。（②4—B，4—C，4—Dは同一。）

4—C　[中學]日本地誌
　丸善株式會社[注1]　明治二十九年十一月八日訂正八版發行　四六判
[中學]日本地誌序言一〜六　注意一〜四　[中學]日本地誌目次一〜六　〔本文（地図共）〕一〜三百二
定價金六十五錢　〈国会図〉
　注1：②3—Aの注1と同様。

4—D　[中學]日本地誌□
　丸善株式會社[注1]　明治二十九年十二月十日訂正九版發行　四六判
[中學]日本地誌序言一〜六　注意一〜四　[中學]日本地誌目次一〜六　〔本文（地図共）〕一〜三百二
定價金六十五錢　〈国会図〉
　注1：②3—Aの注1と同様。

5　新日本地誌[注1]
　丸善株式會社[注2]　明治二十八年十二月三日發行　四六判
詔勅一〜六　購和條約一〜十四　〔本文（地図共）〕一〜四十六
定價金貳拾五錢　〈国会図〉
　注1：刊行当時の矢津の住所は，奥付によると，「東京市小石川區西江戸川町九番地」。
　注2：②3—Aの注1と同様。

6　[中學]地文學
　丸善株式会會社[注1]　明治三十年十一月十日發行　四六判
〔世界博覧会に於ける『日本地文學』に対する賞牌賞状の写真〕〔1枚〕〔写真の説明〕〔1頁〕
[中學]地文学序言一〜二　[中學]地文學目次一〜六　〔本文（図共）〕一〜二百五十四
〈国会図〉
　注1：②3—Aの注1と同様
（備考）[中學]地文學序言
本書ノ綱目及其順序ハ大抵高等師範學校ニ於テ議定セシ尋常中學校地文學科教授要目ニ據リテ之ヲ編セリ然レ圧高等師範學校附屬尋常中學校ニ於テ實地教授ノ上

第Ⅲ章　矢津昌永（1861-1930）の地理学　71

不適當ト認メタル節ハ多少之ヲ變更セシ所ナキニアラズ　本書中ノ論説及解畫圖等ニ就テハ學友諸氏及斯道學者ノ批評校正ヲ乞ヘリ然レ圧向ホ是正ノ點アラバ江湖博識ノ敎示ヲ待タントス

　　　明治三十年十月秋色滿天之候
　　　　　　　　　著者識（p. 1 ～ 2）
（内容）中学地文學目次
(1)地文總論　(2)太陽系　(3)太陽　(4)太陰　(5)日蝕月蝕　(6)地球ノ形體及其大サ　(7)地球ノ運動　自轉・公轉　(8)晝夜及四季　(9)曆　(10)地球上ノ想像線　緯線・經線・時ト經度トノ關係・標準時　(11)大氣　(12)氣層ノ高度　(13)大氣ノ壓力　(14)大氣ノ温度　日本ノ同温線　(15)大氣ノ濕度　露・霜・霧・霞・暈・雲・雨・雨量ノ配布・雪・霰・雹　(16)大氣ノ運動　世界風ノ大體・海風及陸風・地方風・大風・日本ノ大風　(17)陸界　地球ノ發育・始原界・太古界・中古界・噴出岩花崗岩, 火山岩　(18)地皮ノ構造　地球ノ比重　(19)陸地　陸地ノ配布・海岸線・陸地ノ凸凹・原野・谿谷　(20)山岳　褶曲山脈・火山脈　(21)島嶼　陸島・洋島　(22)鑛泉　温泉・冷泉・間歇泉・日本鑛泉ノ分布　(23)火山　火山ノ配布・日本ノ火山　(24)地震　海嘯　(25)内地水　泉・河流・湖　(26)水界　大海盤　(27)海水　海水ノ鹽分・海水ノ比重・海水ノ温度　(28)海底ノ狀態　海洋ノ深度　(29)海水ノ運動　波浪・洋流・潮汐　(30)氷山　(31)海洋ノ本分

6 ― A　中学地文學

丸善株式會社[注1]　明治三十一年四月一日增補訂正再版發行　四六判
〔世界博覽會に於ける『日本地文學』に対する賞牌賞狀の寫眞〕〔1枚〕〔寫眞の說明〕〔1頁〕中学地文學序言一～二
　增訂序言〔1頁〕中学地文學目次一～六
〔本文（図共）〕一～二百五十四
定價金八拾五錢　〈国会図〉
　注1：◎3―Aの注1と同様。
（備考）增補序言
中學地文學發刊以來江湖同好ノ愛讀ニヨリ初版旣ニ盡キテ茲ニ再版ニ附スルニ際シ小川琢治氏ノ懇切ナル批評并ニ角田政治氏ノ詳密ナル校合其他知友諸彥ノ懇篤ナル助言等ニヨリテ初版ニ於クル誤謬ヲ正シ或ハ筆意ノ到達セザリシ廉ヲ增補シタルモノ凡四十餘個所アリ以テ聊カ世愛讀ニ對トス今其由ヲ記シテ第二版ノ序言ニ代フト云爾

　　　明治三十一年三月下澣
　　　　　　　　高等師範學校ニ於テ
　　　　　　　　　　　　著　者　識

7　新編中學地理　日本誌　矢津昌永監修　角田政治編修
　集英堂　明治三十一年四月八日發行　菊判
凡例一～三　新編中學地理日本誌目次一～四　大日本帝國及附近之圖〔1枚〕〔本文（地圖共）〕一～二百五十三
定價金七拾五錢　〈国会図〉

（備考）凡例
一　本書ハ尋常中學校，尋常師範學校其ノ他總ベテ中等教育ノ地理教科用ニ充ツル目的ヲ以テ編修セリ
一　本書ヲ大別シテ，自然地理，地方誌，人文地理ノ三編トナス，最初自然地理ニヨリテ，日本帝國自然上ノ概念ヲ與エ，進ミテ地方誌ニ至リ，全國各部ニ於ケル天然及人事上ノ事項ヲ分解説明シ，終リニ人文地理ヲ以テ日本全國テフ概括ノ觀念ヲ與フルノ趣向ナリ
一　本書ニ用ユル日本ノ區劃ハ從來ノ幾道區劃ニ據ラズシテ，帝國統計年鑑ニ定ムル所ノ區劃法ヲ採レリ，是レ畿道區劃ナルモノハ單ニ地理上ノ一名目トシテ存スルノミニシテ，人事上既ニ何ノ關係ヲモ有セズ，然ルニ統計年鑑ノ區劃法ハ較々我ガ國風土ノ事情ニ適エルモノニシテ地勢，水系，交通等ノ聯絡關係ヲ知リ易カラシムレバナリ
一　各地方誌ノ終ニ於テ風土比較ヲ示セリ，是レ已ニ學ベル地理上ノ事項ヲ彼レ是レ相對比シテ，一層精確ナラシメンガ爲メナリ，但其ノ一端ヲ擧ゲタレバ教授ノ際宜シク敷衍添加アランコトヲ望ム．
（後略）（p.1〜2）
（内容）新編中學地理日本誌目次
第一編　自然地理（細目略）
第二編　地方誌
　　本州中區誌　本州北區誌　本州西區誌
　　四國區誌　九州區誌 附沖繩誌　北海道

區誌　臺灣區誌
第三編　人文地理（細目略）
挿入地圖（細目略）

7—A　新編**中學地理　外國誌　上卷**
矢津昌永監修　角田政治編修
　集英堂　明治三十二年二月廿七日發行　菊判
　凡例一〜二　新編中學地理外國誌上卷目次一〜二　世界圖〔1枚〕〔本文（地図共）〕一〜百四十四
定價金六拾錢　〈国会図〉
（同上）下卷
　集英堂　明治三十二年二月廿七日發行　菊判
新編中學地理外國誌下卷目次一〜四　〔本文（地図共）〕一〜百七十九
定價金六拾五錢　〈国会図〉
（備考）新編中學地理外國誌　凡例
一　本書は新編中學日本地誌と共に，尋常中學校，師範学校，其他之に準すべき學校の地理教科用に供する目的を以て編纂せり．
一　本書編纂の主趣（別に趣意書に詳述せり）は。（ママ）日本誌と相待ちて，地理學上普通ノ智識を授け，思想の範圍を擴め，處世上の實益を収めしめんヲを期せり．
（後略）（p.1）
（内容）新編中學地理外國誌上卷目次
第一編　亞細亞洲誌
　　自然地理

第二編　亞細亞列國誌
　　　　（各國名）
第三編　人文地理
　　　　亞細亞洲ノ比較
第四編　大洋洲
　　　　（各國名）
（同上）下卷目次
第一編　歐羅巴洲誌
　　　　自然地理
第二編　歐羅巴列國誌
　　　　（各國名）
第三編　人文地理
　　　　歐羅巴洲比較
第一編　亞弗利加洲誌
　　　　自然地理
第二編　亞弗利加列國誌
　　　　（各國名）
第三編　人文地理
　　　　亞弗利加洲比較
第一編　北亞米利加洲誌
　　　　自然地理
第二編　北亞米利加列國誌
　　　　（各國名）
第三編　人文地理
　　　　北亞米利加洲比較
第一編　南亞米利加洲誌
　　　　自然地理
第二編　南亞米利加列國誌
　　　　（各國名）
第三編　人文地理
　　　　南亞米利加洲比較

7—B　**新編中學地理日本誌用地圖**　矢津昌永監修　角田政治編修

　集英堂　明治三十一年六月十一日發行　例言〔2頁〕　地図〔8枚〕　定價貳拾五錢　〈国会図〉

（備考）例言

一　本圖ハ新編中學地理日本誌ノ附屬圖トシ且汎ク學生用若クハ旅行用ニ供センガ爲メ編纂セリ　（後略）

8　**中地文學**

　丸善株式會社[注1]　明治三十二年二月十六日發行　四六判

　中地文學序言一〜四　中地文學目次一〜五　〔本文（図共）〕二〜二六八　〈国会図〉

注1：⑧3—Aの注1と同様。

（備考）中地文學　序言

中地文學ハ中地理學ニ續キ中等敎育ニ於テ上級生ニ課スベキ書ナリ其體裁ハ總テ中地理學ヲ標準トシ既ニ我郷土及世界各國ノ地誌ヲ學ビシ者ニ向ソテ盆々思想ノ範囲ヲ廣メシメ終ニ『地球』ト謂ヘル大問題ニ就キテ簡易ナル說明ヲ與ヘ以テ地理科ヲ綜合完結セシモノナリ（後略）（p. 1）

（内容）中地文學目次

第一編　總論
　　　　（細目略）
第二編　氣界
　　　　（細目略）

第三編　陸界
　　　　（細目略）
第四編　水界
　　　　（細目略）
第五編　生物界
（二四）生物ノ分布（二五）生物ノ區界（二六）動植物ノ傳播　氣候・移轉及傳送・土地ノ變遷及氣候ノ變化

8―A　中地文學
丸善株式會社[注1]　明治三十二年十一月七日訂正再版發行　四六判
中地文學序言一～四〔再版に就いて〕四　中地文學目次一～五〔本文（図共）〕一～二六八
〈国会図〉
　注1：⊗3―Aの注1と同様。
（備考）〔再版に就いて〕
明治三十二年六月再版ニ際シテ初版ノ誤脱數十個所ヲ訂正增補シタリ
　　　明治三十二年南西風梅雨ヲ齎ラス時
　　　　　　　　　　　　　矢津昌永又識

9　中地理學□[注1]
丸善株式會社[注2]　明治三十二年三月二十六日發行　四六判
中地理學日本誌序言一～四　中地理學日本誌目次一～八　地方廳管轄表一～十七〔本文（地図共）〕一～二百八
〈国会図〉
　注1：この表示は標題紙による。序言等では『中地理學日本誌』。以下⊗9―A，B，C，も同樣。
　注2：⊗3―Aの注1と同様。以下⊗9―A～Gまで同様。

（備考）中地理學日本誌　序言
我國文運ノ進歩ハ戰後〔日清戦争後〕特ニ著ルシク，萬般ノ事物ニ向ツテ須臾モ猶豫ヲ與ヘザルニ至レリ。前著中學日本地誌ハ江湖ノ歡迎ニ頼リ，既ニ十數版ヲ重子，其改版毎ニ多少ノ訂正ヲ加ヘタレドモ，最早訂正ノ能ク及バザル所アリ，且其仕組ミニ於テモ，大ニ改正ヲ要スル所アルヲ以テ，茲ニ本書ヲ編纂スルニ至レリ。本書モ亦前著ト同一ノ主義目的ヲ有セリ。（中略）又今回特ニ注意セシ點ハ，地理科ヲ以テ國民教育ノ一助ト爲サントノ希望是ナリ。現今ノ中等教科ニ於テ，國民的智識ヲ養成スベキ學科ハ，日本地理ヲ以テ最モ其緣アリト謂フベシ。故ニ立憲國民ノ智識ニ必要ナル，國政，自治制。兵役及納稅義務。租稅。歲出入。參政權及外國人内地雜居等ノ意義ヲモ加ヘタリ，（後略）（p.1～2, p.2～3）
（内容）中地理學日本誌目次[注3]
第壹編
　總論　地勢　氣候　住民　政治　生業　物産　交通
第貳編　北日本
　關東八洲（一府，六縣）　奧羽七州（六縣）　中央高原（三縣）
第三編　南日本
　本州中部（四縣）　北國（三縣）　近畿

第Ⅲ章　矢津昌永（1861-1930）の地理学　75

（二府三縣）　中國（六縣）
第四編　四國（四縣）
第五編　九州（七縣附沖繩）
第六編　北海道（十一國）
第七編　臺灣（六縣，三廳）
注３：細目は略す。

９―Ａ　　中地理學□

　丸善株式會社　明治三十二年十月十四日訂正再版發行　四六判
　中地理學日本誌序言一～四　中地理學日本誌目次一～八〔本文（地図共）〕一～二百八　地方廳管轄表一～十七　陸軍配備表〔１表〕
〈国会図〉

９―Ｂ　　中地理學□

　丸善株式會社　明治三十三年十二月二十四日訂正八版發行　四六判
中地理學日本誌序言一～四〔訂正版に就いて〕四　中地理學日本誌目次一～八〔本文（地図共）〕一～二百八　地方廳管轄表一～十七　陸軍配備表〔１表〕
定價金六拾五錢　〈国会図〉
　（備考）〔訂正版に就いて〕
開版以来江湖ノ歡迎ヲ受ケ茲ニ第八版ヲ發行スルノ運ニ膺リ最近ノ事實ヲ網羅センガ爲メ一百數十個所ヲ増訂シ又稍々組織ヲ改メ以テ進運ニ後レザランコトヲ期セリ
　　明治三十三年十一月　　矢津昌永又識

（p.4）

９―Ｃ　　中地理學

　丸善株式會社　明治三十四年四月十五日十版發行　四六判
　中地理學日本誌序言一～四〔訂正版に就いて〕四　中地理學日本誌目次一～八〔本文（地図共）〕一～二百八　地方廳管轄表一～十七　陸軍配備表〔１表〕
定價金六拾五錢　〈国会図〉

９―Ｄ　　中地理學□注１

　丸善株式會社　明治三十二年二月九日發行　四六判
　中地理學外國誌序言一～三　中地理學外國誌目次一～六〔本文〕一～四百十六
〈国会図〉

　注１：この表示は標題紙による。序言等では『中地理學外國誌』。以下９―Ｅ，Ｆ，Ｇも同様。

（備考）中地理學外國誌　序言
中地理學外國誌ハ方今世界列國ノ進運ニ應ジテ其最近事實ヲ採リ本邦中等教育ノ教科用書ニ供スルノ目的ヲ以テ編述セリ本書ノ主旨ハ世界地理ヲ學ブニ常ニ我帝國ヲ中心トシ基礎トシテ異邦ノ風土ヲ我國ト比較的ニ考究セシムベキ針路ニ導キ漸ク思想ノ範圍ヲ廣メ以テ長短取捨シ有無相通ジ遂ニ四海兄弟，萬國共通ノ意義ヲ明確ニ了解セシメントス（中略）（前

著萬國地誌﨟ハ教科用ニハ或ハ分量多カランモ本書敎授者ノ參考書ニハ適當ナルベシ）（後略）（p.1, p.2）

（内容）中地理學外國誌目次

亞細亞洲
　總論（各國名）
大洋洲
　總論（各國名）
歐羅巴洲
　總論（各國名）
亞弗利加洲
　總論（各國名）
北亞米利加洲
　總論（各國名）
南亞米利加洲
　總論（各國名）

9－E　　中地理學□

　丸善株式會社　明治三十二年四月十四日訂正再版發行　四六判
　　中地理學外國誌序言一～三　中地理學外國誌目次一～六　〔本文〕一～四百十六
　〈国会図〉

9－F　　中地理學

　丸善株式會社　明治三十四年二月四日訂正九版發行　四六判
　　中地理學外國誌序言一～三　中地理學外國誌目次一～六　〔本文〕一～四百十六

定價金九拾五錢　〈国会図〉

9－G　　中地理學

　丸善株式會社　明治三十四年九月一日三訂十二版發行　四六判
　　中地理學外國誌序言一～三　中地理學外國誌目次一～六　〔本文〕一～四百十六

定價金九拾五錢　〈国会図〉

9－H　　中地理學 日本誌用 日本地圖　完[注1]

　丸善株式會社書店　明治三十三年二月二十七日　發行　菊判
　　中地理學 日本誌用 日本地圖序言〔２頁〕　中地理學 日本誌用 日本地圖目次〔２頁〕〔地図〕〔９枚〕

定價金貳拾錢　〈国会図〉

注１：書名は題簽による。

（備考）中地理學 日本誌用 日本地圖序言

一　本圖ハ中地理學日本誌ヲ學習スル人ノ爲メ特ニ編纂セシ圖ナレバ日本誌ニ記載セル地名ハ漏サズ悉ク記入シ其餘ノ注記ハ繁離ヲ避クルガ爲メ總テ省略セリ（後略）

（内容）中地理學 日本誌用 日本地圖目次[注2]
　（一）日本全圖
　（二）中部圖
　（三）奧羽圖及新潟
　（四）西部圖
　（五）九州圖
　（六）北海道圖
　（七）臺灣圖

第Ⅲ章　矢津昌永（1861-1930）の地理学　77

　（八）東京市之圖
　（九）京阪附近之圖
　注２：細目は略す。

9―Ｉ　^{中地理學}_{外國誌用}**外國地圖　完**□^{注1}

　丸善株式會社書店　明治三十二年三月二十五日發行　菊判

　^{中地理學}_{外國誌用}外國地圖例言〔２頁〕〔地圖〕〔８枚〕

〈国会図〉

　注１：書名は題簽による。

（備考）^{中地理學}_{外國誌用}外國地圖例言

一　本圖ハ中地理學外國誌ヲ讀ム人ノ爲メ特ニ編纂セリ。而シテ其體裁ハ專ラ文部省指定ノ方針ニ拠レリ。（後略）

9―Ｊ　^{中地理學}_{外國誌用}**外國地圖　全**

　丸善株式會社書店　明治三十二年十一月七日訂正再版發行　菊判

　中地理學外國誌用外國地圖例言〔２頁〕〔地圖〕〔９枚〕

定價金貳拾錢　〈国会図〉

10　**日本政治地理**□

　丸善株式會社　明治三十四年四月一日發行　菊判

　日本政治地理自序一～五　日本政治地理目次一～六　大日本帝國地形圖〔１枚〕〔本文（表，地圖共）〕一～三百六十八

正價金壹圓卅錢　〈慶図〉

（備考）日本政治地理自序

回顧スレバ既ニ殆ト十年ニナリヌ。余ハ日本帝國政治地理ヲ著ハシテ世ニ質セシガ。其比類多カラサル書ナリシヲ以テ。版ヲ重ヌル數回ニ及ビ。尚續々需用アリシモ。該書ノ如キ國勢ヲ現ハスベキ書ノ舊版ハ。却テ讀者ヲ誤ルノ恐レアルヲ以テ。斷然絶版シタリ。爾來國運ノ隆興ト。社會ノ進歩トハ。我帝國ノ現狀及國勢ヲ知ラントスルノ望ハ。益々切ナルニ拘ラズ。之レニ關スル著述ハ今尙殆ト皆無ナリ。故ヲ以テ余ニ再ビ政治地理ノ編著ヲ促スコト頗ル急ナリ。是レ更ニ此著アル所以ナリ。（後略）（p.1）

（内容）日本政治地理目次

總論

第一編　國土

　帝國の創建及沿革　國の位置　國の幅員

第二編　人民

　社會　種族　族制（人口　人口統計　人口沿革　男女比数　人口配布）人情　風俗　宗教　教育　衛生　日本人の體格

第三編　邦制

　國家　國體（皇室）政體（憲法）立法制（參政権，政黨，政派）行政制　司法制　國防軍制（陸軍，海軍）地方自治制（市町村制，郡制，府縣）

第四編　經濟

　財政（納税義務，租税，歳出入，納税

額の配布）國債　貨幣　富の配布（所
　　得稅額，富豪，貯蓄）
　第五編　交通
　　交通の發達　道路及車　鐵道　郵便
　　電信電話　海運
　第六編　生業及物產
　　農業及農產物（土地，農業者，農產物，
　　食用農產物，工藝用農產物）牧畜　林
　　業及林產　漁業及水產　鑛業及鑛產物
　　工業及工藝品（織物，紡績，陶磁器，
　　釀造，漆器其他，工業地）　商業
　第七編　外交
　　各條約國との修交　貿易　輸出入額
　　輸出入品　貿易（輸出入額，輸出入品，
　　貿易國別，貿易港）
　挿圖目次

10－A　**日本政治地理（再版）**
　　丸善株式會社　明治三十四年九月廿一
　日再版發行　菊判
　　日本政治地理自序一～五　日本政治地
　理目次一～六　大日本帝國地形圖〔1
　枚〕〔本文（表，地圖共）〕一～三百六
　十八　本書〔日本政治地理〕之批評一～
　二
　　正價金壹圓卅錢　〈早大図〉

11　**新撰日本地理**　高等師範學校教授
　矢津昌永著
　　丸善株式會社　明治三十五年四月十日
　發行　菊判

　　日本之地體〔1頁〕　新撰日本地理序
　言一～二　新撰日本地理目次一～六
　〔本文（図共）〕一～百八十六　附錄（地
　方廳轄表一～十二，陸軍配備表〔1表〕）
　〈一橋図〉
　（備考）新撰日本地理序言
　近今我國ノ進步ハ實ニ目覺シク曩ニハ二
　十七八年ノ戰勝トナリ。次テ北清ニ於ケ
　ル揚武トナリ。今又日英同盟トナリ。確
　ニ此國ハ世界列強ノ資格ヲ有スルニ至レ
　リ。此時ニ當リ我有爲ノ繼承者ヲ導クヘ
　キ地理敎科書ニシテ豈ニ之レカ先導ヲナ
　スヘキ者タラスシテ可ナランヤ，是レ此
　ノ新撰日本地理ノ著アル所以ナリ。
　本書ノ組織ハ主トシテ明治三十五年二月
　文部省訓令中學校敎授要目ノ順序ヲ採レ
　リ。（後略）（p.1～2）
　（內容）新撰日本地理目次
　緖論
　　大洋　大洲及島嶼　兩極及赤道　氣候
　　帶　經緯線　地圖
　日本地理總論[注1]
　　位置　地勢　氣候　住民　政治　生業
　　交通
　地方誌
　（府縣名）臺灣總督府
　附錄
　注1：各項の細目は略す。

11－A　**新撰日本地圖**
　　丸善株式會社　明治三十六年五月二十

第Ⅲ章　矢津昌永（1861-1930）の地理学　79

日發行　菊判
　新撰日本地圖序言一〜二　新撰日本地圖目次一〜二　〔地図〕〔10枚〕
正價金貳拾八錢　〈国会図〉
（備考）新撰日本地圖序言
新撰日本地圖ハ主トシテ新撰日本地理ニ伴隨シ中等學校ニ於ケル日本地理學習者ノ爲メニ編纂セリト雖モ地名ノ如キハ必ズシモ該書籍ニ記載セル地名ノミニ限ラズ稍精細ナル注記ヲ加ヘタリ，是レ學習ノ際其地ノ附近及ビ其諸關係等ヲ明確ナラシメンガ爲ナリ。
本圖ハ又獨リ地理學習用ニ供スルノミナラズ旅行用若クハ歷史其他ノ參照用ニモ資センコトヲ期セリ。（後略）（p.1〜2）
（内容）新撰日本地圖目次
　第一　日本帝國全圖
　第二　關東全圖（府縣名）
　第三　奧羽及北國圖（縣名）
　第四　北海道圖
　第五　關西及北國圖（縣名）
　第六　近畿全圖（府縣名）
　第七　中國及四國圖（縣名）
　第八　九州全圖（縣名）
　第九　臺灣全圖
　第十　諸島集圖（島名）

12　**地理學小品**[注1]
　民友社　明治三十五年七月二十七日發行　四六判
　　富士山圖（コロタイプ）〔1枚〕　地理學小品自序〔1頁〕　目次一〜二　〔本文〕一〜三〇六　〔奧付〕〔奧付裏広告（民友社出版書籍目錄）〕一〜三十二
定價金參拾五錢　〈国会図〉〈著者蔵〉
　注1：早大図に表紙，口絵の欠落した再版本が所蔵されている。再版の出版年は「明治卅五年九月十五日再版印刷発行」。
（備考）地理學小品自序
地理學小品は余か平生地理學習の際天然に触れ人事に接し隨時隨感乃ち筆を驅りて地理的に觀察し地理的に解釋したる小品文なり今茲に民友社に於て發刊の擧あるに際し頗る訂正を施したけれども尚ほ恐らくは及ばざる所多からんことを觀者冀くは微意の存する所を看取し其瑕瑾を恕せば幸甚と云爾

明治三十五年西南氣候風を浴しつゝ　著者識

13　**新撰中地文學**□　高等師範學校教授　矢津昌永著
　丸善株式會社　明治三十六年一月十七日修正六版發行[注1]　菊判
　　新撰中地文學自序一〜二　新撰中地文學目次一〜九　〔本文（図共）〕一〜二百二十八
正價金七拾五錢[注2]　〈国会図〉
　注1：本書の奥付によると，初版は「明治三十二年二月十六日發行」。
　注2：奥付にペン字で手書きしてある。
（備考）新撰中地文學自序
本書は新撰日本地理及外國地理に續き，中等學校に於て高級生に課すべき地文書

なり。其程度は總て既得の智識を標準とし、既に我郷國及外國の地誌を學びし者に向つて、益々思想の範圍を擴め、進んで『地球』と謂へる大問題に就きて簡易の説明を與へ、以て中等教育に於ける地理全科を綜合完結せしものなり。

書中の順序排列は、もっぱら明治三十五年二月、文部省訓令第三號に基けり、而して其分量は、余の實驗並びに中等學校に於ける、授業時數を參考して編成せり。注3（後略）（p.1）

　　注3：本章の第5節　矢津昌永の生涯を參照。

14　**日本地理**□注1　矢津昌永講述
〔早稻田大學出版部藏版〕菊判
　　目次一～八〔本文〕一～七六一
　〈早大圖〉
　　注1：標題紙には「明治卅七年度講義錄」と記入され、『早稻田大學圖書館和漢圖書分類目錄（十一）』昭和十五年七月現在（以下「早大目錄」と略す。）に於ても、「早稻田大學歷史地理科明治三七年度講義錄」と付記してある。本書の請求番號はル三(類)一二八四(号)。

（内容）目次注2

序説　總論　邦制編　經濟編　交通編　殖産編　外交貿易編　地方誌

　　注2：細目は略す。⊗14－Aも同樣。

14－A　**日本地理**□注1　矢津昌永講述
〔早稻田大學出版部藏版〕菊判
　　目次一～七〔本文〕一～六三三
　〈早大圖〉

　　注1：標題紙には「明治三十八年度講義錄」と記入され、『早大目錄』によると、「早稻田大學歷史地理科明治三八年度講義錄」と付記してある。本書の請求番號はル三(類)一三八九(号)。

（内容）

緒論　自然地理　人文地理　地方誌

14－B　**日本地理**□注1　矢津昌永講述
〔早稻田大學出版部藏版〕　菊判
　　目次一～十二〔本文〕一～五八三
　〈早大圖〉

　　注1：『早大目錄』によると、「早稻田大學歷史地理科明治四〇年度講義錄」と付記してある。本書の請求番號はル三(類)一六六五(号)。

（内容）目次

緒論　自然地理　人文地理　地方誌

15　**大日本地理集成　全**□　矢津昌永
角田政治　小平高明合著
　　隆文館　明治三十九年六月一日發行
菊判
〔箱根蘆の湖より離宮及び駒岳火口丘を望む，その他寫眞〕〔4枚〕　大日本地誌集成序〔4頁〕　大日本地理集成目次一～八　日本郡島地質圖〔1頁〕〔本文〕（地圖・圖共）〕一～六七二　附表一～四　定價金壹圓八拾錢　〔慶図〕

（備考）大日本地誌(ママ)集成序

戰勝國の榮を荷へる日本帝國の國粹果して如何、是れ外人の頻りに知らんことを務むる所なり。故に地理に歷史に將た美

術に苟も我が國の事情を知るに資すべき誌籍の研鑽は當今外人間の新流行なり。其れ然り，然るに顧みて本邦人の自國を知るの程度果して如何を回想すれば亦赧然たらざるを得ず。特に自國地理上の智識の如き更に索然たるものあるを覺ゆ。是れ種々の原因あるべしと雖ども從來繁簡その中庸を得たる適當の書籍なかりしも確に其の一大原因たらずんばあらず。本書は實に其の要望の見地より筆を起せるものにして先づ國民の指導者たるべき教育家諸君の參考書たるを以て自ら任ぜり。次に地理研究篤志家諸君の中庸の研究書たるを以て自ら任ぜり。次に自國の聲價を公平に知らんと欲する經世家諸君の座右の伴侶たるを以て自ら任ぜり。
（中略）
今著者等用意の要項を左に開陳せんとす
一　凡そ地理學は土地と人生との間には自ら親密なる關係ありて或は因となり或は果となるの理法を求むる理學なるを以て本書は單に記載的に流るゝの通弊を避けたり。都邑の如き其の建設せられ又其の發達せる自然的要因より説き起して將來の運命をも類推せんことを勉めたり。
（後略）
（内容）大日本地理集成目次
第壹篇　自然地誌（細目略）
第貳篇　人文地誌（細目略）
第參篇　處誌（地方内の府県名略）
　關東地方　奧羽地方　本州中部地方　近畿地方　中國地方　四國地方　九州地方　北海道　臺灣　樺太　關東州租借地
第四篇　將來の我國民
　附表

15－A　**大日本地理集成　全**　訂正再版
高等師範學校教授　矢津昌永　熊本縣師範学校教諭　角田政治　佐賀縣師範學校教諭　小平高明合著

　隆文館　明治三十九年九月廿五日訂正再版發行　菊判
〔箱根蘆の湖より離宮及び駒岳火口丘を望む，その他写真〕〔4枚〕　大日本地誌集成序〔4頁〕　大日本地理集成目次一～八　日本郡島地質圖〔1頁〕〔本文（地図・圖共）〕一～六七二　附表一～四
定價金壹圓八拾錢　〈国会図〉

15－B　**大日本地理集成　全**　矢津昌永　角田政治[注1]　小平高明合著

　隆文館　明治四十四年四月二十日發行　菊判
　序一～四　例言一～二　大日本地理集成目次一～八　大日本地理集成挿畫目次一～五　在留帝國民分布圖〔1頁〕〔本文（地図・圖共）〕一～一〇三四
定價金貳圓五拾錢　〈国会図〉〈筆者蔵〉
　　注1：奥付によると，「著作代表者　角田政治」と記されている。

（備考）序

明治三十九年陽春，余等大日本地理集成を上梓せしに，意外にも江湖の賞讚を博し碁年ならずして版を重ぬる七八に迨べり。明治四十一年の暮不幸にして版型祝融の災に罹り市に版を絶つの已むなきに至りしが，好學者の需要衰へずして爾來各地より該書の重版を促すこと頻々たり。（後略）（p.1）

例言
（前略）
一　韓國併合の結果面積，人口，種族等に左の異同あり，讀者先づ之が訂正を乞ふ。（中略）

我國の種族は大和民族，アイヌ種族，支那種族，臺灣蕃族，ギリヤーク種族，オロツコ種族の外韓族を加へたり。

　　明治四十四年四月　　　著者（p.2）

16　**日本地理講義**[注1]　高等師範學校講師　矢津昌永講述

大日本中學會〔刊年不明〕菊判

　日本地理目次一～二　〔本文（図共）〕一～二〇一

（非賣品）〈国会図〉

　　注1：この表示は標題紙による。本書は和装本の形態で製本がなされている。（帝国図書館で行う。）題簽には次のように記るされている。「日本地理講義　三十年度第一學級講義錄　矢津昌永　大日本中學會」。

（内容）日本地理目次
　總論

地方誌（地方名）
附圖

16—A　**日本地理講義**[注1]　高等師範學校講師　矢津昌永講述

大日本中學會〔刊年不明〕菊判

　日本地理目次一～二　〔本文（図共）〕一～二〇一

（非賣品）〈国会図〉

　　注1：⑯16の注1と同様。ただし，題簽は次のとおりである。「大日本中學會三十年度〔第〕二學級講義錄　日本地理　矢津昌永」。

16—B　**日本地理講義**[注1]　高等師範學校講師　矢津昌永講述

大日本中學會〔刊年不明〕菊判

　日本地理目次一～二　〔本文（図共）〕一～二〇一

（非賣品）〈国会図〉

　　注1：⑯16の注1と同様。ただし，題簽は次のとおりである。「大日本中學會三十一年度　第一學級日本地理講義　矢津昌永」。

17　**地文學講義**[注1]　高等師範學校講師　矢津昌永講述

大日本中學會〔刊年不明〕菊判

　地文學講義目次一～四　〔本文〕一～一九四

（非賣品）〈国会図〉

　　注1：⑯16の注1と同様。ただし，題簽は次のとおりである。「大日本中學會三十年度　第三學級講義錄　地文學　矢

津昌永」。
(内容) 地文學講義目次[注2]
地文學總論　天体トシテノ地球　氣界　空氣ノ運動〔風の事を意味する〕　地球ノ發音〔育の誤り〕　地球ノ比重　陸地論　山脈或ハ山系　嶋嶼　鑛泉　火山　火山配布　海嘯　内地水　泉　河　湖　大海盤　海水　海底ノ狀態　海水ノ運動　氣候

注2：細目は略す。

(c) 世界地理

18　**亞細亞地理**　矢津昌永編

丸善商社[注1]　明治二十四年三月十一日印刷及出版　四六判

亞細亞地理例言一～五　亞細亞地理目次一～三　〔本文（地図共）〕一～百三十五　正誤表〔2頁〕

〔三十五錢〕[注2]　〈一橋図〉

注1：⑱2の注2と同様。
注2：⑱3の注3と同様。なお，日付は「明治二十四年五月九日」。

(備考) 亞細亞地理例言

(前略) 此書ハ元來余カ諸中等學校生ノ爲メニ講セシ所，講時，限アリ固ヨリ我亞細亞列邦ノ梗概ヲ摘述スルニ過キス是ヲ以テ彼ノ望ニ副ハン┐決シテ希フ所ニアラズ只々勸誘ニ任セ印刷ニ附スルノミ然レ圧帝國民トシテ苟モ社會ニ事ヲ成サントスルモノハ此書ノ記スル所ノ如キハ常ニ之ヲ暗知セン┐余ノ甚タ願フ所也，若シ夫レ是ヲ基礎トシテ能ク時々ニ起ル所謂東洋問題ナルモノニ注意セバ恐ラクハ稍々其憾ヲ少フスルニ庶幾ンカ　此書ノ事實ハ諸書ヲ參考セリト雖圧時事問題ノ如キハ時々ノ官報並ニ諸新聞，雜誌等ニ據レリ又今ヨリ幾年前トアルハ明治二十三年ヨリ起算セリ書中或ハ誤謬杜撰ヲ免カレサル所アラバ讀者幸ニ高論ヲ吝ム勿レ

明治二十四年一月三十一日

城水逸史識 (p. 3～4)

(内容) 亞細亞地理目次[注3]

亞細亞地文　亞細亞政治地理〔各国誌〕

注3：細目は略す。

19　**朝鮮西伯利紀行**

丸善株式會社書店　明治二十七年一月十三日發行　菊判

朝鮮西伯利紀行自序一～二　朝鮮西伯利紀行目次一～十一　〔本文（図共）〕一～百三十二　日本地文學批評一～八，日本帝國政治地理批評一～五十一

〔二十七錢〕[注1]　〈一橋図〉

注1：⑱3の注3と同様。ただし，記入個所は奥付裏広告 (p. 51) の裏。なお，日付は「明治二十七年二月二十四日」。

20　**萬國地誌　上卷**

丸善株式會社[注1]　明治二十九年三月九日發行　四六判

㆟㆓㆒萬國地誌自序一〜八　㆟㆓㆒萬國地誌例言一〜五　㆟㆓㆒萬國地誌上卷目次一〜四　〔本文（地図共）〕一〜百八十五
定價金四拾五錢　〈国会図〉

　注1：㊥3－Aの注1と同様。以下㊥20－A〜Eまで同様。

（備考）㆟㆓㆒萬國地誌

萬國地誌成ル。茲ニ編述ノ主旨ヲ記シテ以テ序トス。本書ハ日本地誌ニ於テ希望セル四要點ノ主旨ヲ益々進メテ一層其範圍ヲ擴メタルモノ也。（中略）我帝國ヲ中心トシ基礎トシ總ジテ我國ト比較的ニ考究シ彼ノ長ヲ採リテ我短ヲ補フモノトシ、歐米ノ地誌即チ飜譯ノ地誌ノ舊套ヲ去リテ必ス日本的ノニ學ハサルベカラス。（中略）要スルニ世界ハ我郷ニシテ四海我兄弟也、我郷ノ山河到ル處棲ムベク、我郷ノ天産悉ク利用スベク、我兄弟ノ消息傳フベク、我兄弟又悉ク交ルベシ、此思想以テ萬國地誌ヲ終ルベキ也

　明治二十九年紀元節　　著者識（p. 1, 2, 7〜8）

㆟㆓㆒萬國地誌例言

一　本書ノ用意ハ序言ニモ示セル如ク從來ノ萬國地誌ハ概子『歐米ノ地誌ヲ翻譯シ來レル物ナルヲ以テ歐洲若クハ米國ノ學生ニ課スベキ書』ニシテ固ヨリ本邦學生ノ爲ニ適切ナル物ニ非ス本書ハ其通弊ヲ認メ外國地誌ヲ成ルベク日本的ニ學バシメン㆙ヲ期セリ

二　各國誌ハ大抵其國實地遊歷ノ學者ニ就テ一々其現況ヲ糺シ其事實ヲ確メ學生ヲシテ其國ノ實勢ヲ誤ラザシメン㆙ヲ務メタリ

三　前項ノ外、通商局出版ノ通商彙纂・Statesman's Year Book 1895・各公使舘、領事舘報告等ヲ以テ之ヲ補ヘリ

四　地名，人名ノ讀方，書方ハ地理歷史名稱會議決ノ方針ニ據レリ（後略）（p. 1〜2）

（内容）中學萬國地誌上卷目次[注2]

總叙　亞細亞洲總論　各國誌

　注2：細目は略す。㊥20－B，㋲20－Dも同様。

20－A　㆟㆓㆒**萬國地誌　上卷**

丸善株式會社　明治三十年二月十三日增補訂正再版發行　四六判

　㆟㆓㆒萬國地誌自序一〜八　㆟㆓㆒萬國地誌例言一〜五　㆟㆓㆒萬國地誌上卷目次一〜四　〔本文（地図共）〕一〜百八十五
定價金四拾五錢　〈国会図〉〈著者蔵〉

20－B　㆟㆓㆒**萬國地誌　中卷**

丸善株式會社　明治二十九年四月二十日發行　四六判

　㆟㆓㆒萬國地誌中卷目次〔三頁〕　歐羅巴圖〔1頁〕〔本文（地図共）〕一〜二百四
定價金五拾錢　〈国会図〉

（内容）㆟㆓㆒萬國地誌中卷目次

　歐洲總論　各國誌

第Ⅲ章　矢津昌永（1861-1930）の地理学　85

20－C　<small>增補</small>萬國地誌　中卷

　丸善株式會社　明治三十年三月二十日增補訂正再版發行　四六判
<small>增補</small>萬國地誌中卷目次〔3頁〕　歐羅巴圖〔1枚〕〔本文（地圖共）〕一～二百四
定價金五拾錢　〈国会図〉

20－D　<small>增補</small>萬國地誌　下卷

　丸善株式會社　明治二十九年十一月十六日發行　四六判
<small>增補</small>萬國地誌下卷目次一～七　亞弗利加（ノ地圖）〔1枚〕〔本文（地圖共）〕一～七十，一～百一，一～四十六
〈国会図〉[注1]

（内容）<small>增補</small>萬國地誌下卷目次
亞弗利加洲總論　各國誌　北亞米利加洲總論　各國誌　南亞米利加總論　各國誌
太洋洲<small>（ママ）</small>又濠太剌利亞洲總論　各部誌

　注1：定価価格は記載されていない。

20－E　<small>增補</small>萬國地誌　下卷

　丸善株式會社　明治三十年四月十八日增補訂正再版發行　四六判
　萬國地誌下卷目次一～七　亞弗利加（ノ地圖）〔1枚〕〔本文（地圖共）〕一～七十，一～百一，一～四十六
定價金五拾錢　〈国会図〉〈筆者蔵〉

21　<small>新撰</small>中學地理　外國誌　上卷下卷
→㊆7－A

22　中地理學〔外國誌〕　→㊆9－D～G

23　新撰外國地理　高等師範學校教授矢津昌永著
丸善株式會社　明治三十四年十一月三十日發行　菊判
新撰外國地理序言一～三〔国旗の色別表示〕三　新撰外國地理目次一～五〔本文〕一～二百三十六
〔正價金七拾五錢〕[注1]　〈国会図〉

　注1：奥付に手書きされた価格を参考にする。

（備考）新撰外国地理序言
新撰外國地理ハ主トシテ新ニ定メラレタル中學校ニ於ケル地理科授業時間數ニ配當シテ編纂シタルモノナリ故ニ紙數ハ二百三十餘頁ヲ以テ完結トセリ。
師範學校又ハ地理科敎授時間ニ較々餘裕アル學校ニ於テハ前著中地理學外國誌（三訂第十二版）ヲ課センコトヲ望ム，尚以上ヲ望マハ萬國地誌（三冊）若クハ近刊スヘキ高等地理ヲ参考スヘシ。
本書ニ就テ外國地理ヲ學習スル者ハ，既ニ學ヘル日本地理ノ事實ハ必ス常ニ念頭ニ置キ，是ヲ以テ中心トシ基礎トシ外國ノ風土，國勢，人情，風俗，等ヲ比較的ニ考究シ，以テ我國ノ世界ニ於ケル位地ヲ知リ，併セテ各國ノ概況ヲ知リ以テ勉ムキ敎訓ヲ得遂ニ四海兄弟，萬國共通ノ意義ヲ明ニスヘシ。我帝國ノ條約國ハ

較々之ヲ詳述セリ，而シテ其各國名ハ其國名稱及英稱ヲ併記シ，又先頭ニハ國々ノ記章タルヘキ國旗ヲ揭ケ，其國風ヲ聯想セシムベキ標識トセリ．

　　　明治三十四年天長節　著者識（p.1～3）

　（内容）新撰外國地理目次

亞細亞洲總論（各國名）　太洋洲總論（各国名）（ママ）　歐羅巴洲總論（各國名）　阿非利加洲總論（各國名）　北亞米利加洲總論（各國名）　南亞米利加洲總論（各國名）

23─A　**新撰外國地理**　高等師範學校教授　矢津昌永著

　丸善株式會社　明治三十五年三月二十五日訂正再版發行　菊判

　新撰外國地理序言一～三　修正第二版序言三　〔国旗ノ色別表示〕四　新撰外國地理目次一～六　〔本文〕一～二百五十八

〈国会図〉

（備考）修正第二版序言

今ヤ初版ノ誤謬ヲ正シ第二版ヲ刊行スルニ際シ恰モ文部省訓令ヲ以テ中學校教授要目ヲ公布セラレタリ因リテ其地理科要目ニ準據シテ增補修正ヲ加ヘタリ

　　　明治三十五年三月上浣　著者再識（p.3）

24　**世界地理學**　日本高等師範學校教授　矢津昌永著　清國留學生　呉啓孫譯

　丸善株式會社　明治三十五年十月十八日發行　菊判

　〔序文〕〔7頁〕凡例一～二　世界地理學目次一～七　〔本文〕一～二九〇　〔広告（矢津昌永先生所著地學書類目）〕〔1頁〕〔広告（丸善株式會社特告）〕〔1頁〕

〈国会図〉

25　**高等地理**　歐羅巴洲之部　**卷之壹**[注1]　矢津昌永　赤星可任共著

　丸善株式會社　明治三十六年七月廿五日發行　菊判

　高等地理總體目次〔1頁〕　高等地理序言一～三　小引一～二　高等地理目次一～四　歐羅巴洲人口ノ配布圖〔1枚〕　〔本文〕一～四八二

正價金壹圓　（高等地理）〈国会図〉

　注1：奥付の書名表示は「高等地理一の卷」。

（備考）小引

高等地理編纂ニ際シ之レニ引用若クハ參考セシ圖書ハ勢各種多樣ノ圖書ニ亘レリト雖モ本書ニ於テ其最モ負フ處ノ圖書ハ左ノ如シ

Philips' Advanced Class-Book of Modern Geography.

The International Geography.

Stanford's Compendium of Geography.

The Statesman's Year-Book 1900─1903.

Lippincott's Pronouncing Gazetteer.

The Times Atlas.
特ニ歐羅巴編ニ於テハ Philips' Modern Geography ヲ骨子トシテ編述セリ
歐羅巴洲ノ編ハ最初ニ編述セルヲ以テ其引用セル統計類ハ稍々年ヲ經タルニヨリ更ニ一千九百三年ノ統計書ニヨリテ諸列強ノ海軍力及各國ノ商船噸數比較、鐵鑛輸出比較、石炭ノ輸出額比較、國債負擔額比較等ヲ別圖トシテ挿入セリ又各國十萬以上ノ大市人口表モ巻末ニ附シテ本文ノ補正トス

　　明治三十六年綠樹重陰之候
　　　　　　　　著者又識（p.1〜2）
（内容）高等地理目次
　歐羅巴洲[注2]
總敍（境界　廣袤　地貌　沿岸　地勢　河流　氣候　産物　住民　商業　政治）
（各國名）
　注2：細目は略す。

25―A　**高等地理**　[歐羅巴洲之部]　**巻之壹**[注1]
矢津昌永　赤星可任共著
　丸善株式會社　明治三十九年十月五日發行　菊判
　高等地理歐羅巴洲再版序言一〜二　高等地理序言一〜四　小引一〜二　高等地理目次一〜四　歐羅巴洲人口ノ配布圖〔1枚〕〔本文〕一〜四八二　〔奥付裏廣告（世界物産地誌、高等地理、日本政治地理）〕〔2頁〕
　正價金壹圓貳拾錢　（高等地理）〈国会図〉

　注1：②25の注1と同様。
（備考）高等地理歐羅巴洲　再版序言
高等地理第一卷歐羅巴洲ノ編ハ本年八月初メテ世ニ公ニセリ爾來三閱月ニシテ初版既ニ盡キ今再版發刊ノ運ニ至レリ是ヲ以テ世人ノ世界的智識ヲ探求セラルルノ程度略々窺ト知ルヲ得ベシ。今ヤ我國ハ日本ノ日本ニアラズシテ亞細亞ノ日本ナリ獨リ亞細亞ノ日本ニアラズシテ世界ノ日本ナリ。世界的事情ノ要望斯ク火急ナル當然ト言フベシ茲ニ再版剞劂ニ際シ一言シ併セテ初版ノ諸批評ニ對シ謝意ヲ表スル爲メ之ヲ巻後ニ附ス

　　明治三十六年十一月　　著者識（p.1〜2）

26　**高等地理**　[阿非利加洲部]　**巻之貳**[注1]　矢津昌永　赤星可任共著
　丸善株式會社　明治三十六年十一月廿一日發行　菊判
　高等地理總體目次〔1頁〕　高等地理阿非利洲序言一〜四　阿非利加鐵道圖〔1枚〕　高等地理目次一〜六　〔本文〕一〜三〇四　〔奥付裏広告（高等地理、日本政治地理）〕〔2頁〕
　正價金壹圓　（高等地理）〈国会図〉
　注1：奥付の書名表示は「高等地理二の卷」
（備考）高等地理阿非利加洲序言
（前略）亞細亞ノ極東ニ國スル我邦人ハ

本洲ヲ以テ昔日ノ如ク徒ニ遠シトノミ想フベカラズ又唯無關係ノ蠻地トノミ嘲ルベカラズ闇黒界裏電光一閃眼ヲ射ラントスルモノアリ徒ニ眼ヲ先輩國ニノミ着ケ之ニ心醉スルヲ休メヨ。則ルベキ教訓ハ先輩國ニ聽クベシト雖トモ而カモ之ヲ行フベキ餘地ハ後進國ニ存セリ。余輩ノ筆ヲ阿非利加ニ採ル微意亦常ニ茲ニ在リ。唯淺見寡聞未ダ詳悉セリト言フベカラズト雖ドモ之ニヨリテ阿非利加ノ現勢一斑ヲ窺フコトヲ得バ幸甚シ。本編ノ事例ノ如キハ總テ前卷歐羅巴洲ノ例ニ據ルト爾云

　　明治三十六年天長節　矢津昌永識（p.3～4）

（内容）高等地理目次
阿非利加洲注2
總敍（境界　廣袤　沿岸　地勢　山誌　水誌　氣候　產物　住民　交通機關　探檢　政治的區劃）
（地域・國名）
　注2：細目は略す。

26―A　**高等地理**　阿非利加洲部 **卷之貳**注1　矢津昌永　赤星可任共著
　丸善株式會社　明治三十九年十月八日三版發行　菊判
　高等地理總體目次〔1頁〕　高等地理阿非利加洲序言一～四　阿非利加鐵道圖〔1枚〕　高等地理目次一～六　〔本文〕一～三〇四　〔奧付裏廣告（世界物產地誌，日本政治地理）〕〔2頁〕
　正價金八拾錢　（高等地理）〈國會圖〉
　注1：㉖26の注1と同様。

（追補）**韓國地理　完**
　丸善株式會社　明治三十七年九月廿三日發行　菊判
　韓國地理序言〔2頁〕　韓國地理目次一～四　〔本文〕一～二一四
　正價金六十錢　〈國會圖〉
（備考）韓國地理序言
（前略）本書ハ元來『高等地理』第三卷亞細亞洲ノ部分トシテ發刊スベキモノナリト雖モ現下世人ノ冀望ト時局ノ進行トニ鑑ミ茲ニ別冊トシテ『韓國地理』ト題シ先ヅ發行スルコトトセリ次デ『淸國地理』ヲモ亦將ニ續刊セントス
　明治三十七年九月遼陽大決戰ノ捷報到ル日
　　　　　　　　　　　　　　　著者識

27　高等地理 **淸國地誌**
　丸善株式會社　明治三十八年六月二十八日發行　菊判
　高等地理總目次〔1頁〕　高等地理淸國地誌目次一～八　東半球地質圖〔1枚〕　〔本文〕一～三九〇　〔奧付裏廣告（日本政治地理，高等地理）〕〔2頁〕
　〔正價金壹圓貳拾錢〕注1　（高等地理）〈一橋圖〉
　注1：㉕25―Aの奧付裏廣告より。
（備考）高等地理　序言

第Ⅲ章　矢津昌永（1861-1930）の地理学　89

清國ノ開發ハ今ヤ世界列國ノ共同ノ事業タルノ傾向アリ。久シク支那寶庫ノ鍵鑰ヲ預リシ支那人ハ。其レ自身ノ力ヲ以テ寶庫ノ堅扉ヲ開クノ祕術ヲ知ラズ。惘然自失ノ狀態ニアリ。是ニ於テ他ノ列國ハ各々起チテ自ラ開扉ノ功ヲ奏セント競フモノ、如シ。是レ鴉片戰役以來支那ニ關スル外國交涉事件ノ漸次頻繁トナレル所以ナリ。（中略）

其大部ハ未ダ『不合鍵ノ祕匣』裏ノ物タルニ於テオヤ。今此書記スル所其大要ニ過ギズト雖モ。地理學上ノ鐵案ニ據リテ支那ヲ科學的ニ解說セルハ。聊カ本書ノ特色ナリト信ズル所ナリ。又人文地理上ニ關スル事項ハ。多年支那研究ニ志ス敎諭渡邊信治氏ノ補草スル所ニ係ル。世人本書ニヨリテ茫漠不明ノ支那大土ノ一班ヲ窺フヲ得バ幸甚。記シテ以テ序トス。

　明治三十八年五月日本海々戰大勝報到ル日　　　　　著者識（p. 1, 3～4）
（內容）高等地理　淸國地誌目次注2
淸國　地勢　地形　水誌　水岸　海流　氣候　天產物　住民　交通　生業　政治地方誌
　注2：細目は略す。

27—A　高等地理 **淸國地誌**　矢津昌永　渡邊信治共著注1
　丸善株式會社注2　明治四十年九月二十八日三版發行　菊判
　〔高等地理總目次〕〔1頁〕　高等地理 序言一～四　高等地理淸國地誌目次一～八　東半球地質圖〔1表〕〔本文〕一～三九〇
　正價金壹圓貳拾錢　（高等地理）〈早大圖〉
　　注1：㉗27の（備考）序言を参照。
　　注2：㉓3—Aの注1と同様。

28　**高等地理　亞細亞洲**□　高等師範學校敎授　矢津昌永著
　丸善株式會社　明治三十九年五月五日發行　菊判
　高等地理總體目次〔1頁〕　高等地理亞細亞洲序言一～四　高等地理目次一～三〔本文〕一～三四〇
　正價金壹圓　（高等地理）〈国会図〉
　（備考）高等地理　亞細亞洲序言
歐米ノ地理書ニヨリテ學ビ難キハ亞細亞ノ地理ナリ、英書ト云ヒ、米書ト云ヒ、將タ獨逸書ト云ヒ、各自國ヲ中心トシ自國トノ關係地、若クハ其貿易地ノ地理ヲ主トシテ詳述シ、自國ト關係深カラザル亞細亞洲ノ如キハ輕々筆ヲ走ラセ、僅數頁若クハ十數頁ヲ費スニ過ギズ、籍ヲ亞細亞ニ有シ、其指導者ヲ以テ任ズル吾人ハ、決シテ斯ル單簡ナル地理書ニ甘ンジテ、吾人ヲ圍繞スル地理的事情ノ解決ヲ覓ムベキニアラズ、看ヨ亞細亞ノ地域ハ世界陸地ノ三分ノ一ヲ占ムルニアラズヤ、亞細亞ノ人衆ハ世界ノ過半ヲ占ムルニアラズヤ、而シテ我ガ日本ハ實ニ其一國ニ

アラズヤ，吾人ハ實ニ其一員タルニアラズヤ，亞細亞ノ事豈ニ他洲人ガ雲煙過眼視スルト同一視スベケンヤ，（後略）(p.1〜2)

（内容）高等地理目次[注1]

　亞細亞洲

總敍（位置　廣袤　海岸　地貌及大體區域　氣候　天產物　住民　宗敎　交通沿革）

（地域・国名）

　注1：細目は略す。

29　**世界物產地誌**□　矢津昌永　樺島駒次　杉浦隆次　増山　明共著

　丸善株式會社　明治三十九年八月十二日發行　菊判

　世界物產地誌序言一〜三　凡例一　世界物產地誌目次一〜十六　〔本文〕一〜七一二　内外貨幣比較表一　内外度重衡對照表二　〔奥付裏広告（高等地理，日本政治地理）〕〔2頁〕

（正價金貳圓）[注1]　〈一橋図〉

　注1：㉚30の奥付裏広告より。

（備考）凡例

一　本書は現今世界に於て最も重要視せらる、產物凡六百有餘品に就き之を（一）農產物　（二）畜產物　（三）林產物　（四）水產物　（五）鑛產物　（六）工產物の六編に大別し更に之を十六章に分ち產物の性質，狀態，分布並に需用供給等を概説して世界經濟の大本を示し物貨共通の理を窺はしめ以て地理を學ぶ人又は實業家等の參考に供する目的を以て編纂せり（後略）(p.1)

30　**高等地理**　南亞米利加洲

　丸善株式會社　明治四十一年十一月廿六日發行　菊判

　高等地理南亞米利加洲自序一〜五　高等地理目次一〜三　南米地質圖〔1頁〕〔本文〕一〜五九八　〔奥付裏広告〕〔3頁〕

（高等地理）〈早大図〉[注1]

　注1：本文の第1頁目に「明治四十二年二月十五日　著者氏寄贈」と記されている。また，国会図所蔵の書物は地質圖が欠けている。

（備考）高等地理南亞米利加洲　自序

（前略）我ガ國民タル者若シ此ノ好輿ノ南米ヲ措カバ，將來何レノ地ニ向ツテ盈雄セル勢力ヲ發展セントスルカ，我ガ國民ハ實ニ邦家百年ノ長計トシテ，南米ニ注目セザルベカラズ，又南米ヲ研究セザルベカラズ，而シテ南米ニ發展セザルベカラザルナリ。本書ハ乃チ此ノ見地ヨリシテ筆ヲ染メ，『高等地理』中他ノ洲ニ比シテ割多ク縷述シ，紙數殆ド六百頁ヲ費セリ，特ニ未ダ世間ニ多ク紹介セラレザル南米ノ歷史，沿革ヲモ略記述セリ，要ハ前述ノ微意ニ外ナラズ。（後略）(p.3〜4)

（内容）高等地理目次[注2]

南亞米利加洲

總敍（位置境界　廣表・面積　沿海　地勢　山誌　水誌　氣候　天產物　人誌　交通　沿革）

　各國誌

　注2：細目は略す。

31　**萬國地理**[注1]　講師　矢津昌永

〔大日本中学会〕〔刊年不明〕　菊判

〔本文〕一〜二〇六

〈国会図〉

　注1：この表示は巻頭による。題簽は次のとおりである。「大日本中學會三十年度　第二学級講義錄　萬國地理　矢津昌永」。

31－A　**萬國地理**[注1]　講師　矢津昌永

〔大日本中学会〕〔刊年不明〕　菊判

〔本文〕一〜二〇六

〈国会図〉

　注1：この表示は巻頭による。題簽は次のとおりである。「大日本中學會三十年度　第三学級講義錄　萬國地理　矢津昌永」。

31－B　**萬國地理　完**[注1]　高等師範學校講師　矢津昌永講述

大日本中學會〔刊年不明〕　菊判

萬國地理目次一〜六〔本文〕一〜三二一

（非賣品）〈国会図〉

　注1：㉚16の注1と同様。ただし，題簽は次のとおりである。「大日本中學會三十一年度　第二學級講義錄　萬國地理　矢津昌永」。

（内容）萬國地理目次[注1]

世界地理緒言

亞細亞洲總論（各國誌）

歐羅巴洲總論（各國誌）

阿弗利加洲總論（各國誌）

亞米利加洲　北亞米利加洲總論（各國誌）

南亞米利加洲〔總論〕（各國誌）

大洋洲總論

32　**東洋商業地理**[注1]　矢津昌永講述

〔早稻田大學出版部藏〕〔刊年不明〕　菊判

東洋商業地理目次一〜一〇〔本文〕一〜四〇四〔十一〜二一二落丁〕

〈早大図〉

　注1：標題紙の書名わきに「明治卅九年度講義錄」と記入されている。また，『早大目録』（p. 254）によると，「明治三九年度早稻田商業講義」と付記されている。本書の請求番号はネ一(類)一三六一(号)。

（内容）東洋商業地理目次[注2]

序言　韓國地理　清國地理　西伯利地理　暹羅地理　印度支那地理　馬來半島　馬來群島　比律賓群島　ボルネオ島　セレベス島　和蘭領馬來諸島　印度地理

　注2：細目は略す。

32－A　**東洋商業地理**[注1]　矢津昌永講述

〔早稻田大學出版部藏〕〔刊年不明〕　菊判

東洋商業地理目次一〜一〇〔本文〕一〜四〇四
〈早大図〉
注1：標題紙の書名わきに「明治四十年度講義録」と記入されている。また，『早大目録』(p. 254) によると，「明治四〇年度早稲田商業講義」と付記されている。本書の請求番号はネ一⁽類⁾一三〇七⁽号⁾。

(d) 地　図

33　日本地文圖□　→㊓2—B　7—B

34　日本地圖
　丸善株式會社書店　明治二十八年三月十四日發行　菊判
　日本地圖例言〔2頁〕〔凡例〕〔1頁〕
　日本百山高度比較〔1頁〕〔地図〕〔7枚〕
　定價金參拾五錢　〈国会図〉
（備考）日本地圖例言
一　本圖ハ地質局ノ實測圖，日本帝國全圖ヲ基トシ，特ニ中等教育ニ適合スルヲ目的トシテ調製セリ又學習若クハ旅行等携帶ノ便ヲ慮リ之ヲ數幅ニ分テリ（後略）

34—A　日本地圖□
　丸善株式會社　明治廿九年十二月二十九日訂正増補四版發行　24cm × 17cm
　日本地圖例言〔4頁〕　日本百山高度比較〔1頁〕〔凡例〕〔1頁〕〔地図〕〔10枚〕
　定價金參拾五錢　〈国会図〉

35　新編中學地理日本誌用地圖□　→㊓

36　中地理學外國誌用 外國地圖□　→㊓9—I，9—J

37　中地理學日本誌用 日本地圖　完　→㊓9—H

38　新萬國地圖□　志賀重昂　矢津昌永〔編〕
　丸善株式會社書店　明治三十三年八月十一日訂正五版發行注1　四六倍判
　新萬國地圖緒言一〜三　新萬國地圖目次〔1頁〕〔地図〕〔9枚〕
〈国会図〉
　注1：奥付によると，初版の出版年は「明治三十一年十月二十五日發行」。

（備考）新萬國地圖　緒言
一　新萬國地圖ハ，本邦人ノ世界地理的形勢ノ智識ヲ得ントスル者ノ爲メ，特ニ編纂シタルヲ以テ，他ノ外國出版ノ原圖又ハ其飜譯圖ヲ看ルヨリハ，邦人ニ取リテハ，其便益多々ナルベキヲ信ズルナリ。
一　新萬國地圖ハ，予輩等ノ持論タル，『自然ノ土地』ト『人類ノ營作』トヲ，可成的結合連絡セシメントノ趣旨ヨリ，編纂シタルモノナレバ世界萬國ニ於ケル

第Ⅲ章　矢津昌永（1861-1930）の地理学　93

人類ガ，地上ニ働作セル結果ノ重モナル体ハ，圖上ニ収メン丁ヲ期セリ，故ニ本圖ハ，不成文ノ萬國地理書タルコトヲ以テ自任セントス。（後略）（p.1～2）

（内容）新萬國地圖目次

（一）世界列國分領圖　百年前ニ於ケル世界

（二）亞細亞洲圖　世界ニ於ケル支那人ノ散布。樺太

（三）大日本帝國全圖

（四）東部亞細亞圖

（五）濠斯太刺利亞圖　木曜島

（六）歐羅巴洲圖　歐羅巴人ノ散布。希臘コリンス地峽運河

（七）亞弗利加洲圖　黒人ノ分散

（八）北亞米利加洲圖　太平洋岸日本人ノ散布。墨西其南部

（九）南亞米利加洲圖　『ニカラガ』運河竣工後ノ航路豫測

39　新撰日本地圖　→ ㊆11―A

（次の書物は矢津の著作として，書名のみを地理学書等で知ったが，原本を確認することができなかったもの。

『大地理學』，『地理的日本歷史』，『歷史的地理』，『世界現勢地圖』，『氣界講話』。）

（B）論文の部

40　日本北西海岸ノ深雪□　福井縣尋常中學校教諭　矢津昌永

『地學雜誌』　第一集第四卷　明治二十二年四月廿五日發兌　p.147～150

41　日本地文學ノ批評ニ就キ國民之友及頓智氏ニ□　〔ママ〕

『地學雜誌』　第一集第七卷　明治二十二年七月二十五日發兌　p.339～341

42　白山之記□　第五高等中學校教員　矢澤〔津の誤植〕昌永

『地學雜誌』　第一集第十二卷　明治二十二年十二月二十五日發兌　p.580～583

43　熊本の地震□　第五高等中學校助教諭　矢津昌永

『地學雜誌』　第二集第十六卷　明治二十三年四月廿五日發兌　p.174～178

（承前）同誌　第二集第十七卷　明治二十三年五月廿五日發兌　p.220～224

44　最近に於ける熊本地震□　第五高等中學校助教諭　矢津昌永

『地學雜誌』　第二集第十八卷　明治二十三年六月廿五日發兌　p.261～265

45　邦國の位置（政治地理一節）
『地學雜誌』　第四集第四十三卷　明治二十五年七月二十五日發兌　p. 323～326

46　中學地文學の批評に就き零丁學士に答ふ
『地學雜誌』　第十集第百拾卷　明治三十一年二月十五日〔発行〕　p. 97～99

47　地文學の定義に就きて
『地學雜誌』　第十輯第百拾貳卷　明治三十一年四月十五日〔発行〕　p. 215～217

48　政治地理研究の方面
『地理と歴史』　第一卷第二號　明治三十三年四月十七日發行　p. 4～10

49　北日本と南日本
『地理と歴史』　第一卷第五號　明治三十三年七月二十日發行[注1]　p. 6～11

　　注1：この表示は奥付による。裏表紙の日付は「七月十五日」。

50　世界の巨船「ミ子ソタ」號
『會報』　第壹號　明治三十八年五月一日發行　p. 18～21

51　登山の壯快
高頭式編纂『日本山嶽志』　博文館　明治三十九年二月四日發行　山嶽諸説〔の部〕p. 1～3　〈早大図〉

52　日本之雪
『地學雜誌』　第二十二年第二百五十五號　明治四十三年三月十五日發行　p. 239～248

3．研究文献目録

　ここに掲載した矢津の地理学に関する研究文献目録は次の規則に従って作成された。

A．収録の範囲

1）期　間

　　1978（昭和53）年7月末日までの発表論文に限った。

2）対象とした資料

　　地理学関係誌を中心に，矢津の地理学を主題としてあつかった論文（書評も含む）で，筆者が原資料にあたったもののみを収録した。今回は論文の一

部で矢津をあつかったものは除いた。
B．記載方法
　発表順に記載し，㊆は前掲の著作目録より引続いている。また，4．書誌的注解にとり上げてあるものには前節同様に「□」を付した。
1）記述
　　構成は本章第2節のB．の2）論文の記述に準ずる。
2）その他
　⑴　使用漢字，かな文字は標題，誌名，筆者名は原資料に従い，略字，当用漢字は使用しなかった。ただし，ページづけ，発行年月日の数字はアラビア数字に統一した。
　⑵　使用記号は本章第2節のB．の3）の⑵に準ずる。

53　**日本地文學**〔批評〕
『國民之友』　第四拾七號　明治二十二年四月十二日發兌　p.37～38

54　**矢津氏編纂日本地文學**□　硯山生[注1]
『地學雜誌』　第一集第四卷　明治二十二年四月二十五日發兌　p.168～170
　注1：硯山生とは「小藤文次郎」のこと。（本論文末に氏名を記してある。）

55　矢津氏編 **日本地文學ニ就テ**□　山口高等中學校　教諭會員　頓野廣太郎
『地學雜誌』　第一集第六卷　明治二十二年六月二十五日發兌　p.284～286

56　**矢津氏地文學ニ就て**□　第一高等中學　石井万次郎[注1]
『地學雜誌』　第二集第十四卷　明治二十三年二月廿五日發兌　p.94～97
　注1：石井万次郎に関し，石田は「石井万次郎（第一高等中学生徒，石井ハ万次郎の誤植かそれとも山上万次郎か）」と指摘している。[4]

57　**亞細亞地理書の新著**□
『地學雜誌』　第三集第二十八卷　明治二十四年四月二十五日發兌　p.237

58　**矢津氏の日本政治地理**□
『亞細亞』　第貳卷第七號　明治二十六年七月十五日發行　p.17～34

59　日本新撰 **政治地理**　矢津昌永氏著□　猪間收三郎批評
『地學雜誌』　第五集第五拾五卷　明治

60 矢津氏著中學日本地誌に就て□ 靜岡縣 酒井淡水生

『地學雜誌』 第七集第七十八卷 明治二十八年六月十日發兌 p.329〜331

61 〔矢津氏の日本地文學〕□

『地學雜誌』 第九集第九十八卷 明治三十年二月十五日發兌 p.90

62 矢津昌永氏著中學萬國地誌を讀む□ 猪間生

『地學雜誌』 第九集第九十九卷 明治三十年三月十五日發兌 p.146〜149

63 中學地文學〔書評〕

『地學雜誌』 第九集第百八卷 明治三十年十二月十五日發兌 p.588

64 矢津昌永氏著中學地文學を讀みて□ 零丁學士

『地學雜誌』 第十集第百九卷 明治三十一年一月十五日〔発行〕 p.34〜40

65 矢津昌永氏中學地文學の地文學の定義を駁す□ 零丁學士

『地學雜誌』 第十輯第百拾壹卷 明治三十一年三月十五日〔発行〕 p.160〜163

66 新編中學地理（日本誌）〔書評〕

『地理と歷史』 第一卷第二號 明治三十三年四月十七日發行 p.56〜57

67 新編中學地理（外國誌）〔書評〕

『地理と歷史』 第一卷第三號 明治三十三年五月十七日發行 p.56

68 （新著紹介） 高等地理　矢津昌永氏著 丸善書店發行

『地學雜誌』 第拾五輯第百七拾七卷 明治三十六年九月十五日〔発行〕 p.743〜744

69 （新著紹介） 韓國地理　矢津昌永著 丸善發行

『地學雜誌』 第拾六年第百九拾號 明治三十七年十月十五日〔発行〕 p.686

70 世界物產地誌 完〔書評〕□ 小林房太郎評

『地學雜誌』 第拾八年二百十四號 明治三十九年十月十五日〔発行〕 p.721〜722

71 世界物產地誌に對する小林房太郎氏の批評に就きて□ 杉浦隆次

『地學雜誌』 第拾八年第二百拾六號 明治三十九年十二月十五日〔発行〕 p.874〜875

72 矢津昌永氏の「日本政治地理」につ

いて□　阿部市五郎　　　　　　　和9年〕1月　p. 113〜118
『地理學』第二卷第一號　1934年〔昭

4．書誌的注解

　ここでは2．著作目録，3．研究文献目録の書誌的注解を「□」を付した単行書および論文について，掲載の順に注解を行った。

㊂1　地名索引　内外地誌　日本之部

　本書冒頭の『發行の要旨』で索引が地名索引の他，字画索引をも付し，地名辞典も兼用できる旨を記している。

　なお，本書の姉妹書である，「外國之部」の書誌的事項は次のとおりである。

　地名索引　内外地誌　外國之部　野口保興

　早稻田大學出版部　明治四十一年六月廿八日發行　菊判

　目次一〜十三　〔本文〕一〜一〇九二　外國地名及人名取調書1〜62　外國地名索引1〜79

　定價金參圓　〈早大図〉

㊂2　日本地文學

　明治20年代前半において従来の翻訳（翻案）地理学から脱皮し，日本の事例を採用して解説を試みた地文学（自然地理）の書物として最も早いもののひとつであろう。執筆当時，矢津が一介の地方教員であったにもかかわらず内務省中央気象台，海軍水路部の報告等のデータを丹念に収集して本書に使用していることは高く評価してよい。（本書は明治26年，シカゴで開催されたコロンブス世界博覧会において賞牌賞状を受与されている。）

　なお，本書の種本ないしは典拠の書物として，㊂58では「ライン氏著の『ジャッパン』[5)]に憑據する所多し」(p. 19)と指摘している。また，石山はゲーキー（Archbald Geikie）との関係を次のように述べている。

　　明治20年代の地文学で，Geikieを参照しないものはなくなってしまうと

いってもよい。矢津昌永「日本地文学」にしても Geikie に学んでいるとみられる節がある。[6]

　上述の Rein, Geikie の書物と『日本地文學』との関係については本書の第Ⅳ章で記している。Geikie の書物と本書との関連，本書成立の時代背景・内容の検討，他の主著（『日本帝國政治地理』，『中學日本地誌』）の詳しい調査については，あとがきでもふれるが，将来の宿題として機会をとらえて発表してみたい。

　『日本地文學』に関する（奥付裏）広告を掲載してある書物は次のとおりである。ただし，本著作目録の範囲内で，批評，短文が付記されているものに限定。（以下㊂3，㊂10 も同様）

　1）㊂2―B：（内容）『毎日新聞』評，『時事新報』批評，『郵便報知新聞』批評，『日本人』批評（明治22年5月7日発兌　24号　p. 31～32），『東洋學藝雜誌』批評（明治22年4月25日発兌91号　p. 214），『教育時論』批評（明治22年4月5日　143号　p. 26）

　2）㊂3，㊂3―A：㊂2―Bと同様。

　3）㊂19：㊂2―Bと同様。

㊂2―B　日本地文圖

　例言にも述べられているように，本図集は『日本地文學』中の挿入図を適宜とりだしまとめたものである。

㊂3　日本帝國政治地理，㊂10　日本政治地理

　『日本政治地理』は『日本政治地理自序』（2．著作目録　p. 77）に記載されているように，『日本帝國政治地理』を時流にそうように改訂した書物である。両書における「政治地理学」の概念は現在使用されている「政治地理学」（地政学も含めて）とは異なり，「人文地理」に近似している。

　両書共，矢津の地理学観を知る上では不可欠の資料ではあるので，あとがきにおいても記しているように今後の研究課題である。

　『日本帝國政治地理』に関する（奥付裏）広告を掲載してある書物は次のとおりであ

第Ⅲ章　矢津昌永（1861-1930）の地理学　99

る。

　1) ㊅3―A：(内容)『國會』(明治26年7月14日　800号),『亞細亞』(㊅58),『日本』(明治26年7月21日　1473号),『時事新報』(明治26年7月28日　3719号),『東洋學藝雜誌』(明治26年9月25日　144号),『敎育時論』(明治26年7月25日　298号),『九州日日新聞』(明治26年7月12日13日　3284号),『國民之友』(明治26年8月3日　198号),『地學雜誌』(㊅59),『熊本新聞』(明治26年7月13日　4515号),『毎日新聞』(明治26年7月28日　6805号),『東京日日新聞』(明治26年9月27日　6581号),『龍南會雜誌』(明治26年10月9日　20号)

　2) ㊅19：㊅3―Aと同様。

『日本政治地理』に関しては次のとおりである。

　1) ㊅25―A：(内容)『敎育時論』(明治34年5月15日),『讀賣新聞』(明治34年5月3日),『國民新聞』(明治34年4月30日)

　2) ㊅26, ㊅26―A：㊅25―Aと同様。

　3) ㊅27, ㊅27―A：㊅25―Aと同様。

　4) ㊅29：㊅25―Aと同様。

㊅4　㊥日本地誌, ㊅4―B　㊥日本地誌, ㊅4―D　㊥日本地誌

　本書は中学校，師範学校等で地理教育に従事し，その経験を活かした著作であり，「注意」（2．著作目録　p. 69）にも示されているように地理教科書であり，文部省検定済の書物でもある。本書は矢津の著作の内では初期に出版された書物であり，また，中学生向きの教科書であるにもかかわらず，矢津のその後の著作に本書の思想の影響が強くみられる点からすると矢津の地理学観の原型の一端を本書に見出すことが可能であると考えられる。一例として著者が本書を著述する際，留意した個所としてあげた4点（2．著作目録　p. 69，㊅4　備考）は後年出版された他の著作にも見うけられる。

　日清戦争の勝利によって，わが国は新領土（国土）を獲得した。それを反映して，㊅4―Bより「地方誌」に台湾誌，（附）澎湖諸島の地域が新たに加え

られる。この地域に関する記述は『新日本地誌』（図5）の（一），（二）とほぼ同様である。

　他の版の出版年を図4—Dの奥付より調べてみると次のとおりである。

　明治二十九年三月廿八日四版發行

　明治二十九年四月五日五版發行

　明治二十九年四月十一日六版發行

　明治二十九年四月十六日七版發行

図5　新日本地誌

本書の冒頭は，次のとおりである。

　日本新領地

　我帝国ノ新領地ハ日清戰爭ニ依リ其戰勝ノ結果トシテ明治二十八年四月十七日，下ノ關條約ニ據リ淸國ヨリ左記ノ土地ノ主權，幷ニ該地方ニ在ル城壘，兵器製造所及官有物ヲ永遠我國ニ割與シタルモノナリ

　新領地ハ左ノ如シ

　（一）臺灣全島及其附屬島嶼

　（二）澎湖列島

　（三）遼東半島及附屬島嶼　（p.1～2）

本文では上述の新領土についてのみ解説を行っている。

図7—A　新編中學地理　外國誌　上卷

　上卷の奥付裏広告によると，「（矢津昌永監修　角田政治編修）　新編中學外國地圖　全壹冊定價金三拾錢」の記事がある。したがって，外国誌にも日本誌と同様の付属の地図（帳）が存在した可能性が強い。

図9　中地理學，図9—A　中地理學

　図9と図9—Aとの本文の間には多少の相違点（訂正）が見出される。たとえば次のとおりである。

㊆9の澎湖廳では，

(前略)　又良泊ノ地ナリ。漁翁島ニ燈臺ノ設ケアリ…。(p. 207)

㊆9―Aの澎湖廳では，

(前略)　又良泊ノ地ナリ。<u>今要塞砲兵ヲ置キテ海峡ノ警備トス</u>。漁翁島ニ燈臺ノ設ケアリ…。(p. 207　下線筆者)

㊆9―B　中地理學

㊆9―Bは「訂正版に就いて」(2. 著作目録　p. 75) の記述のように，かなり㊆9，㊆9―Aとは異なる。たとえば，地域区分についてみると，㊆9は2. 著作目録　pp. 74〜75に示したとおり (㊆9―Aも同様) であるが，㊆9―Bでは次のとおりである。

北日本

　關東 (一府, 六縣)　奥羽 (六縣)

南日本

　關西 (六縣)　北國 (四縣)　近畿 (二府, 三縣)　中國 (六縣)

四國 (四縣)

九州 (七縣附沖縄)

北海道 (十一國)

臺灣 (三縣, 三廳)

以上のように，「中央高原 (三縣)」(新潟, 長野, 山梨) の各県は他の地方へ分類変更される。(新潟→「北國」, 他の二県→「關西」)

㊆9―D　中地理學，㊆9―E　中地理學

㊆9―Dと㊆9―Eの本文間には多少の相違点 (訂正) が見出される。たとえば次のとおりである。

㊆9―Dのフラクランド群島についての記述では，

(前略)　又火地の東方海上に，<u>フラクランド群島</u>アリ, 亞爾然丁ニ屬ス。

(p. 415)

㊂9―Eの同所では，

又チラ，デル，フューゴ（㊟火地ノ意）ノ東方海上ニ，フラクランド群島アリ，亞爾然丁ニ屬ス。(p. 415)

中地理學外國誌（㊂9―D～G）を萬國地誌全三冊（㊂20，20―B，20―D）と比較してみる。「中地理學外國誌序言」（2．著作目録　pp. 75～76）で既述したように，本書は万國地誌より総頁数は少なく，教科書用に執筆された（『万國地誌』は文部省検定済ではない。㊂24の広告から）。

本書の世界地誌の学習順序は次のとおりである。

アジア→大洋洲→ヨーロッパ→アフリカ→北アメリカ→南アメリカ。

以上のような学習順序で，前著万國地誌とは異なり，本書刊行後，明治三十五年に文部省訓令第三号で定められた「中學校教授要目」の内で示されている世界地誌の学習順序と同一である。このような変化が何故生じたか，その原因については不明である。

㊂9―Ⅰ　中地理學外國誌用外國地圖　全

本地理帳の構成は次のとおりである（筆者作成）。

（一）亞細亞（縮尺四千五百万分之一）
（二）朝鮮（韓國）
（三）支那帝國本部及朝鮮，佛領亞細亞，暹羅之北部
（四）太洋洲（ママ）　濠太剌利亞
（五）歐羅巴（比例尺二千分之一）
（六）中央歐羅巴
（七）亞弗利加
（八）北亞米利加（縮尺一千・百万分之一）

㊅12　地理學小品

　地理に関するエッセイ集である。本書に収録されている随筆は既に雑誌等へ発表済のものも含まれている。たとえば，本書の『北國の深雪』(p. 38～44)は㊅40，本書の「白山」(p. 153～159)は㊅42を再録したものである。

　「表日本」「裏日本」という用語がいつ頃から使用し始めたかという点に関し，筆者は先に志賀重昂の場合について発表した。[7)] 矢津に関しては本書中の「表日本及裏日本」(p. 139～152)において明確に定義して使用している（初出雑誌は不明）。なお，矢津の遺族（大川英子氏）の談話によると，「表日本」「裏日本」の用語は矢津が初めて造語したとのことである（昭和52年11月16日インタビューの際，語られる）。安部恒久氏（『「裏日本」はいかにつくられたか』．日本経済評論社，1997．pp. 27-28, p. 48）は，矢津が初めて，「裏日本」の語を使用した書物として，㊅4『日本地誌』（明治28〈1895〉年3月刊）のp. 23であることを指摘した。

㊅13　新撰中地文学

　明治35年の「中學校教授要目」中の「地理」部門においては次のとおり学習すべき学年が記されている。

第1学年　日本地理　第2学年　外国地理（4学年まで）　第5学年　地文学

　本書の自序によると，新撰日本地理（㊅11），新撰外国地理（㊅23）の次に学習すべきものとし，本書の内容の順序排列はもとよりこの点でも教授要目に対応している。

㊅14　日本地理，㊅14―A　日本地理，㊅14―B　日本地理

　3書物共，同名の講義録であるが，㊅14と㊅14―A・㊅14―Bとは内容，構成において異なる。㊅14の序説ではRitterの地理を中心に説明し，地理教育に関連し次のように述べている。

　　然るに從來地理は我國に於ては其淵源重もに地質學者の手にありしを以て，比較的に進歩せしは，自然的地理特に地質的地理の方面にして，人事的に

關する方面の地理即ち所謂地誌（政治地理若くは人文地理）の研究は甚だ幼穉にして，（中略）地理は天然人事両方面より觀察考究し而して之を以て個々別々とせず，互に相待ちて連關密着し打て一丸となすことに注意せざるべからず。(p.5)

　以上のように人文・自然地理の双方を重視する旨を主張している。㊫14—A，㊫14—Bの諸論では，「國家的感念を養成するの必要を生ず而して健全なる國家的威念を養成するは地理科の重もなる任務なりとす。」（A，B共にp.2）と述べ，彼の国家意識の強さが見うけられる。

　3書とも講義録という書物の性格上，あまり知られていないが，矢津の地理学を知る上で欠くことのできないものであろう。

㊫15　大日本地理集成　全

　本書は明治三十九年六月初版以来，四十四年四月までの5ヵ年余りに多数の読者を得た。その間の事情を『最新大日本地理集成』の序の終りで次のように述べている。

　　最後に一言すべきは，明治三十九年本書を初めて公にするや同好数輩合同の力に據りたるも，元來合著は編纂の統一を缺く處勘からざるを以て，明治四十四年の改版より全然余一箇の編纂に依りたりと雖も，尚從來の關係上合著の名を用ひたるものにして，是れ必ずしも羊頭を掲げて狗肉を賣るの意にあらざるなり。而かも本書に至りて一切の關係を排し余一箇の名に改めたり。是れ名實共に全かしめんが爲にして，決して他意あるにあらず，讀者之を諒せられよ。
　　　大正三年炎威將に赫々たらんとするの節

　　　　　　　　　　　　　　　　　　　　　　　角田黃山謹識（上卷序　p.7）

　なお，この『最新大日本地理集成　全二卷』の書誌的事項は次のとおりである。

第Ⅲ章　矢津昌永 (1861-1930) の地理学　105

（上巻）

角田政治著

隆文館　大正七年十月十五日十五版[注1]　菊判

定價金參圓參拾錢　〈早大図〉

712p., 52p.

注1：奥付によると初版は「大正三年八月廿五日發行」。

（下巻）

角田政治著

隆文館　大正七年十月十八日十二版[注1]　菊判

定價金四圓　〈早大図〉

914p., 108p.

注1：奥付によると初版は「大正五年三月八日發行」。

㉚19　朝鮮西伯利紀行

　本書は明治二十六年に朝鮮，シベリア方面を旅行した際の記録である。この旅行について矢津は本文中の「余が今回の遊意」で次のように述べている。

　　余素と外遊の志あり，然れども，先づ此等，東洋各國に遊び，其實況を目撃し，而して漸次，西部に及ほさんとは，又れ宿志なりき，明治二十六年，偶々夏期休暇を得たり，是に於て，先づ朝鮮に渡り，其人情風物を探り，次で魯領浦鹽斯徳に航して，西伯利に遊ぶ事に決し，旅装匆々單身飄然として，茲に外遊第一着の途に，上るに至れり (p. 2)

　なお，旅費，行程，旅行上の注意事項も付記されている。

㉚20　中學萬國地誌　上巻，㉚20－B　中學萬國地誌　中巻，㉚20－D　萬國地誌　下巻

　本書に記されている世界地誌の学習順序を見てみよう。

　アジア→ヨーロッパ→アフリカ→北アメリカ→南アメリカ→太洋洲及オース

トラリア（オセアニア）。

『中地理學』（㊷9—D～G）と比較せよ。

㊷23　新撰外國地理

㊷24の広告によると，「新撰外國地圖　全一冊　近刊」の記事があり，本書の付属の地理（帳）が存在するかもしれない。また，同広告によると㊷23は文部省検定済の教科書である。

㊷25　高等地理 歐羅巴洲之部，㊷28　高等地理　亞細亞洲，㊷30　高等地理 南亞米利加洲

「高等地理シリーズ」の各々の他書との関連をみてみよう。

『歐羅巴洲之部』（㊷25）に掲載されている「高等地理總體目次」によると，

　　卷之一　歐羅巴洲

　　卷之二　阿非利加洲

　　卷之三　亞細亞洲

　　卷之四　亞米利加洲

　　卷之五　太洋洲（ママ）

と記されている（Aグループ）。

『高等地理 南亞米利加洲』の奥付裏広告によると，

　　歐羅巴洲　紙數五百餘頁

　　阿非利加洲　紙數三百餘頁

　　亞細亞　清國地理　紙數四百餘頁

　　亞細亞　韓國地理　紙數貳百餘頁

　　亞細亞　露領亞細亞西亞細亞中央亞細亞其他　紙數三百餘頁

と記されている（Bグループ）。

『高等地理　亞細亞洲』（㊷28）に掲載されている「高等地理總體目次」によると，

　　卷之一　歐羅巴洲

　　卷之二　阿非利加洲

　　卷之三　亞細亞洲（上）

卷之四　亞細亞洲（下）
　　卷之五　亞米利加洲
　　　　　　太　洋　洲

と記されている（Cグループ）。

　このように「高等地理シリーズ」はA，B，Cの3グループに大別され，他書の総体目次，奥付裏広告もこれに準じている。ここに掲載された図書のすべてに筆者は当っていないので，このうちすべてが実際に出版されている図書であるかどうかという確証はない。また，A～C間の関係も定かではない。『高等地理　亞細亞洲』（㊟28）の序言中では次のように記されている。

　　此ノ高等地理ニ於テ，歐羅巴ニ四百六十五頁，阿非利加ニ三百四頁ヲ費セシ筆ヲ移セバ，宜シク千餘頁ヲ要ス可キナリ，然ルヲ九百四十四頁ヲ以テ其局ヲ結ベルヲ以ヲ，（後略）(p. 3)

　しかし，『高等地理　亞細亞洲』は著作目録（p. 89）のように340頁である。おそらく広告から推察すると，「亞細亞」の付してある図書の総計が900余頁なので，この図書を示すのであろう。

㊟25－A　高等地理　歐羅巴洲之部

　本書の「再版序言」（明治36年11月執筆）（著作目録　p. 87）の中で，矢津が「世界ノ日本ナリ」と述べていることは当時の日本の国勢（情）を如実に表現し，矢津の地理学観を解明するひとつの手がかりとなるであろう。なお，内村鑑三著『地人論』の「第二版に附する自序」（明治29〈1896〉年11月執筆）と比較すると，内村と矢津の思想の相違点が明らかになり，興味深い。

㊟27　高等地理　清國地誌

　本書に付されている「高等地理總目次」には本書名は記載されていない（Aグループと同様）。しかし，本書の標題紙の書名には冠称「高等地理」の名が記されている。また，Bグループの広告には「清国地理」の名が掲載されている。

㋕29　世界物産地誌

　共著者の杉浦隆次，樺島駒次は東京高等師範学校地理歴史専修科の明治38年3月の卒業生である。[8]

㋕34－A　日本地圖

　本書の奥付によると，第2，3版の出版年は次のとおりである。

明治二十八年九月廿五日訂正増補版發行

明治二十九年四月十八日訂正増補三版發行

　例言中に，「一　第四版出版ニ際シ明治二十九年三月勅令ヲ以テ變更セラレタル國境（後略）」と記され，日清戦争の結果が反映されていることがわかる。このことは初版と第4版の内容構成を見ればさらに明らかである。

　初版では，

第一　本州中部　第二　本州東部　第三　本州西部　第四　中國及四國　第五　西海道　第六　北海道　第七　諸群島

　第4版では，

第一　大日本帝國　第二　本州中部　第三　本州東部　第四　本州西部　第五　中國及四國　第六　九州　第七　北海道　第八　諸群島

　以上のように，第4版では最初に新領土　台湾を含んだ日本国地図が示され，第1図の上部には，"世界圖（日本トノ關係）"が付加されている。

㋕38　新萬國地圖

　矢津は志賀とともに早稲田大学において，教鞭を執っていたが，両者による共作は筆者の調査範囲では本地図帳のみである。本地図帳は例言にも述べられているように，他の地図帳とは趣旨が異なり，ユニークなものである。なお，『地學論叢』（東京地學協會編纂　第四輯　明治42年8月發行）中の，"総裁宮殿下御庭ニ於テ撮影"の写真に両者が一諸に撮影されている。

㋕40　日本北西海岸ノ深雪

　深雪地といわれている本土北西海岸地域（福井，金沢，伏木，新潟，秋田）の気温について述べ，「北地即チ寒地ナリ」という思考の誤りをまず指摘する。

深雪の原因は冬期の北西の風であるとし，その風はシベリアから日本海を通過，その際，水分を含み，凝集し，連山が障害物となり，運搬された蒸気が降落し，雪または雨をもたらすと矢津は説明している。

本稿は（『地学雑誌』の）「論説」の部に収録。

㊟41　日本地文學ノ批評ニ就キ國民之友及頓智氏ニ〔ママ〕

頓野の『日本地文學』に関する疑問点（㊟55）に対する反論。（『國民之友』㊟53にも関連して）

㊟55に(1)対しての矢津の反論。

「其海水〔瀬戸内海〕ハ本邦四近海中ニテ鹽分尤モ濃厚ナリ現今究メラレタル所ニテ凡ソ海水ノ鹽分ハ千分中二十七余，日本四近ノ海ハ千分中凡ソ三十，ナレ𪜈瀬戸内海ハ千分中凡ソ三十四ノ鹽分ヲ含メリ（然レ𪜈余ハ決シテ之ノミヲ以テ製鹽ニ適セリトハ謂ハズ）即チ該沿岸諸州ノ製鹽ニ適スル一源因ナリ非耶」（pp. 340-341）

㊟55の(2)に対しての矢津の反論。

「凡北東貿易風ノ限界ハ決シテ四季一定セルモノニアラズ海水低温ノ時ハ北緯二十六度邊マデ退縮スレ𪜈海水高温ノ時ニハ或ハ北緯三十五度若クハ迤北ニモ及フコトアリ」（p. 341）と述べ，「日本海沿岸ニハ此ノ期節次キ流行ル北西ノ冷風アレバ氣候風之ト衝突スルヲ以テ該地方ニモ同シク梅雨ヲ感スルナリ」（p. 341）と反論する。

㊟55の(3)に対しての矢津の反論。

高度は地質局出版の地形詳図，地形要報によるとし，引用の根拠を矢津は示す。

本稿は「批評」の部に収録。

㊟42　白山之記

白山および周辺地域の地理および地質（形）の解説。論文末に地図（白山見取地図，越前阪井港海面ヨリ白山奥ノ院ニ至ル截斷面ヲ示セル図）を付す。

本稿は「論説」の部に収録。

㊸43　熊本の地震

　地震と他の自然現象との相互関係について次のように矢津は観察する。

　(1)「地震は氣壓力の強き時に多く（後略）」(2—16, p.177)

　(2)「〔地震は〕而して温度の平均以上ふある時よりも却て平均以下にある時に多く況んや最も多きは零度より五度に至る寒冷の期にありて温暖期にはあらさるなり」(2—16, p.178)

　以上のような一般的関係を導く。明治22年7月から23年3月までに熊本において発生した地震の観測結果（発生時，性質，強弱，方向，気圧，温度，天気等）を表示する。この表より地震が降雨中もしくは降雨後に多く発生していることに注目している（この点に関して論文末に編者による反論が掲載されている。2—17, p.224)。

　本稿は「論説」の部に収録。

㊹44　最近に於ける熊本地震

　明治23年3月24日から同年5月31日までの熊本地震の観測結果およびその時の気圧（一日中平均），雨量（一日中合計）を示し，その間の関係を論じる。結論として，「地震の原因の如きは將來の論定に屬すべきものふして未だ今日の知識にては論定すべき充分なる理屈を發見し得ざればなり…」(p.265)と述べる。

　本稿は「論説」の部に収録。

㊺45　邦國の位置（政治地理一節）

　「世界の各部に於て社會の發達に程度あるものハ第一因として位置を擧げさるべからず」(p.323)と述べ，上古世界の開明は北緯20°〜35°圏内，中古世界では北緯35°〜45°，現世紀では北緯45°〜55°圏内にあり，世界の開化は北漸することを矢津は主張。併せ，各圏内の気温に関しても論じている。日本の位置は北緯24°06'〜50°56'であるが，気温が緯度に相対して，寒冷であるので，現今の開化に適する同温線内にあると記す。さらに，「國際上に關する我邦の位置」をも説明し，日本が英国に似ていることを指摘し，「東岸には最新

發達の地位を占むる米國大陸あり將來之を利用せは我發達は將に測る可らさるものあらん我帝國の位置ハ實に多幸多望の間にたつものと謂つへきなり。」(p. 326) と結ぶ。日清戦争以前，つまり国力にあまり自信のない時期に日本の位置（国土）を地理上から研究し，望みある将来性（優秀性）を説明している点は注目に値する。

本稿は「論説」の部に収録され，『日本籲政治地理』(㊂3 p. 12～18) に転載されている（ただし，㊂3 の p. 17～18 と「位置ニ於ル文明ノ配布圖」は本稿には転載されていない）。

㉞46 中學地文學の批評に就き零丁學士に答ふ

本稿は㉞64 の批評に対する回答である。

矢津は㉞64 の(1)に関しては，「著者〔矢津〕は必ずしもゲー氏〔Geikie, A.〕と一致するを勉めし譯にも無之候」(p. 97) と反論し，さらに用語の使用法について矢津の見解を述る。(2)～(7)に関しては，ほぼ零丁学士の意見を受け入れている。なお，批評者『零丁學士』は小川琢治のこと。[9]

本稿は「雜錄」の部に収録。

㉞47 地文學の定義に就きて

零丁学士が㉞46 の矢津の回答(1)に関し再び批判を㉞65 で行ったので，矢津より再度，反論が本稿においてなされる。

㉞65 の(1)に対しては，「有機物」という術語の成立を述べ，「一意義を現はすの外，活法なきか如く謂へるは，偏狭の見解と謂はさるべからず」(p. 216) と反論している。

㉞65 の(2)に対しては，「然れども地球を以て，生氣なく亦活動なきものとは，誰も亦之を言ふこと能はさるへし，…」(p. 217) と反論している。

本稿は「雜錄」の部に収録。

なお，地文学の定義に関する矢津・零丁學士の論争に関連して，岩崎重三が「地文學と地理學と地質學との關係を論ず」を『地學雜誌』(第10巻113号　明治31年5月15日，p. 269～272) に掲載している。

㊆48　㊆政治地理研究の方面

　政治地理は Political Geography の直訳であるが,「是れ全く此學科の意を悉くしたるものにあらず」(p. 4) とし，人文地理，人事地理，邦制地理，国家地理等の名前が意味している内容と同じであると矢津は述べる。結論としては次のように述べている。「政治地理の範圍及任務の要領を約言すれは（一）政治地理は地理的事情に支配せらるゝ國家の變遷發達（二）各樣の地理に圍繞せらるゝ人類の品類習俗（三）生業產物の配置を究め（四）移住地の指定，通路の撰定，國防線の成定等を講ずるにあり，而して地球を以て人類の社會又は國家とし，某表面に於ける天然の狀態は，人類を圍める風土的境遇にして，吾人は其中心たり，根本たりとして，講究せざるべからず。」(p. 10)

㊆49　北日本と南日本

　日本を富士帯の中心に北日本（関東）と南日本（関西）に二分して，各々の地域について述べる。歴史上，人文の発達上，富の程度・生業の程度について，その差異を論じる。結論として次のように記す。「要するに，南日本の凡て守舊的にして，北日本の進取的なる結果に飯せさるべからす。」(p. 10) とし,「北日本は日本の新野にして火山岩多く土壤比較的に瘠薄に，加ふるに氣候大概寒くして農耕に利あらず，故に舊套を固守して，只管富を穀産に仰がば，我國の貧地たらんのみ。然るに食蠶製糸と云へる一大生業を覚め，…」(p. 10) と述べている。

　なお，志賀重昂にも「北日本と南日本」〈地理学　志賀重昂全集　第四巻〉pp. 311～322の記事がある。[10]

㊆50　世界の巨船「ミ子ソタ」號

　米国の巨船「ミネソタ」号の大要。本誌『會報』は東京高等師範學校地理歴史會の会誌であり，東京教育大学附属図書館では，第1号のみを所蔵（本誌の改題，廃刊等については未調査）。

㊆52　日本之雪

　本稿の構成は次のとおりである。（筆者作成）

(1)深雪地方，(2)深雪地の雪量　(3)日本の最深雪地　(4)日本の深雪線　(5)雪の効用　(6)雪の美観

(3)(4)は㉒42に内容を既述の部分がある。

本稿は「地理教授資料」の部に収録。

㉒54　矢津氏編纂日本地文學

矢津の略歴および『日本地文學』の成立事情を述べ，次に『日本地文學』に収録されている小藤著の序文と同じものを掲載している。

本稿は「批評」の部に収録。

㉒55　矢津氏編日本地文學ニ就テ

頓野は疑問点として以下の３点を指摘する。

(1)　矢津が『日本地文學』の第二編第八章中の「瀬戸内海岸の寡雨」(81丁～82丁)の項に於て，「故ニ瀬戸内海ハ雨水ノ混入少クシテ恰モ自然ノ大蒸鹽鑵ノ如ク鹽分尤濃厚ニシテ製鹽ニ適セリ」(81丁～82丁)と記しているが，頓野は「海水が澤山に鹽文を含んで居るから製鹽に適する云々の點はちと不審です」と疑問を投げかけている。瀬戸内海沿岸が製塩に適している理由として別の条件をあげて説明を行う。

(2)　梅雨の原因を矢津は「印度洋邊から來る西南季候風 monsoon と貿易風とが日本の上で打ち合から此霖雨を起す」（頓野要約 p. 285）と述べているが，これに対して頓野は「著者か貿易風と西南季候風と切り合ふからとの説明はと解し悪くいかと想はれます。なぜなれば日本には貿易風が及びませんからです。」(p. 285)と反論する。また，東北風を矢津が「貿易風」と誤認したのであろうと指摘する。

(3)　第三編第十四章山岳の部（217丁～249丁）中の山の高度が精確ではないと述べている。

論文末にペンネームＸ．Ｙ．より，『日本地文學』においては引用書名を明記してない不備を指摘されている。

本稿は「批評」の部に収録。

㋜56　矢津氏地文學ユ就て

　石井は『日本地文學』に関していくつかの疑問点をあげる。

　(1)　『日本地文學』中の「我日本ノ中部ヲ横ギル北緯三十五度ト交叉スル經度ノ廣サハ二十三里三町餘トス」(19丁) の記事について，これは「北偉〔緯の誤り〕三十五度即ち日本の中部に於て經度の長さ云々」(p. 95) との表現が適切であろうと石井は述べている。

　(2)　露の節 (61丁〜62丁) 中に使用されている『ヂューポイント』の訳語としての「結露點」の定義が不明確であると石井は指摘する。また，水蒸気が露滴になるまでの過程の説明が確かではないと見なしている。

　(3)　「晝夜長短ノ別アリ或ハ四時變更ノ別アルハ何ゾヤ是レ他ナシ地軸ハ軌道ト角度並行ヲナサズシテ殆ド六十六度三十分ノ角度ヲナシ…」(11丁) と「然ルニ地軸ハ幸ニ軌道ト六十六度三十分ノ角度ヲナスガ故ニ吾人ガ感觸スル如ク春秋夏冬ノ別アリ」(13丁) の二句の説明は理解しづらく，これは「晝夜長短四季變化の原因は地軸と軌道面即ちプレーンオフオルビットと直角或は平行ならずして且つ地軸の方向常に殆と平行する故にある」(p. 96) との内容ではないかと石井は述べている。

　その他，経緯度論中の縦横の語，反射と屈折の誤用等について意見を示す。

　本稿は「批評」の部に収録。

㋜57　亞細亞地理書の新著

　『亞細亞地理』(㋜18) の書評で，亞細亞之地質 (p. 9〜18) の記述の部分に関しては賛成しがたいと評者は述べている。

㋜58　矢津氏の日本政治地理

　本稿の標題は『矢津氏の日本政治地理』と記されているが，『日本帝國政治地理』(㋜3) の書評であり，『日本政治地理』(㋜10) の書評ではない。

　評者は「矢津氏の『政治地理』が大體に至りては此の如し，讚嘆すべきものあり…」(p. 20) と述べ，次に遺憾とする点を列挙している。たとえば，矢津は印度の滅亡の原因を簡略に見すぎている点等，かなり専門的に批判している。

しかし，結論としては本書を賞讃し，「是れ大醇中の小疵，幾勺の小疵素より此書の大醇を傷ふに足らざるなり」(p.33)と評者は記している。

本稿が記るされた当時〔明治26年〕の地理学界において，矢津が東京帝国大学出身者ではなく，一介の地方の教員として本書を上梓した事実はかなりユニークであった様子である。評者は次のように述べている。「今や學閥は藩閥の破懐に連れて亦た破懐されんとす，諸士にして發憤勵精せば，優に大名を成すに足らん。(中略) 特に地理學の如きは地方こそ最も研究材料の饒多なる處，諸子何ぞ奮ひて此間一頭角を迪出せざる，地理學は泰西に在りても未だ真成の理學と成らす，爲す有るへきの餘地は綽々として尚ほ存す」(p.32)。

なお，本稿の執筆者名は明記されていないが中川浩一は，「志賀重昂と目される評者」と述べている。[11] この点に関しては，筆者（源）も次の点から賛同する。第一に志賀の地理学に対する問題意識と同様なものが，㊅58の随所に見うけられる。たとえば，「真成の地理學豈に意に此の如きものならんや，山何に因りて峙つ，...」(p.17)，「世界に於ける日本の位置如何」(p.18)[12] 等の記述があげられる。また，『亞細亞』の執筆者のひとりとして志賀の名前があげられている。以上2点から評者は志賀重昂といえよう。

㊅59 日本地誌略政治地理

猪間は本書に関して，現象を誇長せず理学的範囲を脱することなく記述されているとしている。しかし，人口の配布，宗教の普及等は説明不足と批判する。

㊅60 矢津氏著中學日本地誌に就て

記載事項の誤り，たとえば，地名の読み方等，十数カ所を指摘。

㊅61 〔矢津氏の日本地文學〕

『日本地文學』がシカゴで開催されたコロンブス世界博覧会で受賞した旨の報告。

㊅62 矢津昌永氏著中學萬國地誌を読む

猪間は「先づ仕組の上より見れば今日に於ける最上乗の教科書と云ふに躊躇せざるなり但し多少の瑕瑾もあり少しく不感服の記事もあり...」(p.147〜148)

と述べ，不感服の点として7ヵ所をあげている。

　1．地名の読み方。　2．「地勢を說く所兎角物足らぬ心地す。」　3．「朝鮮京城の緯度盛岡に同じとあり誤りなり」　4．中国に関する記事の誤り。　5．本書で使用している用語の誤り。　6．カナダに関する記事の誤り。　7．「五大洲及び支那朝鮮の地圖を附しあれども本文と照應せず」。

㊅64　矢津昌永氏著中學地文學を讀みて

　零丁學士が深く遺憾とするところとして以下の諸点を列挙する。

(1)　矢津氏の地文学の定義はゲーキー〔Geikie〕の書と比較し，支離滅裂に陥っている。

(2)　矢津は地球の形体を楕円形と述べているが，形体は楕円体ではないか。

(3)　矢津の始原界の説明に対して，評者は次のように述べている。「始原界の岩石に有用鑛物を埋藏すること多しとし，其の原因を成生後の變動の激甚なりしに歸し，罅隙に金銀銅鐵實石を蔵す（第百四十七，八頁）といひて，其以後の岩石の富に及ばず，恰も本邦の金銀銅諸鑛の多く新火山岩中に在るを忘れたるが如きは如何，…」(p. 38)

(4)　洪積層の成立過程の記述が理解しがたい。

(5)　花崗岩の項に於て，熔岩と岩奬，噴出岩と火山岩を混同している。

(6)　火山岩の項については，評者は「新火山岩の噴出は地史上の大變動なるも，大變動を生じた新火山岩なりといふは不可なり」(p. 40)と述べている。

(7)　地熱作用と火山力とを矢津は同一視しているが適当ではない。

　本稿は「批評」の部に収録。

㊅65　矢津昌永氏中學地文學の地文學の定義を駁す

　㊅64（批判）に対し㊅46で回答・反論が矢津によってなされたが，さらに㊅46に対し，零丁學士が再批判を行う。論点としては次の2点。

(1)　矢津が地文学の定義中，使用している「有機物」なる造語は不適当である。

(2) 生物生活の現象と同じように，地球にも生活機能が存在するという考え方に対し評者は駁論する。

本稿は「雑録」の部に収録。

㊅70　世界物産地誌　完〔書評〕

小林は本書中の次の5点について批判する。

(1) 「本書につき開巻先づ意外の観あるいは目次の不正乱雑なるに在り。」(p. 721)。たとえば，農産物を食用農産物と工芸用農産物に大別しているが，これ以外の農産物はいかに分類するのか。

(2) 「多数者の合著なる故か説明統一せず且不權衝に陥る點多し。」(p. 721)

(3) 「調査上周到なる注意を缺きし故か，参考書の渉獵少かりし故か，往々にして誰人も知り居るべく想像さるゝ點に於て誤りあるを見る。」(p. 721)。たとえば，日本の製塩は悉く海塩であるにもかかわらず，「大部は海鹽にして」と記している点等を小林はあげる。

(4) 「本書中最も信ずべからざるものは統計に在りと…」(p. 722) とし，わが国の金産地の表等を例示し，指摘を行う。

(5) 「必ず地誌的著書と信じ，此點に於て最も正確なるべしと思考したり，然るに吾人の豫想は之に反したるを悲しむ。」(p. 722)。たとえば，「北米歐州諸國及び我國の寒温地方」中の記事に於て，「日本に寒帶ありや」と評者は批判する。

本稿は「雑報」の部に収録。

㊅71　世界物産地誌に對する小林房太郎氏の批評に就きて

『世界物産地誌』に関する批判（㊅70）へ本書の共著者のひとりである杉浦隆次によって反論がなされる。

㊅70でなされた批判の順番にそって記述してみる。

(1)に対して，杉浦は次のように反論している。「世界幾百萬種の物産を果して然かく合理的に適切なる人爲分類を下し得べきか，又農産物を食用及工藝用の二とせしが此以外の農産物とは何ぞ，ヨシありとするも其世界經濟上の地位

は果して如何．（後略）」(p.784)

(2)に対しても(1)同様と記す．

(3)に対して，杉浦は「先づ本邦製鹽の條下『大部分は海鹽にして』を指摘す，字義に拘泥するも甚しからずや。」と述べ，以下，反論を続ける．

(4)に対して，「僅に此一例を以て本書全卷を抹殺し去らんとするか，予輩共の何の爲めにする所あるかを解するに苦しむ」(p.875)と述べている．

(5)に対しては，地理的著書として不適当として例示されている「日本に寒帯ありや」に関し，杉浦は「本條予輩は寒温地方といひ帯の一字を附せしとなし，縦令，之ありとするも常識上讀者は氷解に難せざる可し。」(p.875)と反駁している．

本稿末に「附言」として小林からの短文が付記されている．

本稿は「雑報」の部に収録．

㊂72　矢津昌永氏の「日本政治地理」について

矢津の『日本帝國政治地理』について阿部は次のように述べている．

> わが國に於る政治地理學に関する研究が何時頃から始まったかは審かではないが，恐らく明治二十四，五年頃にその初版を出し，その後數回版を重ねて世間に續々と需要せられたといはれる元高等師範學校教授矢津昌永氏の『日本帝國政治地理』がわが國に於る政治地理學，特に日本政治地理學に関する文献の最初のものであろうと思はれる．(p.113)

また，『日本政治地理』についても，「此本はその當時に於ける唯一の政治地理學に関する文献であった」(p.114)と記し，矢津はわが国の政治地理学の先駆者である旨を述べている．さらに，『日本政治地理』の目次と阿部の日本政治地理学の私案を比較記載している．

5．矢津昌永の生涯

　これまでのわが国の地理学界では矢津昌永に関する伝記的研究・調査はほとんど無いといってよい状態であった。僅かに存在する伝記的記事にも誤りやその誤りの孫引き等が多く見うけられ，研究資料としては信頼できない。[13] したがって，彼の生涯を記述するためにはまず根本資料から調査し直し，史実にひとつひとつを確認しなければならなかった。その際，現時点でできる限り入手可能な資料を活用し，さらに遺族の方からインタビューによって情報を収集したが，なお未確認部分が多数ある。本稿ではその部分は未確認の旨を記した。この点に関しては今後の研究に待つこととしたい。

　本節を記述する際に，主として利用した基礎資料は次のとおりである。
（『　』内は本稿で使用する時の略記号。）

1）東京高等師範學校舊職員履歴書 「ハ―ワ」（明治三十五年四月一日東京高等師範學校ト改稱）『師範履』：東京教育大学蔵
2）（第五高等中学校在職時の履歴書）『五高履』：熊本大学法文学部蔵
3）（東京専門学校から文部省へ提出した書類の中にある矢津の履歴書の写し）『東京履』：早稲田大学大学史編集所蔵

本節の全体の構成は次のとおりである。

A．生い立ち・青年時代
B．（東京）高等師範学校在任時代・晩年
C．資料

なお，本稿中の矢津の年齢は数え年で示す。

A．生い立ち・青年時代

　本項では地理学者として後日，大成した矢津の学問的素養の成立過程とその環境を解明することに重点を置いて記述する。

　矢津昌永は文久3（1863）[14] 年10月13日，肥後熊本千反畑町で生れた。矢津家の先祖をみると中興の祖として，「吉江頼母」の名が見うけられ，その子

源右衛門以後,細川家に家臣として仕えたようである。吉江頼母から数えて十代目が昌永であり,昌親,美志の長男として誕生し,兄弟には他に妹2人がいた。昌永は幼名を英之助,後に英記,さらに昌永と改名。城水,白英とも号した。

教育歴をみると,明治3年3月に熊本藩士,時習館習書師[15]内田溉江の私塾に8歳で入門し,漢字(習字)を学んだ。(「五高履」による。「師範履」では入門年月を明治4年3月としている。)

明治7年10月1日,熊本にある安養院共立私塾に入門し,漢字,算術,習字を学んだ。(「五高履」による。さらに,この次に「同九年二月十日　白川縣草葉學校等ニ於テ三年間小學普通科修業」の記述がある。「師範履」では「明治7年〔内田溉江塾〕退塾　明治8年8月安養院塾ニ入リ普通學ヲ修ム」と記されている。)

明治10(丁丑)年2月18日,西南の役による兵火により,安養院塾が廃塾となった(「師範履」)。また,矢津家も西南の役により焼失した様子である。筆者はこの2月18日の日付については疑問をもつ。『熊本県史』[16]によると次のように記してある。「2月19日午前11時40分,城内本丸のこの天守閣付近から空然原因不明の火が起り,…」(p.290)とし,城内の出火が坪井寒林の民家まで延焼した旨を記している点から推測すると,18日と記入されている日付は多少後日にずれるのではなかろうか。だだし,この火事の原因を「師範履」は兵火と記しているので天守閣炎上による火災の延焼とは異なる事件によるのかもしれないという疑問が残る。明治8年から明治12年までの期間において矢津の教育歴が「五高履」と「師範履」との間で相違が生じた点について筆者は次のように推測する。西南の役によって明治10年2月以降,熊本市内は戦場化し民家は焼き尽されている。また,熊本県内の教育施設についてみると,「明治10年の役は本縣の教育に非常な打撃を與へた。七,八,九年と急速に普及發達した小學教育が戦乱の爲めに一時全部閉校するといふ惨害を被た。」[17]と記されている。したがって,矢津は明治10年2月まで安養院塾で学

び，兵火により塾が焼け，廃塾となったために，以後，12年9月師範学校に入学するまでの期間，白川縣草葉學校，千草學校等で2〜3年間学んだのではなかろうか。

　明治12年9月1日，熊本県師範学校〔当時の名称は熊本師範學校〕[18]に入学した（「五高履」による。「師範履」では7月30日）。当時の入校規則によると生徒は年齢18年^{（ママ）}以上35年^{（ママ）}以下と定められているが，[19] 矢津は当時，17歳であった。師範学校において2ヵ年間学び14年7月27日，小学師範学科全科卒業（「師範履」）。[20] この師範学校在校中に関しては，「五高履」の12年9月1日の項目の次に，「同年十月廿日　大坪金弼ニ就地理詩文學修業，藏田某ニ就二年間英學修業」と記載されている。大坪金弼について調査してみると，当時の師範学校の職員表に氏名を見出すことができる。

　職員表（12年3月現在）[21]

　　（職名）監事　（本籍）廣島縣士族　（備考）十二年二月監事ニテ教授方兼務拜命

　また，学科課程（11年）[22]

　　（學科）地學　（第四級）日本地誌要略　（第三級）輿地誌略

　　（第四，三級は一年目の学年。）

　大坪のもとで地理（地学）を学習したのであろう。一方，蔵田については師範学校の職員表には記載されていない。「東京履」によると，「明治十三年三月　金峰義塾ニ入リ英語學修業」の旨が記されていることと，『肥後先哲偉蹟後篇』[23]にも「十二年九月熊本師範學校に入る，傍ら金峰義塾に英語を學び，最も地理書を耽讀し，少閑あれば地圖を繙くを以て無上の樂とせり，蓋し先生が他日地理學の大家たる既に此時萌芽を發せりと謂ふべし，（後略）」（p. 749）と記されていることから，蔵田は金峰義塾の師であり，矢津はそこで英学を修めたのであろう。また当時（13年），熊本新聞に政党論という一文を矢津が投稿したことが『肥後先哲偉編後篇』（p. 749）に記されているが，この投稿について，筆者は未調査である。

明治14年9月19歳の時，熊本県重味小学校[24]に二等訓導として就任して教鞭を執り，教育者としてのスタートをきった（師範履）。26年7月20日，同小学校を退職した（「師範履」による。五高履では17年7月30日）。重味小学校退職後，熊本県益城郡木山小学校に転任（『肥後先哲偉蹟後篇』p. 750）したらしいが，「師範履」，「五高履」共にこれにはまったくふれていない。

　当時の矢津家の状態を大川英子氏（昌永の六女）にインタビューして採録したものが次の聞き書である（大川氏が親より聞いた話を記憶していた。昭和52年11月16日採録）。「お婆さん〔美志〕はやかましい人だったようですが，判った人でもあったようです。おじいさん〔昌親〕の方は，こんな世の中は嫌だと言って大黒柱に寄りかかっていたそうです。〔矢津家では〕武士の商法で小間物屋さんかなにかを始めたが，店の材料が〔仕入れをしないので〕段々，減っていってしまった。仕入れることができなく，売っては食べてしまったのです。父〔昌永〕が寒い時期に，どこからか帰ってくると，お婆さんが吹子で火をおこそうとしたが，歯が抜けていて空気がもれ，火がおこらなかった。これを父が見ていて，こんなことでは矢津の家(ウチ)が駄目になると思い，自分が発展しなければいけないと思ったそうです。また，〔お婆さんが昌永を〕東京に出してくれると言ったので，東京に出てきたらしい。」

　上述のように，矢津家は西南の役以後，武士の商法等でかなり貧しい生活をしていた様子である。矢津は小学校教員の資格を有していたが，中学校教員の資格は持っていなかった。当時，中学校教員資格を取得するためには大学を卒業するか，または，東京師範学校〔明治19年4月，高等師範学校と改称〕の中学師範学科を卒業するかに限られていた。これらの方法以外で中学校教員を志願する者に対して，文部省は明治17年8月，「中學校師範學校教員免許規程」を制定し，検定試験による新しい道を開いた。[25] これは各学科に授業法に併せて学力の検定を実施し，他に品行についても検定した。18年3月，文部省はこの規定による第1回学力検定試験を施行し，矢津はこれを受験して修身科・地理科・習字科の免許状を取得した。なお，矢津以外の合格者で地理関係者名を

第Ⅲ章　矢津昌永（1861-1930）の地理学　123

みてみると，野口保興（「中學科，師範學科」），その他数名を見出すことができる。[26]

　明治18年9月，山梨県富士山下一桜小学校，次いで東京常盤小学校に奉職した旨が『肥後先哲偉蹟後篇』(p. 751)に記されているが，「師範履」，「五高履」共にこの件に関しては記載していない。

　明治19年4月，24歳の時，福井県〔尋常〕師範学校三等教諭に任ぜられ，同9月，福井県〔尋常〕中学校へ三等教諭として転じ，22年10月まで奉職した（「五高履」，「師範履」共に）。この中学校在位中に，『日本地文學』（22年，27歳の時）を上梓した。学校においては，寄宿舎監督兼務を命ぜられた。この時期について，「五高履」では19年11月，「師範履」では20年11月と記るされている。20年4月1日，三等教諭から助教諭に昇格した（「五高履」）。21年6月，付属測候所主任を嘱託された（「五高履」）。上述のように22年10月で本校を辞めて第五高等中学校へ移った。

　明治22年11月，「地理科教授及ヒ書器掛ノ事務取扱ヲ向二ヵ月間嘱託シ爲報酬一ヶ月貳拾五圓贈與」と「五高履」に記され，続いて11月13日，27歳の時，第五高等中学校助教授に任ぜられた（「師範履」では12月1日）。ここで第五高等中学校について簡単にみておこう。19年に「中學校令」が制定され，全国を五区に分けて各区に一校ずつ高等中学校を設置することが定められた。九州七県は第五区に属し，この地区においては熊本に設置することが20年5月30日に決定された。矢津は創立後，2年目の本校に福井県尋常中学校から，転じて，27年まで勤務している。在任中の学校長名および在職期間は次のとおりである。[27]

　（氏　名）　　（役　職）　　　（在職期間）
　西村　　貞　（学校長事務取扱）　22年9月～23年2月
　平山　太郎　（学　校　長）　　23年2月～24年6月
　桜井　房記　（学校長心得）　　24年6月
　嘉納治五郎　（学校長兼文部省参事官）　24年6月～26年1月

中川　　元（学　校　長）　　26年1月～33年4月

　明治25年7月，第1回卒業式が行なわれ，卒業生は14人であった。その内には「佐藤傳蔵」[28]の名前があげられているが，矢津との関係は不明である。なお，24年10月15日，本校の官制の改正により「助教諭」は「助教授」に名称変更がなされた。(「五高履」,「師範履」共に名称変更については記載している)。

　第五高等中学校在任中の地理学における業績としては，明治26年7月1日に『日本帝國政治地理』を上梓している。この年，朝鮮，シベリア方面に初めての海外旅行を試み，27年1月13日に『朝鮮西伯利紀行』を刊行した。また，先年，著述した『日本地文學』に対して，26年シカゴ府において開催されたコロンブス世界博覧会で賞牌賞状が贈興された。(現在，この賞牌は大川英子氏が所蔵されている。)

B．(東京)高等師範学校在任時代・晩年

　本節では明治27年から晩年までを勤務先である（東京）高等師範学校と東京専門学校に大別し，地理教育活動を中心に記述した。

　（a）（東京）高等師範学校

　ここで使用する年月日は特に断りのない限り，「師範履」による。

　明治27年4月25日，32歳の時文部省により第五高等中学校から高等師範学校助教諭に任ぜられた。この時，矢津が第五高等中学校に在任時の学校長であった嘉納治五郎が高等師範の校長を命ぜられている。矢津と嘉納との関係は未調査であるが，『肥後先哲偉蹟後篇』によると，「傳へ聞く嘉納高等師範學校長は特に先生を我國に於ける地理教授の第一人者なりと推奨せしと云ふ，」(p.753) と記されている。(なお，28年3月には『中學日本地誌』を刊行している。)

　当時の高等師範は日清戦争以後，小学校を始めとして中学校，高等女学校等の増設が盛んになり，教員の需要が増加したために，その対策として専修科を新設することになった。地理歴史の専修科（「地理歴史科」）は29年9月に設置された)。[29] このような状況のもとで矢津は高等師範において学生を指導していた。

中川はこの地理歴史の専修科についてその性格を次のように述べている。

> 高等教育の段階において地理学が専攻の対象となり，学生が募集された最初の機会である。[30]

明治30年7月，高等師範を辞め，付属尋常中学校地理科講師を嘱託された。翌31年9月には高等師範学校研究科に入学して，教育学および教授法を研究している。32年12月，研究を完了して退学した。この研究科については次のように記されている。「明治三十四年三月　始めて研究科卒業生二十八名を出す。三十三年改正の本校規程に於て，始めて研究科の制を定め，官費生は本科及び専修科卒業生中より，校長之を選抜し文部大臣の認可を經て入學せしめ，私費生は多年教職に從事し相當の學識經驗ある者を入學せしめた。先に明治二十九年・三十二年・三十三年に一二人の研究科卒業生ありたれど，正規の規程ありしにあらず...」[31] と記され，したがって，矢津が入学した研究科は臨時試行的な性格のもののようである。

助教諭のポストを辞めてまでも，一学生として研究科に入学した動機ははっきりしないが，最終学歴が「熊本師範學校卒」であったからではなかろうか。明治30年頃は後述するように，地理学界の主流が東京，京都帝国大学というアカデミズムによって占められてはいなかったが，少しずつその傾向が見られ，彼は両大学の出身者でないための辛苦を経験したからかもしれない。矢津は帝国大学出身でないことに相当，人生，学問上で劣等感を持っていたようである。この事が彼の地理学者としての方向を決定したひとつの要因といえるのではないかと筆者は推察する（大川英子氏よりの採録であるが，「父が大学を出ていないことを非常に残念がっていたことを母〔節〕より聞いてます。」と語られていることも付記しておく）。なお，『肥後先哲偉蹟後篇』(p. 752) によると，研究科に入学した頃，外国語学校でドイツ語を学んでいたと記されているが，この点に関しては未調査である。また，文部省令により，31年4月には文科

内に「地理歴史部」が設置される。[32] 地理歴史部について石田は次のように述べている。

> ここに地誌を主とする学校地理の教育の型が形成され，これが明治末，両帝大の地理学講座の創設される前までの，わが国地理学の最高の教育機関であり，また最多数の修学者を輩出したものであった。[33]

　明治33年4月17日，高等師範学校地理科講師を兼嘱され，同年8月17日，同教授に任ぜられた。37年9月24日，陸軍教授に任ぜられ，東京高等師範教授と兼任した（高等師範学校は広島に新しく広島高等師範学校が設置されたので，35年3月，「東京高等師範學校」と名称を変更）。42年9月10日，48歳の時，東京高等師範学校を退職。陸軍教授としての地位は継続している（陸軍教授を退職した時期については未調査。ただし，大正6年14日付の宮内省による観桜会の招待状〔及川芳枝氏蔵〕には，「陸軍教授　矢津昌永」と記載されているので，この時点までは退職していないことが立証できる）。

　次に（東京）高等師範学校時代，地理学・地理教育に関して果した矢津の役割と彼の占める位置について検討してみよう。彼はこの時期に中（等）学校向きの教科書並びに参考書を多数出版し，中等地理教育界では重鎮であった（著作目録を参照）。高等師範学校の『創立六十年史』の地理科の部分を見ると，「山崎直方及び大関久五郎によって地理教授の新生面が開かれ，次いで田中啓爾，内田寛一」(p. 210) と記され，明治35年頃では矢津は大関，山崎[34] 並んで同校の教授であるにもかかわらず，矢津の名前があげられていない。その理由については，中川は断定を避け，論証をする段階にまで達していないと断わって次のように述べている。

> 明治30年代の後半から，日本の地理学の主流は，在野の人々が営々としてきづきあげてきたものから，象牙の塔の住人の手へと急速に移っていく。

山崎直方の帰朝と東京高等師範学校教授への就任は，結果的には独学力行，立志伝中の人物としての矢津昌永を私学へと追いやる結果を招来する。[35]

　『創立六十年史』と中川の以上の記述は高等師範における矢津の地位と同時に，また明治30年代の地理教育の現状を表現しているのではなかろうか。

（b）東京専門学校（早稲田大学）

　矢津は高等師範に勤務した時点より多少遅れて，東京専門学校に兼務した。早稲田大学（東京専門学校の後身）には当時の学報，その他の根本史料が保存されているので，それらの史料に基づいてこの点を記述してみよう。

　明治33年2月27日，東京専門学校は文部省に対して「本校文學部講師トシテ矢津昌永ヲ嘱託シ至急始業致度候ニ付…」（「明治卅貳年ヨリ仝卅六年ニ至ル文部省關係書類」）の旨の採用人事に関する届出を提出し，また，同時に矢津自身も「教員認可願」，「履歴書」（「東京履」）を添付。この届出に対して，文部大臣　伯爵　樺山資紀の名で，「私立東京專門學校地理學科教員タルコトヲ認可ス　明治三十三年三月七日」と回答がある。この点から推察すると，少なくとも33年3月以前から講師（地理学）として勤務していたことが判明する。

　講師としての受持講義時間数は次のとおりである。

　毎週受持時間数　2時間　就職年月　明治三十三年二月　但し，無報酬である。（「明治三十二年十二月二十一日差出敎員姓名資格書」p. 217）

　次に，東京専門学校の広報誌である『早稲田學報』から矢津に関する記事を抜いてみよう。

1）第37號　明治33年3月25日　p. 71
　◎講師増聘　左の二師を新に嘱託す
　　一　地理學（地文學）　　矢津昌永　（後略）
（学報の巻号，発行年月日，記載頁はアラビア数字に統一）

2）第55號　明治34年7月15日　p. 57
　（東京専門学校）規則一覧

文學部　講師　矢津昌永
　３）第74號　明治35年9月25日　p. 467
　　講師招待宴會
　　例年に倣ひ學業始めに本校講師を招待せるが，本年は九月十五日始業せるを以て十三日午後四時芝紅葉館…
　　來會者左の如し。
　　矢津昌永（他略）
　４）第91號　明治36年9月25日　p. 693〜694
　　講師招待會（中略）
　　矢津昌永（他略）

以上の史料から東京専門学校文学部講師として，少なくとも明治33年3月から35年9月までの期間勤務していたことが判明する。「東京專門學校」は35年10月「早稻田大學（大學部・專門部・高等豫科・研究科）」と改称された。

　次に早稲田大学の開校に伴う，矢津の教授上の変化を並べてみたい。
　初出史料の記事より順次記載してみる。
　１）『早稻田大學開校　東京專門學校創立廿年　紀念錄』（明治三十六年六月
　　發行）

例言「記事は總べて明治三十五年十二月現在とす。」(p. 3)と記し，本書中の早稲田大学の現況を解説した項では，「早稻田大學の講師は左の如し，（イロハ順）」(p. 156-159)として，「矢津昌永」(p. 157)の名前が記載されている。しかし，『第廿一回 自明治三十五年九月 至明治三十六年八月 早稻田大學報告』の講師および受持課目中には名前を見出すことができなかった。（『早稲田學報臨時増刊第七十七號　早稻田大學校友會誌　第十七回報告及名簿』明治三十五年十二月二十日發行　この中の職員之部に矢津昌永の名前を見出す。）この点に関して筆者はこれ以上調査を試みなかった。また，『第廿二回 自明治三十六年九月 至明治三十七年八月 早稻田大學報告』から『第廿六回 自明治四十年九月 至明治四十一年八月 早稻田大學報告』までの講義担当者中には見出すことはでき

第Ⅲ章　矢津昌永（1861-1930）の地理学　129

なかった。なお，第廿五回早稲田大学報告は出版されず，『廿五年紀念　早稲田大學創業録』が代りに発行されたが，この中には講義担当科目は記載されていない。講義担当科目関係の資料を追ってみよう。

2）第廿七回　<small>自明治四十一年九月
至明治四十二年八月</small>　早稲田大學報告　p. 22（高等師範部）

　一　地理學　　矢津昌永

（『第廿六回　<small>自明治四十年九月
至明治四十一年八月</small>　早稲田大學報告』（p. 24）では高等師範部の地理学担当者は志賀重昂。なお，『第廿七回』にも志賀は担当している。）

　講師担当課目表は『第廿七回』までは『大學報告』に所載されていたが，『第廿八回』以降からは『大學報告』には記載されなくなる。この頃より『學科配當表』が印刷されている。[36]

3）明治四十三年度　學科配當表〔明治42年9月-明治43年8月〕[37]　p. 14
　　大學部文學科史學科
　　（第一學年）　日本地誌　（時數）2　矢津
　　（第二學年）　外國地誌　（時數）2　矢津
　　（『明治四十二年度　學科配當表』の大學部文學科史學科の項をみると，「第一學年　日本地誌　2　吉田」と記載されている。）

4）明治四十四年度　學科配當表〔明治43年9月-明治44年8月〕　p. 13
　　大學部文學科史學科
　　（第一學年）　日本地誌　2　矢津
　　（第二學年）　外國地誌　2　矢津
　　（第三學年）　外國地誌　2　矢津

5）明治四十五年度　學科配當表〔明治44年9月-明治45年8月〕　p. 13
　　大學部文學科史學科
　　（第二學年）　外國地誌　2　矢津
　　（第三學年）　外國地誌　2　矢津

6）大正二年度　學科配當表〔大正元年9月-大正2年8月〕　p. 12
　　大學部文學科史學科

（第三學年）　外國地誌　2　矢津

7）大正三年度　學科配當表〔大正2年9月-大正3年8月〕 p. 11
　大學部文學科史學及社會學科
　　（第一學年）　地理　2　矢津

8）大正四年度　学科配當表〔大正3年9月-大正4年8月〕 p. 10
　大學部大學科史學及社會學科
　　（第一學年）　地理　2　矢津
　　（第二學年）　地理　2　矢津

9）大正五年度　学科配當表〔大正4年9月-大正5年8月〕 p. 9
　大學部文學科史學及社會學科
　　（第二學年）　地理　2　矢津

（第一學年の地理は小田内〔通敏〕）

10）大正六年度　學科配當表〔大正5年9月-大正6年8月〕 p. 9
　大學部史學科及社會學科
　　（第二學年）　地理　2　矢津

11）大正七年度　學科配當表〔大正6年9月-大正7年8月〕 p. 9
　　（第二學年）　地理　2　矢津

『大正八年度　學科配當表』およびそれ以降のものには矢津の名を見出せなかった。

　以上の史料から早稲田大学において地理学関係の講義（講師）を受持ったのは少なくとも明治41年9月から大正7年8月までの期間と判明する。ここで注意しなければならないことは，著作目録中 ㊆14，㊆14－A，㊆14－Bのような講義録を出版部より刊行している点である。しかし，講義録を刊行する事が講義担当者であることとは一致しない例が外にあるので，明治36年から40年までの期間については講師であったとは断定できない。

　（B）の期間つまり東京へ上京して以来の海外視察等の行動について『肥後先哲偉蹟後篇』から抜萃して記す（この部分は史料不十分のため，裏付調査に

よって確証することができなかった）。

　1）「三十四年北清各地を漫遊して清國の大勢を視察す，同三十五年軍艦高千穂に搭乗して鳥島噴火の狀況及び南鳥島も視察す，」(p. 753)

　2）「〔三十八年〕時恰も日露戦争中に際す乃ち滿州の狀況を視察せんと欲し，先づ旅順より沙河を經て奉天の戰跡を弔ひ，大山總司令官の好意によりて遂に昌圖鉢卷山の第一線に於て，日露兵の對抗を視る。」(p. 753)

　3）「大正六年淳宮雍仁親王御教育掛仰付らる，（中略）此の歳青島戰後の狀況を視察せんとし山東省旅行の途に上る，則ち濟南より曲阜の孔子廟に詣で遂に泰山に上りて歸朝す。」(p. 753)

　4）「大正十年三月陸軍省の命により，臺灣の教育狀況を視察す，其の途中門司より臺灣に至る海中に數百の空瓶を投し，海流の觀測を企つ，蓋し是れ先生が多年の希望の一端を實施したる者といふべし，」(p. 753)

　矢津は大正11年2月4日永眠した。遺骨は神奈川県横浜市鶴見区に所在する総持寺（曹洞宗）に葬られている。付言するならば，矢津は生前に墓地を総持寺に決めていたのだが，その理由は隣接地に遊園地（花月園）があったためであることを大川英子氏がインタビューの際，語られた。戒名は「無礙光院殿釋昌永居士」である。なお，墓誌は次のとおりである。

矢津昌永先生墓誌

先生諱昌永號城水以地理學教育爲畢生業歷任福井中學校第五高等學校高等師範學校早稻田大學陸軍教授敍從四位勳四等教養學生一萬五千餘人所著日本地文學日本政治地理地理學小品高等地理氣界講話等發行數達二十三萬部大正十一年二月四日歿享年六十一諡無礙光院殿釋昌永居士
　　　　　　　　　　　昭和三年十月
　　　　　　　　　　　　　　　　　　正位勳四等　川野健作撰

C. 資料

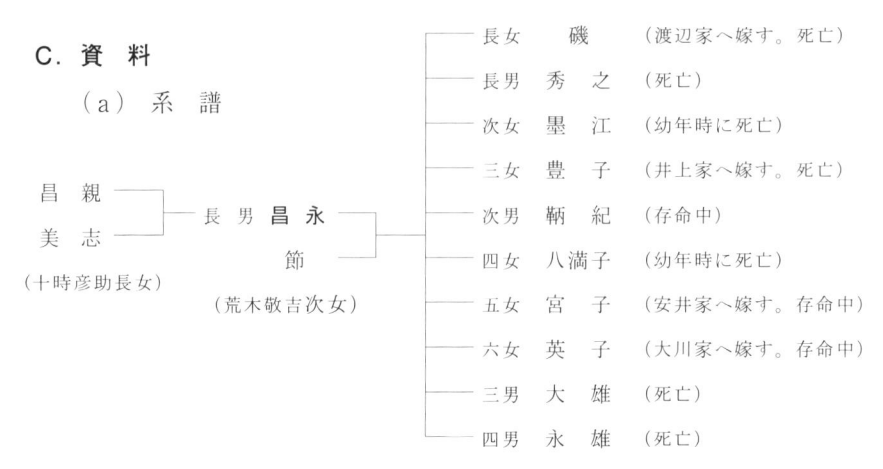

(a) 系譜

```
昌 親 ┐
     ├─ 長男 昌 永 ┬─ 長女 磯   (渡辺家へ嫁す。死亡)
美 志 ┘            ├─ 長男 秀之  (死亡)
(十時彦助長女)      節           ├─ 次女 墨江  (幼年時に死亡)
                  (荒木敬吉次女) ├─ 三女 豊子  (井上家へ嫁す。死亡)
                                ├─ 次男 鞆紀  (存命中)
                                ├─ 四女 八満子 (幼年時に死亡)
                                ├─ 五女 宮子  (安井家へ嫁す。存命中)
                                ├─ 六女 英子  (大川家へ嫁す。存命中)
                                ├─ 三男 大雄  (死亡)
                                └─ 四男 永雄  (死亡)
```

(昭和53年7月　筆者作成)

(b) 写真

矢津昌永の肖像

(及川芳枝氏所蔵)

注)

1) 源　昌久 1977. 内村鑑三の地理学—書誌学的調査 1 —. 淑徳大学紀要　No. 11：pp. 56-78.
2) 源　昌久 1975. 志賀重昂の地理学—書誌学的調査—. *Library and information Science*, No. 13：pp. 183-204.
3) 辻田右左男 1971.『日本近世の地理学』柳原書店，p. 299.
4) 石田龍次郎 1971.『地学雑誌』—創刊（明治二十二年）より関東大震災まで 日本の近代地理学の系譜研究　資料第三—. 一橋大学研究年報　社会学研究　No. 11：p. 21.
5) Rein, Johann Justus. Japan 1884. Travels and researches undertaken at the cost of the Prussian government. Translated from the (sic) German. London：Hodder & Stoughton, 543p. illus., fold. maps.
6) 石山　洋 1961. 明治地文学と Sir Archibald Geikie. 辻村太郎先生古稀記念事業会編『地理学論文集：辻村太郎先生古稀記念』古今書院，p. 620.
7) 源　昌久 1975. *op. cit.*, p. 201.
8) 東京文理科大學 1932.『東京文理科大學・東京高等師範學校・第一臨時教員養成所一覽　昭和七年度』東京文理科大學，p. 267.
9) 石田龍次郎 1971. *op. cit.*, p. 65.
10) 源　昌久 1975. *op. cit.*, pp. 195-196.
11) 中川浩一 1975. 明治の地理学史—20・30年代を中心にして—. 人文地理　Vol. 27, No. 5：p. 40.
12) 源　昌久 1975. *op. cit.*, pp. 199-200.
13) たとえば，南榎庵主人 1925. 地理學に篤學の諸名士傳（二）〔矢津昌永〕. 地理學研究　Vol. 2, No. 2：pp. 37-39 があげられる。
14) 矢津昌永が戸主として記載されている除籍簿による。「師範履」によると，文久3年7月。
15) 習書師とは，「唐詩類千字文急就篇あるひは民間に切なる字様を誨へ，稍長じて晋唐諸名家等を學ぶべし」（熊本縣教育會編. 熊本縣教育史　上巻. 熊本，1931. p. 54) という内容である。
16) 寺本広作編 1961.『熊本県史　近代編第一』熊本県，818p.
17) 熊本縣教育會 1931.『熊本縣教育史　上巻』熊本縣教育會，p. 409.
18) 熊本大学教育学部編 1952.『熊本師範学校史』熊本大学教育学部，p. 4.
19) *Ibid.*, p. 29.
20) 矢津が熊本師範学校在学中，教生として生徒を付属校で指導した。その当時の思い出を赤星典太（元熊本県知事）が次のように述べている。「地理学者となった矢津昌永さんからも習った。大正二年熊本県知事となって赴任した時，恰度師範学校創立四十年記念式の祝賀会に行ったが，その時矢津さんの祝辞

の中に鼻垂小僧で私から教へを受けた赤星君が今は県知事として式場に臨んだ変化の甚だしいところを書いてあった。矢津さんにはよく出来る妹さんがゐてお茶の水の高師に入った有名な婦人だった」(『熊本師範学校史』p. 542.)

21) 熊本縣教育會 1931. *op. cit.*, p. 559.
22) 熊本縣教育會 1931. *op. cit.*, p. 554.
23) 武藤嚴男 1928. 『肥後先哲偉蹟後篇』肥後先哲偉蹟後篇刊行會, 802, 38, 7p., 挿図（5図）.
24) 重味小学校は熊本県菊池郡重味村に所在し,「明治十一年熊本縣管内小學校表」(『熊本縣教育史 上巻』p. 450.)によると, 明治7年に設立され, 生徒数男58名, 女20名の小学校である.
25) 櫻井 役 1975. 『中學教育史稿』臨川書店, p. 207. 本書は昭和17（1942）年, 受験研究社増進堂で刊行された図書の復刻.
26) *Ibid.*, pp. 208-210.
27) 熊本縣教育會 1931. 『熊本縣教育史 中巻』p. 359.
28) 佐藤傳蔵（明治3〈1870〉年-昭和3〈1928〉年）は第五高等中学校を経て, 東京帝国大学理科大学地質学科を卒業した。地理学の分野では, 山崎直方共著『大日本地誌』全10巻（明治36-大正4年）を残す。地質学, 鉱物学の分野に於ても業績を上げ, 『大鉱物学』（大正3-同7年）等がある.
29) 東京文理科大學・東京高等師範學校 1931.『創立六十年』東京文理科大學, p. 49.
30) 中川浩一 1976. 地理学雑誌の系譜（下）. 地理, Vol. 21, No. 11：p. 98.
31) 東京文理科大學・東京高等師範學校 1931. *op. cit.*, pp. 59-60.
32) 東京文理科大學・東京高等師範學校 1931. *op. cit.*, p. 55. なお, 後述する大関久五郎は地理歴史部を明治34年3月卒業した.
33) 石田龍次郎 1971. 明治・大正期の日本の地理学界の思想的動向—山崎直方・小川琢治の昭和期への役割—. 地理學評論 Vol. 44, No. 8：p. 537.
34) 東京文理科大學・東京高等師範學校 1931. *op. cit.*,（付録中の）東京高等師範學校教官在職圖表（二）,（三）.
35) 中川浩一 1975. *op. cit.*, p. 48.
36) 石山昭次郎 1976. 明治後期における早稲田大学の教員および担任課目—明治三十五年九月より明治四十二年八月まで—. 早稲田大学史紀要 No. 9：p. 68.
37) 石山昭次郎 1977. 明治末期・大正前期の早稲田大学教員と担任課目—明治四十二年より大正八年まで—. 早稲田大学史紀要, No.10：p. 78.

第Ⅳ章　矢津昌永著『日本地文學』に関する一考察

1. はじめに

　筆者は第Ⅲ章で明治前期における地理学史研究の基礎的作業として，「矢津昌永(1863-1922)の地理学——書誌学的調査——」を掲げた（源　1978）。本章ではその成果を踏まえて矢津の初期の著作『日本地文學』をとりあげてみたい。

　明治前期の地理学ないし地学の誕生を述べるためには，当時の日本における地（理）学[1]の政治的経済的背景を概略的にみておく必要がある。本論に入る前に少しこの点について触れておこう。

　まず，明治新政府の国策である，"富国強兵・殖産興業" というスローガンと地（理）学との関係について考えてみよう。

　第一に，新政府の殖産興業政策の一環として鉱山・鉱床の発見を目的とする地質調査は国家の至上命令であった。そのため新政府は創立早々鉱山関係の担当部署の整備に着手した。明治元 (1868) 年2月（陰暦），大阪の旧幕府銅座役所を接収し，銅会所とし，4月には全国の鉱銅および古銅地銅などの私的販売を禁止した。同年7月，大阪銅会所を鉱山局と改称し，会計官に所属させ，採鉱・購買等を同局の管理下に置いた。また，地質調査に関する関係機関として，明治7 (1874) 年，内務省（前年1873年設置）内に地理寮が創設され，同寮に木石課が設置された。11 (1878) 年地理局に地質課が設置される。また，8 (1875) 年，文部省に金石取調所を置き，日本産鉱物の調査研究にあたった。

　さらに，新政府は主要な大鉱山を直営とし，地質調査のために欧米先進諸国より，科学技術者・地質学者を雇入れた。明治5 (1872) 年，開拓使お雇い外国人としてアメリカより招かれたライマン (Lyman, Benjamin Smith, 1835-

1920）もそのひとりであり，彼は北海道の有用鉱産物の開拓を主たる目的とし，炭田の調査に力を入れた。ナウマン（Naumann, Edmund, 1854 - 1927）は 8（1875）年に東京開成学校のお雇い教師として招かれ，10（1877）年，東京大学が創設されると理学部地質学及採鉱学科の地質学の教授となり，12（1879）年に解任されるまで勤めた。のち，15（1882）年，自ら建議して創立された地質調査所へ転傭され，一時帰国したが，再び来日して鉱床調査を実施した。初期はこのように米・独のお雇い外国人を中心に調査が実施されたが，明治10年代に入ると，和田維四郎等日本人も活躍するようになった。以上，述べたように，地質調査・鉱山事業を中核とする地質学が新政府の殖産興業の基礎作業の重要な一環として登場してきたのである。[2]

　第二に，太政官正院において塚本明毅の上言によって開始される，『皇国地誌』編纂事業（のちに，内務省の管轄）をこの観点から考察してみよう。『皇国地誌』は編纂当初（明治5〈1872〉年 - 8〈1875〉年）においては，その編纂の動機・目的は石田（1966）の指摘する通り，"漢学系の史官意識による編纂"であり，"統括者の地理書" つまり，中国の地志の系統上に属するものであった。しかし，細谷（1978）が詳述しているように，明治10（1877）～ 11（1878）年にかけて，編纂事業が正式に内務省地理局の事業として承認された段階で，塚本の意見に反してその編集目的が，次第に "富国強兵" 政策の一環に組みこまれざるをえなかったと思われる。当時，新政府の経済的基盤を確立するための重要な財源は土地に課税する地租収入を増大するための土地制度の改革（地租改正）に全力をあげていた時期であり，地誌編纂事業はこの目的に奉仕する情報（特に，統計情報）を提供するものとして新政府は期待したのである。しかし，史官意識で編纂されつつあった皇国地誌は到底，政府の現実政策立案に直ちに役立つ全国的な集計数値としての統計資料を完成させることができなかった。そのうち，指導者である塚本課長は18（1885）年に病死，桜井　勉地理局長は編集方針を改めて安房国一国のみの『皇国地誌』を刊行したが，22（1889）年に徳島県知事に転出し，『皇国地誌』の編纂事業は終わりを告げた。7（1874）

年から 12（1879）年にかけて，塚本が中心となって，ウィーンの万国博覧会に出品のために準備されたものを訂正して『日本地誌提要』（地誌課編，巻之一～巻之七，洋装本8冊，和装本20冊）が刊行されたが，『皇国地誌』編纂の成果をとり入れた，この『日本地誌提要』の近代的な改訂版は結局，完成をみることがなかった。近代地理学はこの地誌編纂事業からはついに育たなかったといってよいであろう。

以上，国策と地（理）学との関連について2点を指摘した。

2．明治20年までの地（理）学

ここで，明治20（1887）年頃までの地（理）学および関連分野における事象を展望してみよう。

はじめに，明治9（1876）年までを領域別に概観しよう。この期におけるアカデミズム・学界は東京大学の前身である大学南校，南校等の時代であり，地（理）学の胎芽期といえよう。まず，気象の領域では，5（1872）年，函館に気候測量所（のち，測候所）が設置される。8（1875）年，東京気象台が設置され，英国人ジョイナー（Joyner, Henry Baston, 1839-1884）により気象観測が始められ，[3] また地震観測も不完全ながら実施された様子である（気象庁　1975）。測量・地図作成事業の領域では，民部官の管轄をみると，2（1869）年4月，その前身である民部省に庶務司戸籍地図掛が設けられたのが始まりである。同年7月，「職員令」によって民部官は民部省になり，戸籍地図掛の機構を拡充して地理司を設けた。その内容は地籍図作成業務を中心とした全国的調査機関であった。民部・大蔵両省の合併・分離の過程をへて，4（1871）年には民部省が廃止され，その業務は大蔵省へ吸収された。工部省の管轄をみると，4（1871）年，測量司を設置し，英国人マクヴィーン（McVean, Colin Alexander, 1838-？）等を招聘し，東京府下で三角測量を開始した（7〈1874〉年，内務省地理寮へ移管。）次に，海軍関係の測量・地図作成事業をみると，4（1871）年，兵部省海軍部に水路局が設置され，水路測量，海洋調査を司った。5（1872）年，

水路局を廃し、水路寮、9（1876）年、水路寮を廃し、水路局とし、庶務、測量、製図、計算の4課を分課として置いた。陸軍関係をみると、4（1871）年、参謀局が新設され、同時に間諜隊が設けられ、平時には地理の偵察、地図の編成を行った。ここで、注意しておかなければならないことは、海・陸軍のこのような測量・地図作成事業の系列と近代地理学の関係である。5（1872）年、教育の近代化を目標として「学制」が頒布されたが、その大きな目的のひとつは近代軍備の前提条件である強兵を養成することであった。少し遅れて同年、「徴兵令」が制定された。これらの改革はまさに"富国強兵"を目指した新政府の近代化政策の一環である。陸軍は前述の測量・地図作成事業を後年も継続し、表4-1「明治10（1877）〜22（1889）年における地（理）学に関する事象」に示されているような諸地図を作成した。これとは別に、5（1872）年、軍事用の基礎データ収集のために、全国地理図誌編集という名目で府県に調査依頼を通達している。これは後に、皇国地誌へ引き継がれるが、この段階で兵要地誌が刊行されている。[4] また、兵要地誌の作成を目的として実施された統計調査は『共武政表』として8（1875）〜14（1881）年にかけて刊行されたが、これはのちに『徴発物件一覧表』という一大統計調査へと発展していった（細谷1974）。一方、海軍においては海図の作成および測量の基礎としての天体観測を行い、これらの海・陸軍の事業は近代地理学（地学を含めて）へと連結されていく。

　次に当時の地（理）学的背景をわかりやすく考察するため、明治10（1877）年以降、『日本地文學』の刊行年、22（1889）年までの期間の状況を領域別に一覧表（表4-1「明治10〜22年における地（理）学に関する事象」）にまとめてみた。

　『日本地文學』はこのような状況のもとに、"中央氣象臺、地質局、水路部等ニ就キ事實ノ調査ヲ請フヤ"（『日本地文學』自序〔P〕4）と矢津が記しているように、明治前半に創設された各種の調査研究機関のデータ——今日の視点から比較すれば非常に制限されたものではあるが——を駆使して著述された。本書が当時、広汎に普及した理由のひとつは、この書物が含む最新のデータが

表4-1　明治10（1877）〜22（1889）年における地（理）学に関する事象

目次＼領域	アカデミズム・学界	気象・天文・災害	地質調査	測量・地図作成事業	地誌・統計
明治10年（1877）	・東京大学創立。理学部に地質学及採鉱学科を設置。 ・東京大学より『学芸志林』（法理文学部編纂）刊行。	・伊豆大島三原山噴火。ナウマン，ミルン，和田等が調査を行う。		・内務省地理局，地租改正達成の為，「地券図」の作成を指令。	・内務省地理寮，地理局へ昇格。
11年（1878）		・長崎測候所創立。（以後，地方測候所増す。）	・内務省内に地理局地質課設置。	・内務省地理局，西那須野基線を測量。 ・（陸軍省）参謀局廃止され，参謀本部設置。地図課・測量課を設ける。 ・参謀本部測量課長，小管智淵工兵少佐，「全国測量一般の意見」を具申，却下。更に，「全国測量速成意見」（2万分の1地図）を提出，認められる。	（この頃から各府県で皇国地誌の村・郡記の編集が本格的に行なわれた。）
12年（1879）	・東京地学協会創立。（『東京地学協会報告』刊行。）	・横浜地方に強震。ミルン等，地震研究に着手。	・小藤文次郎，東京大学理学部地質学及採鉱学科を第1回生として卒業。		・内務省地理局『地誌提要』（対象年7〜12年） ・参謀本部編纂課『第二回共武政表』

年					
13年 (1880)	・日本地震学会設立。(世界における地震学会の初め。)	・東京気象台,富士山頂で気象観測を実施。			・参謀本部『第三回共武政表』
14年 (1881)	・『東洋学芸雑誌』創刊。				・内務省地理局『地方要覧』 ・参謀本部『明治十三年共武政表』
15年 (1882)	・東京気象学会設立(『気象集誌』を刊行。)	・クニッピング,内務省地理局雇となり,暴風警報業務編成を担当。	・農商務省地質課,地質調査所となる。(初代所長,和田維四郎)	・水路局,製図課を廃し,図誌課を設置。 ・水路局,イギリスの「海図式」にならって,わが国の「海図式」を制定。 ・陸軍,三角測量の必要上,相模野基線をおき,基線測量を始める。	
16年 (1883)	・地学会設立。(18年,『地学会誌』刊行。)	・(2月)各測候所の観測を蒐めて,東京気象台,天気図作成。(3月,印刷配布。) ・『時事新報』紙上に4月4日より天気報告を掲載。 ・最初の暴風警報を発令。			・陸軍省総務局報告課『明治16年徴発物一覧表』

第Ⅳ章　矢津昌永著『日本地文學』に関する一考察　141

| 17年(1884) | | ・毎日，全般天気予報を発する。
・わが国において潮流の観測を初めて実施。 | | ・「参謀本部条例」改正により，陸軍省は内務省の測量事業を吸収。測量課を測量局に昇格。（陸地測量の陸軍省一本化。内務省地理局は以来，地誌編纂に主力。）
・2万分の1縮尺による全国基本図（「正式地形図」）の作成開始。（畑宿図幅）
・「万国子午線会議」で英国グリニッチ子午線をもって，「本初子午線」と決める。 | |
| 18年(1885) | | | (Naumann, E: *Über den Bau und die Entstehung der japanischen Inseln.* | ・国際メートル条約に加盟。 | ・内務省地理局『地誌目録』
・内務省地理局『地名索引』 |

19年 (1886)	・帝国大学理科大学地質学科を設置。 ・『地質要報』(地質調査所)刊行。	・東経135°の子午線時を日本の中央標準時とする。(実施21年)		・水路局を廃し,海軍水路部を設置。 ・「海軍水路部官制」が定められ,水路部の基礎確立。	・内務省地理局『大日本国誌 安房 第三巻』
20年 (1887)	・『帝国大学紀要理科』創行。	・東京気象台を中央気象台と改称。 ・地方測候所,51カ所を指定。			
21年 (1888)	・第1回大日本気象学会総会。	・天気予報を毎日1回「官報」「新聞」(『時事新報』)に掲載。 ・磐梯山爆発。	・(原田豊治:日本地質構造論『地質要報』4。)	・測量局は陸地測量部と改称。(23年基本図の縮尺を5万分の1に切り替え,25年から5万分の1地図を作成。)	
22年 (1889)	・東京地学協会,地学会を合同し,『地学雑誌』刊行。(地学会の『地学会誌』改称)				

当時の人びとの地（理）学に対する知識欲に十分答えることができたためである。

3．当時のアカデミック地（理）学

『日本地文學』を考察する前に，明治 10（1877）年頃から中期にかけてのアカデミック地（理）学について，少し触れておこう。明治 10（1877）〜 22（1889）年頃，つまり，『日本地文學』の出版前後の時期におけるアカデミック地（理）学の一端に言及するのは，矢津がアカデミック地（理）学確立以前の時期に，福井県〔尋常〕師範学校，福井県〔尋常〕中学校に教諭として地理教育に従事していたので，アカデミズムの潮流と比較をしたいためである。

本節で叙述するアカデミック地（理）学とは帝国大学を中心として成立した地（理）学である。帝国大学において，西欧科学の視点に立脚した地理学研究は明治 20（1887）年頃より理科大学，文科大学で始められたが，専門課程として地理学の講義が最初に設置されたのは明治 40（1907）年，京都帝国大学文科大学の史学地理学講座であり，東京帝国大学理科大学の地理学講座が設置されたのは 44（1911）年である。この時期をもってアカデミック地（理）学が確立したとみてもよいであろう。

明治 20（1887）年前後の揺籃期アカデミック地（理）学の指標を何に求めるかは難しいが，ここでは 10（1877）年，東京大学理学部地質学及採鉱学科が創設され，19（1886）年，帝国大学理科大学地質学科へと変遷していく過程の中から生まれた研究成果，ないしそこで教授する研究者の著述からその実体を探ることとしよう。

まず，「地質學科論文目録」[5]にて，明治 10（1877）〜 22（1889）年の期間内における論文を執筆者別に頻度を調べてみると，全論文数 30 編中，"小藤文次郎"[6]著論文が 14 編（欧・和文共）を占める。したがって，小藤をもって当時のアカデミック地（理）学のひとつの典型と見なしてもよいであろう。そこで本節では，矢津『日本地文學』との比較検討上の資料として，上述の目録に

掲載されている「日本ノ火山」と他に，小藤編『地理學教科書』，「地文學講義」をとりあげ，考察してみる。

ⅰ）「地文學講義」

これは東京教育博物館の嘱託に応じて教員向けに地文学の大意を8回講述し，その要領をまとめて，『東洋學藝雑誌』に明治19（1886）年2月から20（1887）年2月までに掲載された。[7]

その内容は次のとおり。

①地球ハ天体ノ一（第一段　地球ノ像及ヒ容大（カタチ）（イカサ）　第二段　地球ノ運動，第三段　地磁力）②空気圏（第四段　温度ノ播布，第五段　気圧ト風ノ関係，第六段　大気中ノ水蒸気，第七段　雨量，第八段　天気）③水圏一次（第九段　水準，海色及ヒ海光，第十段　海水ノ塩量，比重及ヒ温度）④水圏二次（第十一段　海流（洋流），第十二段　波浪及ヒ潮汐）⑤岩石圏第一次（第十三段　水陸ノ播布及島嶼　第十四段　陸地ノ高低，第十五段　岩石）⑥岩石圏（承前）（第十六段　岩石ノ配列，第十七段　地熱，第十八段　地球ノ中心）⑦地変力　岩石圏（承前）（第二十段　火山，第二十一段　消火山及活火山，第二十二段　噴火，第二十三段　温泉）⑧地変力第二（大陸ノ隆起，陥没）（第二十四段　大陸ノ昇降（滄桑ノ変））

「地文學講義」中で日本のデータないし事象をいかに利用・引用し，単なる翻訳地（理）学から脱皮しているかという視点からこれを考察してみよう。空気圏の項中の気候に関する部分（温度，雨量，天気）には日本のデータが盛り込まれている。また，岩石圏の項中の火山，噴火，温泉など火山活動に関係している個所において，日本の事象・データが解説され，利用されている。

なお，第十一段海流の部分では黒潮についてはその名称は記述されているが，詳しい説明はなされていない。しかも，親潮についてはふれられていない。また，第十五，十六段中で使用されている地学用語は小藤自身が外国語から日本語へ翻訳して，わが国で使用し始めたものが多数見出される。たとえば，霞石（カスミイシ）（Nephelineの訳，明治17〈1884〉年），富士岩（Andesiteの訳，17〈1884〉年，安山

第Ⅳ章　矢津昌永著『日本地文學』に関する一考察　145

岩のこと），玄武岩（Basaltの訳，17〈1884〉年，小藤が兵庫県の玄武洞の名にちなんで命名）。[8]

ⅱ）「日本ノ火山」

これは『東洋學藝雜誌』に明治21（1888）年12月（第5巻第87号，pp. 600-615）に掲載された論文で，標題の脇に"大學通俗講談會ニテ"と記るされている。

その内容は次のとおり。

第一　大平洋四近ノ火山（ママ），第二　東洋諸島ノ成因，第三　本邦内中外ノ三帶及ビ三横火山線，第四　本邦著名火山爆裂史，第五　内帶ノ八火山及其特性，第六　結局

この論文では上記のように第三～第六において日本の火山線，火山爆裂史等を説明している。小藤は"前陳ノ外内中三帶ハ本邦ノ國形ト同模ニ彎曲ス其内ニ中内ノ兩帶ハ地中ノ割目線ニ該リ居ル┐ナレバ隨テ火山脈多シ，此ノ縦割レノ外ニ本邦ニハ大横割レアリ三帶ト多少角度ヲ爲シテ方嚮ヲ取レリ"（p. 605）と述べ，"縦割レ"の火脈として，外，中，内帶をあげ，また，「第一圖　地質構造及火山播布」（pp. 604-605）の図中で，横断火山脈として，千島線，伊豆線，琉球線をあげている。この点は矢津が『日本地文學』の"日本ノ火山脈"（第262丁-266丁）で述べている二大火山脈とは異なっている。

ⅲ）『地理學教科書』A Text-Book of Geography. First Grade. 敬業社，明治23（1890）年，131頁

この書物は緒言によると次のように記されている。

"此書ハ墺國ロートアウグ（Rothaug）氏ノ書ヲ標準ト爲シ第一年級ニ適合ス可キモノニシテ二年級及ヒ三年級ノ教科書ハ他日ヲ俟テ更ニ世ニ公ニセントノ素志ナリ"（緒言，p. 3）。このように本書はロートアウグ（Rothaug, Johann Georg, 1850-？）のある著作を標準として翻訳（案）し，出来上がったもののように見うけられたので，Rothaugの著作を目録（Kayser, Christian Gottob. Bücher-Lexikon, 1877-1882, Band 22 L-Z）で探索し，これに該当しそうな書物の

記入を筆者はS. 421で見出した。

　　Lehrbuch der Geographie für Volks-u. Bürger-Schulen in 3 Stufen. Mit mehreren in den Text eingedr. Holzst. gr. 8. Ebend. 881. 82.

　　1. Zunächst für die 6. Classe achtklassiger Volks-u. Bürger-Schulen u. für die 1. Classe dreiclasseger Bürgerschulen. 3., umgearb. Anfl. (Ⅶ, 92 S.)

上記の目録の後に上級クラスのもの（2，3）が記載され，3部作であり，上記1.（筆者未見）が『地理學教科書』の礎のように思える。

『地理學教科書』の目次は次のとおり＊。

第一巻　地球星学，第一編，地球（地平，地球ノ形像，地球ノ五帯，経緯度），第二編　大陽系(ママ)（地球ノ自転，地球ノ運行，天体ノ運動，問題），第二巻　地文要義，第一編　地理ノ大意（陸，水，空気），第二編　陸洋汎論（陸地及海洋，大陸ノ位置），第三編　大陸地文要義（亜細亜特論〈細目略〉，欧羅巴特論〈細目略〉，阿弗利加特論〈細目略〉，亜米利加特論〈細目略〉，濠斯太良利亜特論〈細目略〉，第三巻　政治地理大要，第一編　亜細亜部（a．東亜細亜〈日本帝国，支那帝国，朝鮮王国〉b．南亜細亜　c．西亜細亜　d．北亜細亜），第二編　欧羅巴部（細目略），第三編　阿弗利加部（細目略），第五編　濠斯太良利亜部（細目略）。

（＊各節の見出しに関しては，タイトル名のみを列挙する。）

日本に関する記事は，第二巻第三編第一節　亜細亜特論中に若干述べられ，および，第三巻第一編　(a) 中の日本帝国の項 (pp. 106-107) で簡単に自然，産業について記述されている。また，本書は数字，地名の記載法に工夫がなされ，数字はアラビア数字と漢数字の併記，地名はカタカナと洋字の併記がなされている。

なお，本書は『地學雑誌』に「普通地理學講義」として9回にわたり連載されたもの[9]を，若干，編成，語句，文章を改め，新たに序文と図版を加えて刊行されたものである。石田（1971a）はこの「普通地理學講義」に関して，"小藤の地理学の体系を示すものである" と述べている。また，『地學雑誌』

(第2集第18巻,明治23(1890)年6月25日発兌,pp.310-311)の『批評』の欄に仰天子による「小藤博士,地理學教科書」の記事が掲載されている。

　上述の小藤の三著作は『日本地文學』の刊行年の直前ないし,ほぼ同時期に記るされ,小藤が著述する際,利用可能な資料・調査研究機関に関しては矢津と同等の機会を持ちえたと考えられる(両者の置かれていた社会的地位からみると,小藤の方が優位であったろう)。小藤のこれら3著作に限定して考察すると,小藤の著作は日本のデータ・事例を利用・引用し,地(理)学的現象を解説している個所も存在するが,『日本地文學』に比較してみると,利用可能な資料・機関が同等にもかかわらず,日本の事象する記事が少なく,日本の事例をとりあげている場合も説明が詳しくなされていない部分が見うけられる。同時に,小藤のもののうちには,いわゆる"翻訳(案)地(理)学"の域に停留していると思われる記述が見うけられる。

4.『日本地文學』

　本書は明治22(1889)年に初版が上梓され,その内の挿入図を適宜にまとめたものとして,25(1892)年に『日本地文圖』が出版された。本書の第一の特色は明治20(1887)年代前半において従来の翻訳(案)地(理)学から脱皮し,日本の事例を採用して解説を試みた地文学の書物としては早いもののひとつにあげられることで,地文学のテキストとして,多数利用され,版次を重ねた。石橋五郎は当時(筆者注,25〈1892〉～26〈1893〉年頃)の様子を,"唯上級に於ける地理通論としては矢津昌永氏の「日本地文學」を使用し,之は教科書としてよりも當時にあっては立派に獨創の著書であっただけに今日尚ほよく記憶してゐる."と述べている(石橋　1936)。

　本書の目次は次のとおり*。
　第一編　総論(緒言　地球ノ形状及ヒ其運動　経線及ヒ緯線　日本ノ位置),第二編　気界(空気　空気ノ圧力　空気ノ温度　空気ノ湿度　空気ノ運動　天気),第三編　陸界(日本ノ地史　海岸線　陸地ノ水　山岳渓谷　平原

日本火山附磐梯山ノ爆裂　地震　土地ノ変動　鉱泉　日本鑛力)，第四編　水界（海洋　海洋ノ組織　海水ノ温度　海深　海水ノ運動　日本海流　海流ト気候及ヒ其他ノ関係)，第五編　気候（日本気候ト各国トノ気候　日本各地ノ気候　霜雪終始ノ期節　日本気候ト外客　気候ト農耕トノ関係　日本植物帯　高低ト植物帯ノ関係)

（＊各章の見出しに関しては，タイトル名のみを列挙する。）

　その内容は自然地理学を主体としているが，少し，人文地理学的要素もくみこまれている。

　ここでひとつ留意しておかなければならないことは，地理学，地学という学問自体の性格である。それは地域性が強く，一般法則が存在していても現地での調査が重要であり，そのことにより一般法則を解釈するという面を有している。そこで，日本の地理を対象とする地理学，地学の場合，現地つまり日本を調査するのであるから西洋人による日本の調査より当然有利であり，西洋人の仕事に劣等感をもつことが他の学問分野よりも少なく，日本の地（理）学が成立する要因が存していたことをも考慮しなければならない。

　矢津が本書の中で考えていた地文学の範囲は次のとおり。

　"太陽及ヒ太陰"，"星辰"，"四季ノ更代"，"天候ノ攣轉"，"陸界ノ壯觀"，"水界ノ壯体"（緒言　第1丁～7丁の頭書）を地文学の課題，つまり，"地文學科ノ當ニ究ムベキ範圍ナリトス"（緒言　第7丁）として設定。

　本書において使用しているデータは臨地調査の結果得たものではないが，一介の地方教諭であったにもかかわらず，内務省中央気象台，海軍水路部等の資料，報告等の最新のデータを丹念に収集して本書にまとめて使用したその努力は高く評価してよい。たとえば，"歴年九月中ニ起リシ暴風"（第150丁）の例証として明治9（1876）年から20（1887）年までの観察結果をあげている。また，21（1888）年に爆発した磐梯山の記事（第283丁-287丁）も地図をも付して報告している。データを利用する際の数字の表記法は漢数字を使用。外国地名の表記法は漢字，カナ，時には洋字（ローマ字）を併用している。たとえば，桑港，

表4-2　各事項が『日本地文學』で占める比率

編(章)別 ＼ 編(章)名	編別	割合	章別	割合
第 1 編 総 論	28 (丁)	5.9 (%)		
第 2 編 気 界	138	29.1		12 (%)
(第8章 空気の湿度)			57 (丁)	9.3
(第9章 空気の運動)			44	
第 3 編 陸 界	208	43.9		11.2
(第18章 地 震)			53	
第 4 編 水 界	42	8.9		
第 5 編 気 候	58	12.2		
合　計	474	100	154	32.5

ひりっぴん群島（Philippines）。日本の地名（府県）は府県名の場合も，伝統的な国名を使用する場合もあり，一定ではない。尺度，里法は"小引"に述べられているように，"一切帝國法ニ改算ス"（小引，〔p.〕1）としている。

次に，本書であつかっている各事項が総丁数の内で，いかなる割合を占めているかを調べてみよう。その結果は表4-2「各事項が『日本地文學』で占める比率」にまとめてみた。

表4-2にみられるように，編単位では，陸界編が最もおおくの割合を占め，章単位では空気の湿度および運動，地震の個所に重点を置き，矢津は記述したとみられる。

ここで，各章内で採用しているテーマを考察すると，日常生活に密着している記事，実用的な記事および実業に関連している記事が見出されることも内容上のひとつの特徴である。たとえば，第28章　日本各地ノ気候では，"海流ト水族ノ關係"，"海流ト魚漁"について言及し漁業へのアドバイスが記されている。第32章　日本気候ト外客では，"日本ハ小兒ノ楽園"として，在留欧米人の子供の死亡率が低いことをあげ，日本国が小児の楽園であることを証明している。さらに，第33章　気候ト農耕トノ関係では全章にわたり，気候と農業

との関連を説明している。

　気候に関して，根本順吉は本書について"この著作はすでに動気候学の芽ばえがみられる画期的なものである。"と記している（根本　1965）。

　なお，本書中に付されている図版は多色刷りで精密であり，この点は当時の書評でもとりあげられ，"精密なる銅版及採色圖十數個有り實に善良の書と云ふ可し"（『東洋學藝雜誌』，明治22（1889）年4月25日発売，第91号，p. 214）等，同様の賛辞が他誌においても述べられている。石山（1965）は図版に関して次のように記している。"また収録した図版37枚の意義も大きい。（中略）それぞれは官庁資料により新たに編製したもので，これだけの資料を1冊にまとめた参考書はその後もほとんどみられない。"

　本節のおわりに際し，本書に対する批判について記してみよう。『地學雜誌』の「批評」の欄においては，通常，大部分が賞讃の辞であるが，本書に関しては批判とそれに対する矢津の反論が記載されている（石田　1971a，源　1978）。

5．ライン著 JAPAN との比較

　本節は，『日本地文學』の種本としてあげられているライン著 JAPAN をできる限り書誌学的に検討し，両書の比較を行う。検討に際しては，原資料にあたり調査を行う手続きが必要不可欠であったが，一部の資料を直接みることができなかったことを初めに記しておく。

　ライン（Rein, Johannes Justus, 1835-1918）の JAPAN を種本ないし根拠とする報告を行っている記事を次に紹介する。

　（文1．）"ライン氏著の「ジャッパン」に憑據する所多し"，（矢津氏の日本政治地理[10]『亞細亞』，第2巻第7号，明治26（1893）年7月15日発行，p. 19）

　（文2．）"今本書をみるに，其順序は重もに獨人ライン氏著の「ジャッパン」に則れるが如し"（〔批評〕日本地文學，『日本人』，第24号，明治22（1889）年5月7日発兌，p. 32）。

このようにRein著 *JAPAN* と『日本地文學』との関係を指摘している。次に，*JAPAN* に関する書誌的事項を調査してみよう。
（文３．）

Japan nach Reisen und Studien. Bd. I : Natur und Volk des Mikadoreiches. Leipzig, W. Engelmann, 1881. 630S.

（文４．）

Japan nach Reisen und Studien. Bd. II : Landund Forstwirtschaft, Industrie und Handel. Leipzig, W. Engelmann, 1886. 678S.

（文５．）

Japan: travels and researches undertaken at the cost of the Prussian government. Translated from the (sic) German. London, Hodder and Stoughton, 1884. 543p. illus., fold. maps. 26cm.

（文６．）

The industries of Japan. Together with an account of its agriculture, forestry, arts, and commerce. From travels and researches undertaken at the cost of Prussian Goverment. London, Hodder and Stoughton, 1889. 570p. illus., fold. maps. 26cm.

A translation of 2 of his "Japan, nach Reisen und Studien." Published in 1886.

　ラインは明治６（1873）～８（1875）年にかけて，プロシャ政府の命を受けて日本の産業状況の調査のために来朝し，その成果が文３．～文６．である。彼の次のような見解（文３．Vorwort Ⅴ～Ⅵ，文５．Preface Ⅴ），つまり，ある国の自然，住民の歴史的・社会的発達および他の国々との関係は商業活動や産業界の形態や実体の基礎であり土台であるという確信に満ちた彼の考え方から文３．（文５．）を文４．（文６．）より先に出版した。

　また，文４．に関してはB.K.（小藤文次郎）による書評（「ライン氏著"日本"」）が『東洋學藝雜誌』（第４巻第65号，明治20（1887）年２月25日発兌，p.

239〜240)に掲載され，文5.に関しては，英訳本が出版された旨の短い報告(「ドクトルライン氏ノ紀行」)が『東洋學藝雜誌』(第31号，明治17 (1884) 年4月25日発兌，p. 23)に記載されている。この他にも，*JAPAN* に関する書評，文献案内が2，3ある。[11]

ここで，矢津の語学に関する学習歴を調べてみよう。

明治13 (1880) 年，金峰義塾に入学して，英語学を修業。

  22 (1889) 年，『日本地文學』上梓。

  30 (1897) 年，高等師範学校助教諭を辞める。

  31 (1898) 年，高等師範学校研究科へ入学し，また外国語学校において独逸語を学習。

したがって，『日本地文學』を執筆当時は，ドイツ語には堪能ではなく，英語に通じていたので，『日本地文學』の種本をして調査すべき書物は文5.が相当すると考えられる。

文5.の目次は次のとおり。

THE PHYSIOGRAPHY OF JAPAN
A Physical Geography of the Country

```
CHAP.                                                              PAGE
  Ⅰ. Introductory ·················································· 3
    a. Situation, Size, and Divisions of Japan ······················ 3
    b. Explanation of Common Geographical Terms ···················· 13
  Ⅱ. Coast Line, Parts of the Sea, Currents ······················· 16
  Ⅲ. Geological Conditions ········································ 27
    a. State of our Knowledge, and Structure of the Islands ········ 27
    b. Geological Formations ······································· 31
    c. Effects of Subterranean Forces ······························ 40
      1. Volcanoes ················································· 40
      2. Hot Springs ··············································· 47
      3. Earthquakes ··············································· 51
      4. Secular Movements ········································· 56
  Ⅳ. Orography ···················································· 59
    a. General Conformation of the Ground ·························· 59
```

		b.	Mountains of the Island Hondo ··· 61

- b. Mountains of the Island Hondo ··· 61
    1. Mountains of Ôshiu and Dewa ··· 63
    2. The Border Mountains of Aidzu-Taira ···································· 65
    3. The Border Mountains in the East of Echigo ··························· 65
    4. The Mountains of Kuwantô ·· 66
    5. Mountains to the west of Kuwantô ······································· 72
- c. The Relief or Elevation of the Island of Shikoku ···························· 80
- d. Mountains of the Island of Kiushiu ·· 81
- e. The Island of Yezo ·· 86
- f. The Island of Sado ·· 87

Ⅴ. Hydrography of the Country ··· 88
  Rivers and Lakes ··· 88

Ⅵ. Climate ··· 104
- a. Its General Character. Temperature ··· 104
- b. Atmospheric Pressure and Winds ·· 112
- c. The Moisture of the Air, or Hydrometeors ································· 119

Ⅶ. The Flora of the Japanese Islands ·· 135
- a. Duration of the Period of Vegetation ·· 135
- b. Formations and Regions of Vegetation ····································· 139
    Marsh and Water Plants ·· 141
    The Underwood of the Hill Districts ··· 143
    The Hara ··· 144
    The Forest (Hayashi) ·· 146
    Vegetation of the High Mountains ··· 153
- c. Composition and other Noteworthy Features
    of the Japanese Flora; its Relationship
    to other Regions of Vegetation ·· 158

Ⅷ. Fauna ··· 175
- a. General Features ··· 175
- b. Mammals ··· 177
- c. Birds ··· 182
- d. Reptiles and Batrachians ·· 186
- e. Fishes ··· 189
    Ⅰ. Order. Prickly-finned Fishes (Acanthopterygii) ····················· 191
    Ⅱ. Order. Pharyngnonathi ·· 195
    Ⅲ. Order. Anacanthini ; Air-bladder without Pneumatic Duct ········ 196
    Ⅳ. Order. Physostomi ; Air-bladder in the Pneumatic Duct ·········· 196

V. Order. Lophobranchii ·· 199
  Ⅵ. Order. Pleetognathi ··· 199
  Ⅶ. Order. Genoidei ··· 199
  Ⅷ. Order. Chondropteygii ·· 199
  Ⅸ. Order. Cyclostomi ··· 200
 f. Insects and Spiders ·· 200
 g. Crustacca ·· 204
 h. Mollusca ··· 205
 i. Echinoderms ·· 209
 j. Corals and Sponges ·· 210

THE JAPANESE PEOPLE
A Brief Account of their History, Civilization,
and Social Condition, from Jimmu-Tennô
to the Present Day.
（以下，略）

　文5.の構成をみると，前半は日本に関する自然地理学（地文学），後半は日本人に関する古代から現代に至るまでの歴史，文化，社会情勢の説明である。『日本地文學』は文5.の前半の内容，つまり，日本の自然地理学（地文学）をあつかい，その構成が近似している点もみられるが，内容を比較すると問題がある。記載内容について，順次，比較を行うが，紙数の都合上，主なるものに限定し，ライン著 *JAPAN*（文5.）を主体にし，文5.に記載されている事項が『日本地文學』の中で直接引用されているか，また強く影響を及ぼしているかについて調査する。（ここで使用する『日本地文學』の書物は"明治24年2月1日三版印刷及出版"のものである。以下，これを文8.とする。）

　ⅰ）　文5.のⅠ.a（pp. 3-12）に関して調べてみると，これに該当する可能性のある部分は文8.では第4章「日本ノ位置」（第25-27丁）である。日本国土の区分をあつかう場合，文5.では，1．本土，九州，四国，エゾ，2．琉球，3．父島，4．小笠原と4区分。文8.では，1．中土，2．九州島，3．四国，4．北海道の四大島をあげている。なお，Ⅰ.bは文5.のみに記載されている。

　ⅱ）　文5.のⅡ（pp. 16-26）に関して調べてみると，文8.の第12章　海岸

線（第182-188丁），第27章　日本海流（第396-411丁），第28章　海流ト気候及其他ノ関係（第411-415丁）が主に対応する。両書を比較してみると，海岸線に関する説明内容は異なり，海流に関しては類似的記述も見られるが使用している用語の細部では相違点を見出す。たとえば，"黒潮"を文5.では，"Kuro-shiwo（Black current）" "Japanese Gulf-Stream"（p. 21）。他方，文8.では，"黒潮 Kuro siwo or Japan stream"（第396丁）と記してある。

ⅲ）　文5.のⅢに関して調べてみると，a（pp. 27-31）は文8.第14章　山岳中の記事（日本ノ山系）（第222-249丁）に対応する山系に関して，ラインは，(1) Southern Schrist-range, (2) Northern Schrist-range, (3) Snow-range をあげている。一方，矢津は，(1)樺太山系，(2)支那山系をあげ，両者では異なる。b.（pp. 31-40）は文8.中においては対応する個所を筆者は見出せなかった。c.1.（pp. 40-47）は文8.第17章　日本火山（第261-287丁）が主に対応する。火山について，ラインは，(1) active volcano〔活火山〕，(2) extinct volcano〔死火山〕とに区分し，富士山を(1)へ分類する。矢津は，(1)活火山，(2)熄火山〔休火山〕とに区分し，富士山を(2)へ分類する。両書共，噴火例を数カ所記述しているが，直接引用はない。c.2.（pp. 47-51）は文8.の第20章　鉱泉（第351-364丁）に対応するが，内容・構成ともに異なる。c.3.（pp. 51-56）は文8.第18章　地震（287-339丁）に対応する。文5.は，Brunton〔お雇い外国人（英国）の Brunton, R. Henry か〕と Naumann, Edmund による日本の古来からの地震に関する実例報告を中心に記している。文8.は"近古来地震ノ回数"や解説上，必要に応じての事例報もあるが，源因，震動の種類，地震計等についても詳述している。

ⅳ）　文5.のⅣ（pp. 59-87）は文8.の第19章　山岳（第217-249丁）に対応するが，両書の記述内容は異なる。文5.のⅤ（pp. 83-103）は文8.では"章"として単位で，個別にはとりあげている個所はない。部分的には第16章　平原，その他でとりあげられている。

ⅴ）　文5.のⅥ（pp. 104-134）は文8.では第29章　日本気候ト各国トノ気候（第417-428丁），第9章　空気ノ運動（第112-155丁）その他各所に分散して対

応する。同緯度地での温度差の比較（サンフランシスコと新潟）に関する記事内容はほぼ同様である（ただし，使用しているデータの数字は異なる）。しかし，他の大部分の記述は異なり，説明に使用されている表を比較しても同じものはない。

上述の内容の比較においてみられる通り，部分的に類似性は多少みられるが，あくまでも参考程度である。また，図版に関しても，同一の引用は筆者の調査した範囲では発見できなかった。したがって，結論として，少なくとも『日本地文學』は直接的にラインのJAPANによっているとはいい難いと筆者には思える。

なお，『地學雜誌』（第1集第6巻　明治22（1889）年6月25日発売, p. 286）の「矢津昌永編　日本地文學ニ就テ」の論文末に，ペンネームX.Y.により本書が引用書名を明記していないという不備を指摘されている。

JAPANは後年，改訂された。その書物の書誌的事項は次のとおり。
（文9．）

Japan nach Reisen und Studien. Bd. I : Natur und Volk des Mikadoreiches. 2., neu bearb. Aufl. Leipzig, W. Engelmann, 1905. 749S.

山崎直方（明治3〈1870〉年－昭和4〈1929〉年）は，31（1898）〜35（1902）年にわたり，ドイツ，オーストリアを中心に留学をしている。[12]ボン滞在中，ライン（当時，ボン大学地理学講座教授）の文9．改訂作業の手伝いをし，ラインから感謝の意を込めて，改訂版の序に，"N. Yamasaki"の氏名が記載されている（Vorwort Ⅶ）。また，改訂版のBd. Ⅱに関しては，筆者は未調査である。英語訳のJAPAN第2版は目録（U.S. Library of Congress. The National Union Catalog. Pre-1956 imprints. Vol. 487., p. 6）上では掲載されているが，筆者は未見ではあるが，文5．をそのまま再版したものと思われる。

注）
1）明治前期においては，"地理学"の概念規定は定まっておらず，"地学"と重複して使用されたり，時期により異なった概念で使用されたりしたので，本章で

第Ⅳ章　矢津昌永著『日本地文學』に関する一考察　157

　　は地学と地理学を一緒に含めた広義の意味で，"地（理）学"という用語を原則
　　として用いる．
2 ）この点に関して，石田（1971 b）は次のように記している．"明治初期の多数
　　のお雇い外国人は殖産興業――国益に関する分野が主であったから，鉱山・
　　地質が重んぜられたのも当然であり，ここから地質学―地理学―地文学―地
　　形学という発展の径路をたどったこともうなづけよう．"（筆者傍点）矢津の
　　『日本地文學』はこの系列の延長線上に位置すると見なしてもよいであろう．
3 ）東京気象台が設置される以前にも，組織的な観測は行われていた．たとえば，
　　明治 7（1874）年以来の海軍観象台における観測例などがある（気象庁　1975）
　　を参照．
4 ）「中根　淑：兵要日本地理小誌　全 3 巻　附大日本全國圖　明治 6（1873）年．
　　同改訂増補版関三一校訂　明治 10（1877）年版　1 冊本．同明治 14（1881）年
　　版　3 冊本」を示す．
5 ）この目録は「東京帝國大學學術大觀　理學部　東京天文臺　地震研究所　昭和
　　17（1942）年刊行．」の pp. 365-410 に掲載されている．
6 ）小藤文次郎（安政 3〈1856〉年－昭和 10〈1935〉年），島根県津和野出身．明治
　　12（1877）年，東京大学理学部地質学及採鉱学科を第 1 回生として卒業し，学
　　位を得る．13（1880）～17（1884）年，ドイツに留学し，ライプチヒ大学，
　　ミュンヘン大学で学ぶ．17（1884）年 5 月，東京大学理学部地理学科講師嘱託．
　　19（1886）年，帝国大学理科大学教授（地質学）．小藤は和田維四郎とともに日
　　本の地質学，鉱物学の開祖といわれている．特に，地震，火山の研究は世界的
　　に注目をあびた．木村敏雄（1978）：日本の地質学と小藤文次郎．向坊　隆
　　『明治・大正の学者たち』東京大学出版会，pp. 131-157．を参照．
7 ）この論文の書誌的事項は次のとおり．
　　① 　第 3 巻第 53 号，1886.2，pp. 398-412．
　　② 　第 3 巻第 54 号，1886.3，pp. 427-446．
　　③ 　第 3 巻第 55 号，1886.4，pp. 463-470．
　　④ 　第 3 巻第 56 号，1886.5，pp. 513-521．
　　⑤ 　第 3 巻第 58 号，1886.7，pp. 589-599．
　　⑥ 　第 4 巻第 61 号，1886.10，pp. 2-9．
　　⑦ 　第 4 巻第 62 号，1886.11，pp. 54-68．
　　⑧ 　第 4 巻第 65 号，1887.2，pp. 214-220．
8 ）この項は，歌代　勤（他）1978．『地学の語源をさぐる』東京書籍，195p. によ
　　る．ただし，この書物で，"背斜および向斜の訳は，おそらく地質調査所の人
　　びとによるもので，坂市太郎の『飛驒四近地質報文』（明治 20 年・1887）が
　　もっとも古いようである．"と記してあるが，小藤はこの論文中（第 6 回，p. 3）
　　で背斜（Anticlinal），向斜（Synclinal）という語をすでに使用している．

9) この論文の書誌的事項は次のとおり。
   ① 第1集第1巻, 1889.1, pp. 27-36.
   ② 第1集第2巻, 1889.2, pp. 56-67.
   ③ 第1集第3巻, 1889.3, pp. 98-106.
   ④ 第1集第4巻, 1889.4, pp. 150-159.
   ⑤ 第1集第5巻, 1889.5, pp. 201-209.
   ⑥ 第1集第7巻, 1889.7, pp. 302-307.
   ⑦ 第1集第8巻, 1889.8, pp. 371-374.
   ⑧ 第1集第11巻, 1889.11, pp. 520-526.
   ⑨ 第2集第13巻, 1890.1, pp. 26-33.
10) この論文の執筆者は"志賀重昂"であろう。源(1978)を参照。
11) 文3．の書評として次のものがある。
   Japan nach Reisen und in Aufträge der k. Preuss. Regierung dargestellt. Von J.J. Rein, Professor der Geograprie in Marburg. Erster Band. Natur und Volk des Mikadoreiches. (Leipzig: Engelmann, 1881.)〈JAPAN〉: Nature 23, 1881, 4.28, 600～603.
   文4．の書評として次のものがある。
   Wagner, G. (besprochen von) Literatur. J.J. Rein, Japan nach Reisen und Studien in Auftrag der Königlich Preussischen Regierung dergestellt. (Band Ⅱ…): Mittheilungen der Deutschen Gesellschaft für Natur-und Völkerkunde Ostasiens 4 (36), 1887.7., 265～286.
12) 山崎直方の留学に関する事項は次の文献を参考にする。
   田中啓爾 1955．初代会長山崎先生の追憶．地理学評論　28(8)：pp. 403-407.
   多田文男 1966．山崎直方先生の業績．地理　11(3)：pp. 50-55.

（文献表は巻末に記載してある。）

第Ⅴ章　志賀重昂（1863-1927）の地理学
——書誌学的調査——

1．はじめに

　本章は，志賀重昂の地理学関係の著作に関する書誌学的研究を通じて，明治地理学史の研究のためにひとつの素材を提供する試みである。

　明治・大正時代の思想家，志賀重昂の地理学を話題にとりあげた理由は，単なる「明治百年」という懐古趣味からではない。志賀の地理学は現代地理学の学問的反省のためにも，顧みて研究すべき十分な意義を有していると考えられるからである。

　今回の作業で志賀の地理学の著作目録を作成するにあたり，目録に収載する単行本については，早稲田大学図書館，国立国会図書館，一橋大学附属図書館，慶應義塾図書館の蔵書に限定した。雑誌については，上記の図書館の他に，東京大学理学部地質学教室図書室に限定して調査を行ったものである。

　調査の結果，以上の図書館を全部併せても志賀の著作の各版を完全にチェックすることはできなかった。また目録の不備も相当発見された。したがって，本章は志賀の地理学に関する書誌学的研究の第一報という意味をもっている。筆者はさらに引き続き調査を進め，機会をとらえて，その成果を後日発表したいと考えている。

　はじめに，志賀の地理学の背景となる，日本における地理学の系譜を概略的にみてみよう。

　第一には，"地誌の編纂"の系列がある。これは大きくいって，8世紀の日本風土記→江戸時代の各藩における藩内の地誌作成→明治維新政府における「皇国地誌」の編纂という流れである。これは，一種の中華思想に基づくもの

ともいえるが，その編集主任である内務省地誌課長の塚本明毅の転任とともに壊滅して，この系列は，近代地理学には継承されなかったといってよいであろう。

　第二には，"洋学輸入の地理学"の系列がある。これには，2つの流れがある。ひとつには，中国の明末清初の耶蘇会士の活動に源をもつ地理書の影響を受けた流れである。たとえば，新井白石『采覧異言』（正徳3〈1713〉年）があげられる。他のひとつは，江戸期後半，蘭学による研究にともなって，舶来した地理書の邦訳の流れである。たとえば，大槻玄沢『環海異聞』（文化4〈1807〉年）があげられる。しかし，この系列は，一部の武士階級あるいは，為政者のための世界地理であり，近代地理学には水脈となって継承されなかった。

　第三には，"天文学・暦学による地図作製"という系列である。蘭学の解禁（享保5〈1720〉年）以後，蘭学に接した天文学・暦学が発達し，高橋至時，間重富等の人材が輩出した。これにより，図らずも日本地図学の基礎ができあがった。至時の嗣子，景保の『新訂万国全図』（文化7〈1810〉年），伊能忠敬『大日本沿海輿地全図』（文政4〈1821〉年）が完成した。この流れは，明治時代の旧陸軍参謀本部の測量事業に受けつがれていく。

　開国（安政元〈1854〉年）前後になると，国内では，世界各地の知識・情況を知ろうとする要求が高まってきた。その結果，世界地誌の翻訳，世界事情の案内書が多数刊行された。たとえば，清の『海国図志』（8冊）を鹽谷宕蔭等が邦訳（嘉永7〈1854〉年－安政3〈1856〉年），正木篤訳『英吉利国総記和解』（安政元〈1854〉年），仮名垣魯文『万国人物誌』（文久元〈1861〉年）等である。[1]

　以上の著訳書は文献による世界知識であるが，その後，厳禁されていた海外渡航が可能になってから，自己の見聞により得た知識を記述したものがあらわれる。それが慶應義塾の創祖，福沢諭吉の『西洋事情』（慶應2〈1866〉年）であり，当時，15万部以上出版され，洛陽の紙価を高めた。また，福沢の『世界国盡』（明治2〈1869〉年），内田正雄（恒次郎）訳『輿地誌略』（明治3〈1870〉年）等文明開化の啓蒙書が地理学関係でも続々刊行された。福沢，内田等の著

第 V 章　志賀重昂（1863-1927）の地理学　161

作は外国に関する知識を与え，新しい日本の進路を国民に示唆し，江戸時代まで外国に関する知識は一部の武士階級に限られていたが，これを庶民・老幼にまで拡大させるという効用があった。しかし，これらの著作は国名，山，川等を項目別に羅列し，素材中心に，功利的に知識を与えようとするもので，この点では，これらは以前の著作の連続とみられる。

　近代国家を目指した維新政府は富国強兵政策を強引に遂行してきたが，その政策の遂行のためには，内外の正確な地理的知識の獲得が何よりもまず要求された。また地理学の学会として，明治12年，東京地学協会が英国王立地理学会を模倣して設立されるが，そのメンバーには，政治家や軍人が多数ふくまれていたということは，当時の情勢をよく反映している（創立当時，社員96名中，皇族2名，華族20名，軍人31名，官吏33名，民間人10名であった）。[2]　また，国内の地理的知識（統計的知識も含めて）の要求に対して，統計院『統計年鑑』（明治15〈1882〉年），細川広世『日本帝国形勢総覧』（明治19〈1886〉年）等が刊行された。

　全国的規模での地名辞典，府県志が明治10年代後半から20年代にかけて，多数出版された。たとえば，河井庫太郎編『日本地学辞書』（明治14〈1881〉年），同『大日本府県志』（明治23〈1890〉年），吉田東伍『大日本地名辞書』（明治33〈1900〉年～明治40〈1907〉年）等がある。

　日本での近代地理学の大きな潮流は，上述のような流れではなく，大学を中心に栄えた。それには2潮流があった。ひとつには，自然に関する地理学であり，明治10～20年代にかけて，理科大学教授小藤文次郎らは，地理学を地学（Erdkunde）としてとらえた。彼等は，西欧の科学的思考や方法を紹介した。

　他方，人文に関する地理学は，明治20年代頃から，リース（Ludwig Riess,〈1861-1928〉）によって，文科大学に史学科が設立され，その西洋史学を通じてひろめられた。

　このような内で，20年代後半，アカデミックな地理学とはニュアンスを異にする，ユニークな地理学者が出現する。それは志賀重昂，内村鑑三（文久元

〈1861〉年－昭和5〈1930〉年）である。彼らは環境論の立場から地理学を異色な観点でとらえた。本章では，彼等の内，志賀重昂について述べる。

志賀重昂（文久3〈1863〉年－昭和2〈1927〉年）は，三河国岡崎（現在の愛知県岡崎市）に生れた。その市内を流れる矢作川にちなみ，矧川漁長とも号していた。彼は内村鑑三と同じく，札幌農学校の出身ではあるが，内村とは同級ではなく，直接の関係はない。卒業後，長野県で教職につき，すぐに辞職している。その後，南洋を見聞し，『南洋時事』（明治20〈1887〉年）を著述した。この書物が志賀の地理学に関する最初の著作といってよかろう。その後，彼は政治家，ジャーナリストとして，多忙な活躍を開始したが，地理学書の執筆および地理に関する講演は，その間続けられた。また，早稲田大学その他諸学校においても，地理学の講義を行っていた。

本章では政治家，思想家として多方面で活躍し，多数の著述を残した志賀を地理学者としての側面に限定して，その著作の調査を試みたものである。

2．著作目録

この節の「著作目録」は，次の規則に従って作成された。

A．収録の範囲

1）期　間

　明治22（1889）年から昭和50（1975）年7月まで。

2）対象となった資料

　著作は筆者が地理学およびそれに関連すると思われるものに限定した。志賀重昂の著作（日本で出版されたものに限る）を，(a) 地理学，(b) 地理学に関連する国内事情，(c) 同じく海外事情，(d) その他，に分類した。論文は，主として『志賀重昂全集』（以下，全集と略す）および地理学専門誌によった。

　なお，単行書は初版本にできる限りあたった。また，再版以後の著作でも必要なものはとりあげた。

B．記載方法

単行書，論文ともに刊行の順に記載した。単行書には，文献番号のあとに＊を付した。また，本章の3．の注解に記されているものには，書名あるいは論文名のあとに「□」を付した。

1) 単行書の記述

(1) 記載の順序は，書名，肩書及び著者名（「志賀重昂著」以外の時のみ記入），発行所（東京以外は地名付記），発行年月日，判型，頁数（序，目次，本文等に分けて記入），定価，叢書注記，所蔵注記，全集に収録されている場合は，その所載頁を（　）内に記入した。

その構成は次のとおりである。

番号　書名　肩書および著者名
発行地　発行所　発行年月日　判型　頁数
定価　（叢書名）　〈所蔵機関名〉
（全集に収録されている所載頁）

(2) 書名のきめ方は，標題紙，奥付を参考にして，きめた。

(3) 頁数の記入の方法は，ノンブルのある場合はそれに従い，第何頁（「丁」）から第何頁（「丁」）をしめす。序文などにノンブルのない場合は，その総ページ数を記した。なお，数字は，原本に使われているものを採用した。

(4) 定価は，奥付，広告等で判明したもののみを記入した。

(5) 所蔵機関名の略称は，直接採録したものに限って記入し，次のようにした。

早稲田大学図書館は〈早大図〉，国立国会図書館は〈国会図〉，一橋大学附属図書館は〈一橋図〉，慶應義塾図書館は〈慶図〉。

(6) 全集では，原著を，部分的に削除，改潤がなされている場合も，ここでは，所載頁を（　）内に記入した。

2) 論文の記述

全集より再録したものは，全集に所載された，雑誌名，発行年月日，巻号等の書誌的事項を記入した。

　地理学専門誌（『地學雜誌』『歴史地理』）より直接，採録した論文は，次のように書誌的事項を記入した。

　標題，筆者名（「志賀重昻」以外の号名等を使用したときのみ記入），誌名，巻号，発行年月日，記載頁。（全集に収録されている場合は，その所載頁箇所）。

　その構成は次のとおりである。

　番号　標題　筆者名

　誌名　巻号　発行年月日　記載頁

（全集に収録されている所載頁）

　ただし，巻号，発行年月日，頁数の数字はアラビア数字を用いた。

3）複数の人との，講演記録の記述，(2)の記述の方式に従った。

4）その他

(1) 使用漢字，かな文字は，著者目録，注解，解題の引用文では，原本に従い，略字，当用漢字は使用しなかった。

(2) 〔 〕記号は，筆者が，必要と思われる語，数字を追加した場合に使用した。

　　→記号は，「…を見よ」を示す場合に使用した。

(3) 序，緒言等で，内容を知るのに，重要と思われた書については，（備考）の項に記す。また，目次については，（内容）の項に記す。

（a）地理學

1* **地理學講義**[注1,2,3]　志賀重昻先生講義

敬業社　明治廿二年八月一日出版　四六判

本文〔表共〕一～八十八

〈国会図〉

（全集第貳卷「人文地理學講義」として，pp. 185～342 に所載）

注1：本書の内容構成については，3.書誌的注解の「地理學」(p. 23) のところを参照。

注2：初版の定価は，判明しないが，『日本風景論』（文献番号2，以下「文献番

号」を，Ⓐと略す。）の奥付裏広告に「地理學講義（第六版）定價三十五錢」と記されている。
注３：書評が記載されている場合は，その詳細な書誌的事項は，3．を見ること（→記号を付してある）。

2* 日本風景論 □

版次により内容が異なるので，内容構成を詳細に記述する。便宜的に，版次を書名の直後に，（　）内に記入する。

日本風景論（初版）

政教社　明治廿七年十月廿七日發行
菊判
〔コマ絵〕〔１頁〕　目次〔１頁〕〔挿画〕〔１頁〕〔序〕〔１頁〕　正誤〔１頁〕　本文〔図表共〕一～二百十九丁[注1]　〔自跋〕〔１頁〕　奥付　奥付裏広告一～四[注2]
〔裏表紙に題詞（貝原益軒）〕
　　定價金五拾錢　〈早大図〉
（全集第四卷　pp. 1～194）
　注１：「丁」は正しくは「頁」。
　注２：この広告欄には，「地理學講義（第六版）の広告及び新聞雜誌批判」が掲載されている。

（内容）目次
（一）緒論
（二）日本には氣候，海流の多變多様なる事
　　　日本の生物に關する品題
（三）日本には水蒸氣の多量なる事
　　　日本の水蒸氣に關する畫題
（四）日本には火山岩の多々なる事
　　　（附録）登山の氣風を興すべし

（五）日本には流水の浸蝕激烈なる事
（六）日本の文人，詞客，畫師，彫刻家，風懷の高士に寄語す
（七）日本風景の保護
（八）亞細亞大陸地質の研鑽日本の地學家に寄語す
（九）雜感
　　　終
（〔序〕には，挿画をかいた雪湖樋畑，洋風の画をかいた海老名明四への謝辞がのべられている。）

2－A* 日本風景論（再版）□

政教社　明治廿七年十二月廿三日發行
菊判
〔再版證標（コマ絵共）〕〔１頁〕　目次〔１頁〕〔序〕〔１頁〕　書評一～四[注1]
本文〔図表共〕一～二百二十三丁　〔自跋〕〔１頁〕　奥付　奥付裏広告二～二十四[注2]　〔初版證標（コマ絵共）〕〔１頁〕
　　定價金五拾錢　〈早大図〉
　注１：『地學雜誌』6（71）から引用。筆者は崎南生及び山上萬次郎→Ⓐ74，73。（以後の3，4，5，6，15版にも，この書評が付記されているので，そこでは細目を省略した。）
　注２：この広告欄には，「地理學講義（第六版）及び日本風景論（初版）の広告及び新聞雜誌批判」が掲載されている。

2－B* 日本風景論（第3版）□

政教社　明治廿八年三月五日發行　菊判
〔初，再版の證標（コマ絵共）〕〔１頁〕
〔第三版證標（コマ絵共）〕〔１頁〕　目次

〔1頁〕〔序〕〔1頁〕 本文〔図表共〕一～二百二十九丁 〔自跋〕〔1頁〕〔中村不折の画〕〔1頁〕〔跋三題〕〔1頁〕奥付〔奥付裏広告〕二～二十四[注1] 書評（地學雜誌）〕一～四 書評一～三[注2]〔付言〕〔1頁〕[注3] 〔裏表紙に題詞（貝原益軒）〕

定價金五拾錢 〈国会図〉

注1：2－Aの注2と同じ。
注2：『帝國文學』(1)から引用→ ⑧78
（以後の5, 6, 15版にも, この書評が付記されているので, そこでは細目は省略した。）
注3：「付言」とは, 志賀が『利根川圖志』の著者とラスキンとを比較している文を示す。

2－C* **日本風景論**（第4版）□

政教社　明治廿八年五月十九日發行　菊判

〔第四版證標（コマ絵共)〕〔1頁〕 目次〔1頁〕〔序〕〔1頁〕〔書評（地學雜誌)〕一～四〔書評（帝國文學)〕一～三〔付言〕〔1頁〕〔書評〕一～三[注1] 〔コマ絵〕〔1頁〕 本文〔図表共〕一～二百三十三丁 〔自跋〕〔1頁〕〔跋三泥〕〔1頁〕〔中村不折の画〕〔1頁〕 奥付〔奥付裏広告〕二～三十六[注2] 〔初～第三版證標（コマ絵共)〕〔1頁〕

定價金五拾錢 〈国会図〉

注1：『地質學雜誌』2 (17) から引用。
筆者は小川琢治→ ⑧75
（以後の5, 6, 15版にも, この書評が付記されているので, そこでは細目は省略した。）

注2：この広告欄には,「地理學講義（第六版), 日本風景論（初, 再版）の広告及び新聞雜誌批判」が掲載されている。

2－D* **日本風景論**（第5版）□

政教社　明治廿八年八月一日發行　菊判

〔第五版證標（コマ絵共)〕〔1頁〕 目次〔1頁〕〔序〕〔1頁〕〔書評（地學雜誌)〕一～四 〔書評（帝國文學)〕一～三〔付言〕〔1頁〕〔書評（地質學雜誌)〕一～三 〔挿画〕〔1頁〕〔書評〕一～三[注1] 本文〔図表共〕一～二百二十三丁 〔自跋〕〔1頁〕〔跋三題〕〔1頁〕〔中村不折の画〕〔1頁〕 奥付 〔奥付裏広告〕二～四十一[注2] 〔コマ絵〕四十二 〔初～第四版證標（コマ絵共)〕〔1頁〕

定價金五拾錢 〈早大図〉

注1：『ジャッパン・メイル新聞』（明治28年4月23日）から引用。
（以後6, 15版にもこの書評が付記されているので, そこでは, 細目は省略した。）
注2：この広告蘭には,「地理學講義（第六版), 日本風景論（初～第四版）の広告及び新聞雜誌批判」が掲載されている。

2－E* **日本風景論**（第6版）□

政教社　明治廿九年六月廿八日發行　菊判

〔第六版證標（コマ絵共)〕〔1頁〕 目次〔1頁〕〔序〕〔1頁〕 書評（地學雜誌)〕一～四 〔書評（帝國文學)〕一～三 〔付言〕〔1頁〕〔書評（地質學雜誌)〕

一〜三〔書評（ジャパン・メイル新聞）〕一〜二　本文〔図表共〕一〜二百三十三丁〔自跋〕〔1頁〕〔跋三題〕〔1頁〕〔中村不折の画〕〔1頁〕〔コマ絵〕一〜二〔歳時記〕三〜八　奥付〔奥付裏広告〕二〜四十一[注1]〔初〜第五版證標（コマ絵共）〕〔1頁〕

　　定價金五拾錢　〈国会図〉

　　注1：2—Dの注2と同じ。

2—F* **日本風景論**（第15版）□

（文武堂蔵版）　明治卅六年六月十日發行　菊判

目次〔1頁〕〔序〕〔1頁〕〔書評（帝國文學）〕一〜三　〔付言〕〔1頁〕〔書評（地學雑誌）〕一〜四　〔書評（地質學雑誌）〕一〜三　〔挿画〕〔1頁〕〔書評（ジャパン・メイル新聞）〕一〜二　〔挿画〕〔1頁〕〔題詞（貝原益軒）〕　本文〔図表共〕一〜二百三十三丁〔自跋〕〔1頁〕〔コマ絵〕〔中村不折の画・文〕〔1頁〕　〔歳時記〕三〜八　〔初〜第拾五版證標（コマ絵共）〕〔三頁〕　奥付〔奥付裏広告〕〔二頁〕[注1]

　　定價金九拾錢　〈早大図〉

　　注1：この広告欄には，「『河及湖澤』（→ ②3），『地理學講義（拾貳版）』，『英文教科書』」が掲載されている。

2—G* **日本風景論**（全集第四卷）□
　　　　→ ②71

2—H* **日本風景論**（文庫版）□

岩波書店　昭和十二年九月十日第二刷發行[注1]　菊判截判

〔初版の表紙の写真〕〔1頁〕〔題トビラ〕〔1頁〕　解説〔小島烏水〕3〜17　目次19〜24〔題詞（貝原益軒）〕25　本文〔図表共〕27〜298　〔中村不折の画〕〔1頁〕〔歳時記〕300〜308

　　定價四十錢（岩波文庫）〈筆者蔵〉

　　注1：初版は，本書の奥付によると，「昭和十二年一月十五日発行」。

3* ＜山水叢書＞**河及湖澤**[注1]

政教社　明治三十年一月廿五日發行　菊判

〔序〕〔1頁〕　目次〔1頁〕　本文一〜百十四丁

　　定價金貳拾錢　〈早大図〉
　　（全集第參卷　pp. 332〜468）

　　注1：奥付裏広告に，「山水叢書　島及半島　近刊」とあるが，筆者の調査の範囲では，該当する書を見つけることはできなかった。

4* **地理學　完**□[注1]　農學士　志賀重昂述　〔東京専門學校版〕[注2]　明治卅年一月製本〔印〕　菊判

本文一〜百四十四
〈早大図〉

　　注1：『早稲田大学図書館　和漢圖書分類目録（十一）』昭和十五年七月現在（以下『早大目録』と略す）では，「東京専

門學校講義錄」と付記してある。本書の，請求記号ルー(類)一九二(号)。

注2：表題紙による。⑧9，⑧11及び⑧11－A～Dも同様。

5 * **内外地理學講義**　志賀重昂述　西遠教育會記

濱松　谷島書店　明治三十二年一月廿二日出版　菊判

緒言〔1頁〕〔漢詩三篇〕〔1頁〕　本文一～一八三

〈国会図〉

（備考）緒言

本書ハ矧川志賀重昂先生カ西遠教育會ノ請ニ應シ其夏季講筵ニ於ケル八日間ノ講述筆記ナリ…

6　**人材の地理的配布**

『日本人』明治三十二年二月廿日　第四十四卷

　（全集第貳巻　pp. 149-163）

7　**厦門九江間の旅行**

『地學雜誌』注1　第13輯第141卷　明治33年9月15日　發行　p. 519～528〔通輯頁〕

（承前）同誌　第13輯第142卷　明治33年10月15日發行　p. 597～603〔通輯頁〕

注1：地理学専門誌に掲載された論文は，すべて，「(a)　地理学」の項へ分類する。

8　**南鳥島と北太平洋問題**

『地學雜誌』第15輯第169卷　明治36年1月15日發行　p. 42～52〔通輯頁〕

（承前）同誌　第15輯第170卷　明治36年2月15日發行　p. 135～143〔通輯頁〕

9 * **地理学　完**　注1　志賀重昂講述

〔東京專門學校藏版〕　明治卅四年三月製本〔印〕　菊判

目次〔2頁〕　本文一～一九〇頁

〈早大図〉

注1：『早大目録』によると，「東京專門學校講義録」と付記してある。また，書名を「地理學講義」と記しているが，誤り。本書の請求番号　ルー(類)　一九一(号)。

（内容）目次

（一）地理學の必要

（二）日本地理考究の方針

　　　日本海岸の日本と太平洋岸の日本

　　　北日本と南日本

（三）亞細亞地理考究の方針

（四）支那地理考究の方針

（五）歐羅巴地理考究の方針

（六）亞弗利加州，太平洋，南北亞米利加洲地理考究

　　　米國史と日本史の地理的關係

（七）餘意

　　　東洋と英國との最短行程

　　　タービン・システム汽船

　　　太平洋系と印度洋系の陸上連絡

厦門の近事
　　　馬山浦問答

10＊**外國地理參考書**

　全集第貳卷の凡例によると，"明治三十五年度初めて世に公刊"とかかれているが，筆者の調査の範圍ではこの書物を見つけることはできなかった。

　（全集第貳卷　pp. 343〜424）

11＊**地理學　完**[注1]　農學士　志賀重昂講述

〔早稻田大學出版部藏版〕　菊判

　目次一〜五　本文一〜五一六

〈早大図〉

（全集第四卷　pp. 269〜410）

　注1：『早大目錄』によると，「早稻田大學明治三十六年度講義錄」と付記してある。本書の請求番號　ル一（類）　九七五（号）。

（内容）目次

（一）地理學の定義

（二）地理學の必要

（三）日本地理考究の方針

　　　（縱）日本海岸の日本と太平洋岸
　　　　　　の日本
　　　　　　北日本と南日本

（四）亞細亞地理考究の方針

（五）支那地理考究の方針

（六）歐羅巴地理考究の方針

　　　（細目略）

（七）亞弗利加洲，太洋洲，南北亞米利加洲

　　　地理考究の方針

　　　米國史と日本史の地理的關係

（八）餘意

（九）地形と人文

　　　（細目略）

（十）地勢と人文

　　　（細目略）

（十一）水と人文

　　　（細目略）

（十二）洋海と人文

　　　（細目略）

11−A＊**地理學**[注1]　農學士　志賀重昂講述

〔早稻田大學出版部藏版〕　菊判

　目次一〜六　本文一〜六〇二

〈早大図〉

　注1：『早大目錄』によると，「早稻田大學明治三七年度講義錄」と付記してある。本書の請求番號　ル一（類）　一〇七七（号）。

11−B　＊**地理學**[注1]　農學士　志賀重昂講述

〔早稻田大學出版部藏版〕　菊判

目次一〜六　本文一〜六〇二

〈早大図〉

　注1：『早大目錄』によると，「早稻田大學政治經濟科明治八三〔三八の誤記か〕年度講義錄」と付記してある。本書の請求番號　ル一（類）　一二八二（号）。

11—C ＊**地理學**□注1　農學士　志賀重昂講述

〔早稻田大學出版部藏版〕　菊判

目次一〜六　本文一〜五四六

〈早大図〉

注1：『早大目録』によると，「早稻田大學歷史地理科明治三九年度講義錄」と付記してある。本書の請求番号　ル一（類）　一四八七（号）。

11—D ＊**地理學**□注1　農學士　志賀重昂講述

〔早稻田大學出版部藏版〕　菊判

目次一〜六　本文一〜五四六

〈早大図〉

注1：『早大目録』によると，「早稻田大學政治經濟科明治四一年度講義錄」と付記してある。本書の請求番号　ル一（類）　一四七二（号）。

12　**太醇中の小醨**□　志賀矧川

『地學雜誌』第15輯第175卷　明治36年7月15日發行　p. 568〜570〔通輯頁〕

13＊**地理教科書本邦篇**

冨山房　明治三十七年一月十八日訂正再版發行注1　菊判

緒言一〜六　目次一〜四　本文一〜二〇〇

定價金六十五錢　〈国会図〉

注1：初版は本書の奥付によると，「明治三十六年四月十日發行」。なお，筆者は本書の再訂改版（明治三十九年三月十一日發行）を所藏している。

13—A＊**地理教科書外國篇**

冨山房　明治三十七年三月十五日訂正再版發行注1　菊判

上卷：目次一〜三　本文一〜八二

中卷：目次一〜二　本文一〜九〇

下卷：目次一〜三　本文一〜八八

定價金四拾錢（上），四拾五錢（中，下各）〈国会図〉

注1：初版は本書の奥付によると，上中下卷共，「明治三十七年一月廿九日發行」。国立国会図書館では，上・中・下卷の三冊が一冊に合本されている。なお，筆者は本書（上・中・下）の改訂五版（明治四十三年二月十六日發行）を所藏している。

14　**日本と英米兩國**（其一）日本と米國（其二）日本と英國　農學士　志賀重昂

『歷史地理』第7卷第4號　明治38年4月14日發行（其一）p. 1〜5　（其二）p. 6〜8

15　**ツイミ川（正稱ツーム・イ）**□

『地學雜誌』第18年第205號　明治39年1月15日發行　p. 48〜58

16　**琉球の話**

『歷史地理』第8卷第10號　明治39年10月1日發行　p. 77〜88

17* **地理講話**　農學士　志賀重昂講述
　早稻田大學出版部　明治三十九年十二月廿八日發行　菊判
發行の趣旨〔1頁〕　目次〔9頁〕　本文一〜三一七
正價金六拾錢（早稻田通俗講話第六編）〈国会図〉

18　**道しるべ**
『歷史地理』第11卷第1號　明治41年1月1日發行　p. 280〜284

19*　**最新地圖本邦之部**[注1]
　冨山房　明治41年

19—A*　**最新地圖世界之部**[注2]
冨山房　明治41年
　注1，2：兩書共，『冨山房五十年』（冨山房，昭和11年）から採録。筆者は原本を未見。

20　**最近旅行中に蒐集せし物品の展覽及說明**
『地學雜誌』第23年第266號　明治44年2月15日發行　p. 26〜31

21*　**世界寫眞圖說　雪**
　地理調查會，明治製版所　明治四十四年七月五日發行　27×37 cm
〔漢詩一篇〕〔1頁〕　地理調查費ノ主意〔1頁〕　目次〔英文併記〕〔6頁〕　本文〔おもに寫眞〕98枚

定價金貳圓　〈早大図〉
（全集第八卷附錄に拔萃して收錄してある。）

22*　**世界山水圖說**
　冨山房　明治四十四年十月三十日五版[注1]　菊判
　地理調查費ノ主意〔1頁〕〔地理調查費寄附ノ方法等〕〔2頁〕　挿畫及地圖目次〔1頁〕　目次一〜四　本文〔寫眞・地圖共〕一〜二三〇
　定價金壹圓　〈早大図〉
（全集第參卷　pp. 159〜331）
　注1：本書の奥付によると，初版は「明治四十四年九月十五日發行」である。

23　**近藤重蔵擇捉建標に就て重田文學士に答ふ**
『歷史地理』第19卷第3號　明治45年3月1日發行　p. 13〜15

24　**玖馬國の事情**
『地學雜誌』第27年第320號　大正4年8月5日發行　p. 26〜40
（全集第壹卷　pp. 410〜419）

25*　**續世界山水圖說**
　冨山房　大正五年九月十八日三版發行[注1]　菊判
〔說明圖〕〔1頁〕　目次一〜五　挿畫目次〔1頁〕　本文〔寫眞・地図共〕一〜三六二

定價金壹圓六拾錢 〈早大図〉

（全集第六巻 pp. 153 〜 267，第六巻の凡例によると，"篇中，前巻収錄の「世界の奇觀」と重複せる部分はこれを削除した。"と記してある。）

26 *國民当用 世界當代地理

大正八年八月[注1]

（全集第六巻　pp. 169 〜 325）

注1：第六巻の凡例から。（筆者は，大正七年七月五日，大正九年八月五日，大正十一年六月廿五日，大正十二年五月五日，大正十四年一月三十一日，大正十五年一月三十一日，昭和二年三月二十五日付で発行された7冊を入手した。）

27　太平洋近代の沿革　農學士　志賀重昂

『地學雜誌』第34年第400號　大正11年4月18日發行　p. 1 〜 9

28 * 知られざる國々[注1]

志賀重昂　大正十四年十一月十八日發行　四六判

目次〔1頁〕　本文一〜一一八　〔広告〕〔1頁〕　索引〔1頁〕　奥付　〔目次中の「裏」の文章〕〔1頁〕

定價　金壹圓　〈慶図〉

（全集第六巻　pp. 327 〜 439）

（内容）目次

一　日本に是より以上の大問題ありや
　一　日本の人口處分如何
　二　日本の石油政策如何
　三　世界的關ケ原に於ける日本の向背如何

二　『日本に是より以上の大問題ありや』の解決
　（細目略）

三　玖馬

四　伯剌西爾の南三洲一名溫帶三州
　（細目略）

五　パラグアイ（巴拉圭）
　（細目略）

六　智利の硝石地方

七　中部墨西哥

八　緬甸

九　オーマン（元書の甕鬘）
　（細目略）

十　世界的川中島・世界的關ケ原
　（細目略）

十一　沙漠の橫斷（東西兩洋最新の最捷路）

十二　回敎の國土（最最新の歐洲外交紛糾の泉源）（細目略）

十三　人種平等問題（是が日本民族發展の根本）（細目略）

十四　有色人種排斥の本家本元（南阿研究の大急務）細目略）

十五　南阿聯邦首府行（南阿聯邦首相スマッツ将軍との會見）

十六　南阿聯邦相スマッツ将軍に寄する書

十七　日本國民生存の根底

裏　『日本人は如何にして將來食って行
　　　くや』

29＊**知られざる國々**　編者　土方定一
日本評論社　昭和十八年五月五日發行
四六判
　序〔土方定一〕一～二　目次一～三
解題篇目次〔1頁〕　解題篇〔土方定一〕
三～八〇　本文篇目次〔1頁〕　本文篇
八三～二六七
　定價㊞貳圓　特別行爲稅相當額八錢
合計貳圓八錢（明治文化叢書）〈国会
図〉〈筆者蔵〉

30　ヘヂン博士の言行
　『國民新聞』所載　時日不祥
　（全集第貳卷　pp. 97～101）

31　間宮林藏東韃行程考
　(n.d.)
　（全集第貳卷　pp. 1～9）

32　間宮海峡の發見者は誰
　『大役小志』所載
　（全集第貳卷　pp. 9～18）

33　伊豆半島論
　(n.d.)
　（全集第貳卷　pp. 163～167）

（b）地理学に関連する国内事情

34　**日本生產略**
　『日本人』明治二十一年七月十八日以降
第八, 十, 十二, 十三号連載
　（全集第壹卷　pp. 62～85）

35　**日本の地質と衆議院議員選擧區**
　『日本人』明治二十三年六月三日　第四
十八號所載
　（全集第壹卷　pp. 56～59）

36　**水の經營**
　『人民』明治三十六年十一月十三日所載
　（全集第壹卷　pp. 93～101）

37　**日本一の大問題**
　『日本一』大正五年二月所載
　（全集第壹卷　pp. 101～104）

38　**小笠原島（善後方法）**
　(n.d.)
　（全集第貳卷　pp. 168～175）

（c）地理学に関連する海外事情

39＊南洋時事□

丸善商社書店　明治二十年四月出版　四六判

〔序詩（英文）〕一〜二注1　〔序詩（諷詞）〕三〜七注2

自序一〜四　緒言一〜五　本文一〜百九十六　自跋一〜六　〔跋詩〕一〜二注3

〈早大図〉〈一橋図〉

（全集第参巻　pp. 1〜111）

注1, 2, 3：これらの用語は全集の目次より引用。

（内容）目次（全集より）

第一章　クサイ島の地勢
第二章　クサイ島土人の減少
第三章　南洋は多事なり
第四章　南方の好隣国
第五章　日本と豪洲との貿易
第六章　日本貿易家の参考にすべきものあり
第七章　豪洲夢物語
第八章　豪洲列國の合縦獨立せんとする一大傾向
　　　　（細目略）
第九章　豪洲の前途
第十章　新西蘭と日本
第十一章　ゴールドスミス氏の荒村感懐（"Deserted Village."）の詩を読みて感あり
第十二章　新西蘭の酋長ウキタコ氏との談話
第十三章　パナマ運河と南洋経済との関係
第十四章　フェジー島ランガム長老の話
第十五章　タンガローア神霊の夢物語
第十六章　サモア國王に謁するの記
第十七章　布哇國と日本
第十八章　布哇在留日本移民

39―A＊南洋時事　増補三版※注1

丸善商社書店　明治廿二年十月二日出版　四六判

本文一〜二百五　南洋時事附録自序〔1頁〕　南洋時事附録目次〔1頁〕　南洋時事附録本文一〜九十二　初版南洋時事諸新聞批評一〜二十三

〈一橋図〉

（「南洋時事附録」の部分は，全集第参巻　pp. 112〜157）

注1：『南洋時事』の本文の後に，「南洋時事附録」として付加されている。

（備考）　南洋時事附録自序

"予嘗て北海道，對馬，八丈島，瓦港（ヲンコク），印度，臺灣，ラングーンに関する所見を開陳したるありき。亦た是れ聊か心血の瀝ぐ處，而ゑて殖産通商若くハ外交ュ干係するものなれば，特ュこれを此處ュ登載し，以て南洋時事の附録となす。

　　明治廿二年六月　矧川生誌す。"

（内容）目次（全集より）

第Ⅴ章 志賀重昂（1863-1927）の地理学

第一章　北海道を如何に開拓して最も多く利益を見る可き乎
　　　　（細目略）
第二章　對馬島
第三章　近南洋紀行（八丈島致富策）
第四章　瓦島汽船航路と日本との關係
　　　　（細目略）
第五章　亞細亞大陸に於ける今後の一大新獨立國
　　　　（細目略）
第六章　臺灣論
第七章　支那外なる第二の上海

40　亞細亞大陸に於ける今後の一新大獨立國□注1
『日本人』明治廿二年五月十八日　第廿五號所載
　（全集第壹卷　pp. 196 ～ 200）
　注1：全集第參卷　南洋時事附錄（㊼39 —A）の第五章も同じ内容である。

41　亞細亞に於ける佛蘭西□
『日本人』明治二十三年九月十八日　第五十五號所載
　（全集第壹卷　pp. 208 ～ 237）

42　諸國物語
『日本人』明治二十年五月連載
　（全集第貳卷　pp. 139 ～ 149）

43　玖馬國富源邦人を待つ
『農業世界』　大正四年五月所載
　（全集第壹卷　pp. 311 ～ 317）

44　日本一の大不見識□
『日本一』大正五年六月所載
　（全集第壹卷　pp. 317 ～ 320）

45　世界に於ける日本人
『時事新報』大正五年十一月一日所載
　（全集第壹卷　pp. 320 ～ 326）

46　世界第一の我利々々亡者
『日本一』大正五年十一月一日所載
　（全集第壹卷　pp. 326 ～ 331）

47　無費用の海外發展補助機關設立の議□
『日本一』大正六年三月所載
　（全集第壹卷　pp. 331 ～ 338）

48　海外發展の根本精神□
『日本一』大正六年九月所載
　（全集第壹卷　pp. 338 ～ 341）

49　海外發展の不合格者
『日本一』大正七年三月所載
　（全集第壹卷　pp. 341 ～ 346）

50　世界に於ける日本人の配布
『日本一』大正七年八月所載
　（全集第壹卷　pp. 347 ～ 349）

51　大正八年の世界地圖―打破せらる可き世界地圖
『日本一』大正八年一月所載
　（全集第貳卷　　pp. 175 〜 184）

52　最近の國際事項一束
『日本一』大正十年七月所載
　（全集第壹卷　　pp. 354 〜 360）

53　日米理解の必須要件
『日本一』大正十年八月所載
　（全集第壹卷　　pp. 360 〜 365）

54　歐米列強の内情と日本の立場
『日本一』大正十年十一月所載
　（全集第壹卷　　pp. 365 〜 372）

55　最近世界各旅行の主意
『新三河』大正十三年十月十六日所載
　（全集第壹卷　　pp. 372 〜 379）

56　日本に最も知られざる方面
『三河日報』大正十四年八月二十五日連〔所の誤りか〕載
　（全集第壹卷　　pp. 379 〜 387）

57*　日本人の閑却してゐたアラビア地方
『波斯より土耳古まで』文明協會刊行
大正十五年八月十五日發行　四六判　第2章　p. 48 〜 71
〈一橋図〉

58　北米史の一節（日本開國の濫觴）
『續世界山水圖說』〔Ⓧ25〕所載
　（全集第貳卷　　pp. 125 〜 131）

59　南米史の一節（智利と日本）
『續世界山水圖說』〔Ⓧ25〕所載
　（全集第貳卷　　pp. 132 〜 138）

60　日本と墨西哥との歷史的關係
『續世界山水圖說』〔Ⓧ25〕所載
　（全集第貳卷　　pp. 118 〜 125）

61　大戰後の大金穴―猶太人の建國―
（n.d.）
　（全集第壹卷　　pp. 349 〜 354）

62　刻下の滿蒙
（n.d.）
　（全集第壹卷　　pp. 388 〜 397）

63　太平洋岸に於ける日本人[注1]
（n.d.）
　（全集第壹卷　　pp. 397 〜 400）
　注1：Ⓧ22 の p. 199 〜 203 にも收録。

64　米本土及布哇在留日本人の教育[注1]
（n.d.）
　（全集第壹卷　　pp. 400 〜 408）
　注1：Ⓧ22 の p. 204 〜 215 にも收録。

第Ⅴ章　志賀重昂（1863-1927）の地理学　177

65　歐洲戰時の加奈太[注1]
　（n.d.）

　　（全集第壹卷　pp. 409～410）
　　注1：㉒22のp. 216～218にも収録。

（d）その他（地理学に関連する）

66　間宮林藏東韃行一百年紀念
　『大阪毎日新聞』明治四十二年七月十一日所載
　（全集第貳卷　pp. 18～32）

67　眼前萬里□
　『東京日日新聞』明治四十三年十二月から約2カ月間連載[注1]
　（全集第四卷　pp. 195～268）
　　注1：第四卷の凡例から書誌的事項を引用する。

68　歐洲大戰の歷史地理[注1]　早大教授　志賀重昂
　『學術講演錄　第參輯』大日本文明協會　p. 40～49
　〈一橋図〉
　　注1：本書の凡例によると，会員へは無料頒布の旨が記してある。

69　祖宗の搖籃□
　『國民新聞』大正八年九月二十九日所載
　（全集第貳卷　pp. 62～66）

70　世界の奇觀□
　（n.d.）
　（全集第五卷　pp. 365～426）

71*　志賀重昂全集　第壹卷～第八卷
編纂兼發行者　志賀富士男
　志賀重昂全集刊行會　昭和三年二月～昭和四年三月　菊判
〈慶図〉〈筆者蔵〉
（内容）
第壹卷
　昭和三年七月二十日發行〔写真（肖像）〕〔1枚〕[注1]　本文1～420
　目次
　　經世治國篇　海外事情篇
　注1：「枚」は「頁」と同義に使用する。
第貳卷
　昭和三年九月二十五日發行〔写真〕〔1枚〕本文1～424
　目次
　　歷史地理篇　人文地理學講義　外國地理參考書
第參卷
　昭和二年十二月廿日發行〔写真（肖像）〕〔1枚〕本文1～468
　目次
　　南洋時事　南洋時事附錄　世界山水圖說　山水叢書河及湖澤
第四卷
　昭和三年五月三十日發行〔写真〕〔1枚〕本文1～418

目次
　　日本風景論　眼前萬里　地理學
第五卷
　昭和三年二月十日發行〔寫眞（肖像）〕〔1枚〕　本文1～426
　目次
　　大役小志（前半部）世界の奇觀
第六卷
　昭和三年三月廿五日發行〔寫眞〔1枚（2カット）〕注1　本文1～440
　目次
　　大役小志（後半部）續世界山水圖說
　　國民當代世界當代地理　知られざる國々
注1：1頁に2カットの寫眞がのっていることを示す。

第七卷
　昭和三年十一月二十五日發行〔寫眞（肖像）〕〔1枚〕　本文1～399
　目次
　　札幌在學日記（上）　講演集（上）
　　詩藻　序文集
第八卷
　昭和四年三月廿日發行　年譜〔1頁〕〔寫眞〕〔1枚（2カット）〕本文1～214　附錄
　目次
　　札幌在學日記（下）　講演集（下）　隨筆集　尺牘　諸家の追悼文　志賀重昻全集贊助員芳名錄（縣別，五十音順）
　　世界寫眞圖說（拔萃）　編纂後記

3．書誌的注解

　ここでは，前述の著作目錄の書誌的注解を『□』を付した單行書および論文について，順次に記す。
◎2　日本風景論，

　本書の成立をみると，雜誌『亞細亞』3(1)明治26年12月1日に，"日本風景論"，雜誌『日本人』16（明治27年7月）に風景論の一部を初出した。後，志賀は加筆し，挿繪・版畫等を付して初版を明治27年10月に刊行した。本書の内，山の案内の部分は，主として來朝の外人向きのガイド・ブック，*Handbook for Travellers in Central and Northern Japan*（英国公使館付書記官アーネスト・サトウと退役英国海軍士官ハウス共編，明治14〈1881〉年）を底本としている。[3]

　志賀の著書の特徴として，刷次（impression）が異なると，改・増訂が行われているものが，數多く見られるが，本書は徹底している。各版（edition）ごと

第Ⅴ章　志賀重昴（1863-1927）の地理学　179

に表紙を改め，内容も改・増訂しているのが，本書であり，古書蒐集家の注目
となっている．小林義正は次のように述べている．

　　ある本とは志賀重昴著「日本風景論」である．この書物がわが国の登山史
　　上に占める地位については，いまさらいうまでもないが，明治二十七年十
　　月に初版を発行して以来，重版につぐ重版，ついに十五版をかさね，のち
　　志賀重昴全集に収録されたが，毎回かならず増訂がほどこされ，かつ版毎
　　に表紙絵を変えたということも異例に属する．自分がこの本の異版に興味
　　を感じて…[4]

　また，本文中の挿画，コマ絵等にも，工夫がほどこされている．
　小島烏水は，㊅2―Hの「解説」で，『日本風景論』の初版から第14版まで
の出版年次を第5頁に記載している．ただし，烏水が出版年次としているのは，
印刷年月日であり，発行年月日ではない．筆者が作成した著作目録の出版事項
は各版の奥付の発行年月日をとった．このような，誤解は，恐らく，烏水が，
第15版（㊅2―F）の奥付をそのまま記載したことに起因したのであろう．
　初版（㊅2）の奥付をみると，
　　明治廿七年十月廿四日印刷
　　明治廿七年十月廿七日發行
　第15版の奥付をみると，
　　明治廿七年十月廿四日初版　印刷發行
　烏水の解説をみると，
　　明治廿七年十月廿四日初版
の如くであり，第15版の奥付そのものが，印刷日と発行日を混同している結
果であろう．
　『日本風景論』の異本の種類は，初版から第15版までと，全集第四巻および
文庫本の17種類で，これらすべてを，小林義正は蒐集し，その異版表紙を写

真で『山と書物』(築地書館　昭和32年)のなかに示している。

　初版から第14版までは，紙表紙であるが，第15版になって，はじめてクロース表紙になった。筆者が図書館で接した異版のあるものは，再製本の際，表紙，裏表紙等，原本の体裁を損なっているため，原本を正確に書誌的に再現することはできなかった。

　全集第四巻に収められているものは，凡例によると，"原著の體容を尊重し..."となっているが，第何版に基づいているのか判明しない。全集の本文の始まりは，"「江山洵美是吾郷」(大槻磐渓)と..."と記され，初版の本文の始まりは，"「江山洵美是吾郷」と..."であり，磐渓の名前が明記されるのは，第4版からで，この点から推測すると，初版をしめしているのではなさそうである。しかし，表紙画は，全集第四巻の凡例によると，"初版の装幀に據ったものである。"と記してあるとおり，初版の画を模している。

　文庫本は，「解説」(p.6)で，烏水は次のように述べている。

　　(前略)第十五版が，増訂を盡くした最後のものであるから，本文庫は，
　　それに依った。但し初版の表紙を挿畫として挿入して置いた。

　以上，『日本風景論』の書誌的注解を試みたが，筆者は異版全部に接することができなかったので，今後，好機をとらえて，完全な目録を作成してみたい。
㊉4　地理學，㊉9，㊉11，㊉11－A～D　地理學

　『地理學』は著作目録においても，既に気付かれたように複雑で，同じ『地理學』の書名でも，内容が異なる。したがって，筆者は目録において，これらを異本として区別した。その区別した理由およびそれらの異本の相互関係を調べてみた。

　『地理學』は図5-1のように3系列に大別できよう。

　(第1グループ)―㊉4

　㊉4は目次がないが，筆者が，本文の見出しより作成すると，

第Ⅴ章　志賀重昂（1863-1927）の地理学　181

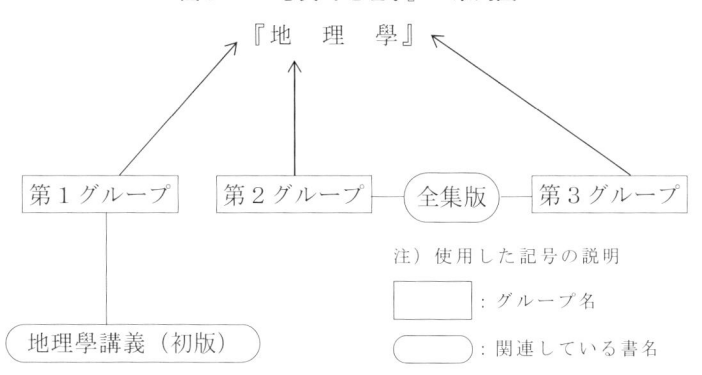

図5-1　志賀『地理學』の系列図

```
              『地 理 學』
            ↑     ↑     ↑
      ┌─────┐ ┌─────┐      ┌─────┐
      │第1グループ│ │第2グループ│─(全集版)─│第3グループ│
      └─────┘ └─────┘      └─────┘
           │          注）使用した記号の説明
      (地理學講義（初版))     [    ]：グループ名
                          (    )：関連している書名
```

（一）地理学とは何ぞや

（二）地理学の必要

（三）地理学の区分

　政治地理考究の方針

　　　（一）位置，（二）面積，（中略）（十四）余意

となる。

　㊂1の『地理學講義』（初版）を同様に文中の見出しより目次を作成すると次のようになる。

　地理学ノ必要

　地理学ノ区分

　政治地理研窮ノ方針

　　　位置　面積（以下略）

　亜細亜ノ地理研究ノ方針

　欧羅巴洲ノ地理研究ノ方針

　亜弗利加ノ地理研究ノ方針

　㊂4の出版年に関しては，確証はないが，『地理學』の内では，一番古く，また，㊂1は明治22年に出版されている点を考慮に入れて推測すると，㊂4は，㊂1『地理學講義』（初版）の流れのなかで，やや構成を簡略化したもの

と推量される。

（第2グループ）—⊗9

⊗9は著作目録に記した目次の如く，志賀の地理学のかなめの思想である。「日本地理考究の方針」が組みこまれている。⊗4とは，内容構成的に異なり，全集版に近い。参考までに全集版の「地理學」の目次を示すと，

  （一）地理學の定義
  （二）地理學の必要
  （三）日本地理考究の方針
　　　北日本と南日本
  （四）亞細亞地理考究の方針
  （五）支那地理考究の方針
  （六）亞弗利加洲，太洋洲，南北亞米利加地理考究の方針
  （七）餘意
  （八）地形と人文

である。

（⊗1のなかにも，部分的には，日本の地理学にふれている。たとえば，「政治地理研究ノ方針」のなかで，"日本國ノ氣候，地位，地勢ト人民ノ職業トノ關係ヲ論ジタル…"（p. 73）と記しているが，一章としては，まとまっていない。）

（第3グループ）—⊗11，11—A～D

このグループが，『地理學』の系列内では，よく知られているように思われる。国立国会図書館の蔵書目録によって調べてみても，このグループに属する『地理學』で，それは著作目録の⊗11—Cに相当するものである。

全集版にない，地勢・水・洋海と人文の関係を論じ，地人相関論を展開した部分が記載されており，志賀の地理学を知るよき手がかりとなっている。したがって全集版は，第3グループの『地理學』を省略して出来上がっているとも考えられる。また，地形と人文，地勢と人文，洋海と人文の3節は，全集版第

第Ⅴ章　志賀重昂（1863-1927）の地理学

貳卷「人文地理學講義」（㊅71）に組みこまれており，同じ見出しでも，若干の変化はあるが，内容的には，ほぼ同種である。

㊅12　太醇中の小醨

神保博士の「外國地名及人名書き方及稱へ方調査表」において，欠落している部分を志賀が指摘している。なお，神保博士とは，明治，大正時代の地質および鉱物学者，神保小虎のことである。

㊅15　ツイミ川（正稱ツーム・イ）

ツイミ川（Tym 北樺太第一の大河）の調査結果報告書で，所在，名称等について論じている。

㊅18　道しるべ

論文の冒頭に，"歴史地理研究の爲め旅行さるる人の爲め，聊か參考の一端にもと記す。"と述べている。構成は，1.日露の旧境界，2.『夫木集』選著の墓，3.いもぢいさん，4.小島蕉園，その他から成立している。

㊅22　世界山水圖說・㊅25　續世界山水圖說

㊅22の本文の始まりに，"君と共に世界の山水を指點せんとするに當り，先づ以て朝暉夕陰，自然の力が山水風景に反映する實際を畫きそれにより人の力（運輸交通）に說き及ぼすべきか。"（全集第參卷　p.159）という一文が記されており，志賀の地理的見聞の態度を表現している。

㊅22・㊅25両書ともに，地理案内書的色彩が強い。両書の関係を，全集第六卷の凡例では，"「續世界山水図説」は大正五年八月初版を出版し其年の十月倏ち四版を重ねたるもので，「世界山水圖説」が海外に於ける山水を叙せるに對し，これは日本内陸の山水を對照圖説したものである。"と述べている。

㊅28　知られざる國々

本書は，全集版を参考にして以下述べる。

全集第六卷の凡例によると，"著者最後の著書"としている。志賀が最初に世に問うた著述，『南洋時事』から三十余年経過し，再び晩年，世界旅行をした。その結果，書かれた著作の内の一冊である。『南洋時事』以来，世界各地

を実際に見聞し、"足跡世界に廿六萬マイル"(『東京朝日新聞』昭和2年4月7日）の集大成が本書といってよかろう。

㉚30　ヘヂン博士の言行

ヘヂン博士とはSven Hedin（1865-1952）で，スウェーデンの探検家・地理学者である。

彼が東京地学協会において，招待したときの様子を，文明の志士にたとえ，その言行を称賛している。

㉚34　日本生産略

論文の構成は次のとおりである。

1．緒論
2．日本の生活力を減殺する一大原因
3．瓦島汽船航路と日本との關係
4．明治廿二年度歳出豫算を擬定す

㉚36　水の經營

日本の将来を左右する問題として，海洋開拓は大問題であると主張している。現在，"水"という言葉は，工業用水，運河に結びつくがここでは異なる。

㉚37　日本一の大問題

日本の行くべき道は，満蒙朝鮮の大陸を生産地，日本内地を加工地，支那を市場とする三角法であるとし，海外発展を目標とする。

㉚39　南洋時事，㉚39－A　南洋時事　増補三版

著作目録の㉚39－Aの，「南洋時事附録自序」で志賀が記しているように，㉚39－Aは，㉚39で書かなかった部分について，後日，著述した書である。

その間の事情を，㉚39－Aの奥付でみると，

明治二十年四月　出版
　同　　年十月〔再版〕出版
同廿二年十月二日　増補三版出版

となっている。

したがって，2年半後の第三版より，附録の部分が，『南洋時事』の本文の後に付加されたことが判明する。

岩井の志賀重昂論[5]によると，附録の成立時期を，第三章は明治20年歳末の八丈島旅行の見聞記なので，21年初頭の作と考えている。筆者も㊟39－Aの第三章の終りに，"（本文中「本年」と記載せるは明治廿一年を指す。）"（㊟39－A p.40，全集第參卷 p.131）の一文より，岩井の見解に同意する。

附録の第四章は，章末に，"右一篇は明治廿年十月屬稿する處なり。"（同書p.53，全集には記載されていない。）と記されているので，この頃，完成したと思える。

附録の第五～七章は，岩井によると，[6]『日本人』に掲載された論文で，各々明治22年5月，6月，7月発表された順に排列されていると述べている。附録の第一，二章については，確証を得なかった。

㊟40　亞細亞大陸に於ける今後の一新大獨立國

「一新大獨立國」とは，インドをさし，その国の情勢を説明している。

㊟41　亞細亞に於ける佛蘭西

仏領インドシナの地利（農産物，鉱業等）の優位を説いている。

㊟44　日本一の大不見識

日本人の間に存する大不見識として，(1)海外といえば，直ちにうまい米の飯にありつけるという世界知らずの観念，(2)土地柄が経済上価値なしといえば，直ちにこれを無用とする観念（政治地理上重要であるにも拘らず）がある。「日本の南洋」開発の事実と併せ，参考にするようにとの志賀の警告文である。

㊟47　無費用の海外發展補助機關設立の議

論文の構成は次のとおりである。

1．同情に堪へぬ問答
2．最も容易なる問合
3．戰時海外行に關する問合
4．極めて簡單なる應答

5．海外行書翰封筒の書き認
  6．唯だ實行あるのみ
㊂48　海外發展の根本精神
論文の構成は次のとおりである。
  1．でもでもは海外發展に適せず
  2．何國が最も日本人を觀迎する乎
  3．海外在留同胞が世話して呉れるや
㊂55　最近世界各旅行の主意
論文の構成は次のとおりである。
  1．玖馬への渡航
  2．南阿弗利加へ渡航
  3．伯刺西爾溫帶三州の視察
  4．パグアイ國の視察（ママ）
  5．中部墨西哥の視察
㊂67　眼前萬里
本書は，全集第四卷の凡例によると，"（前略）再三その「新聞切拔」に朱を點じ短を補し，推敲を重ねたる草藁を原本として集成完輯したものである。"と著作の過程を志賀は書いている。
㊂69　祖宗の搖籃
東宮殿下の御書齋をどこに建てるかの最適地の檢討。
㊂70　世界の奇觀
旅行案内書的内容をもつが，このなかには，かなりユニークなタイトルがふくまれている。たとえば，「日本の伊太利」，「日本の和蘭」，「日本の米國」などがあげられる。
日本の各地を志賀が實際に旅行し，見聞してきた外国と比較し，たとえた節がある。「日本ライン」という語も，志賀が造語したもので，この著作のなかにも，「日本のラインと日本の瑞西」とする節がある。昭和35年には，木曽川

表5-1 『南洋時事』『地理學講義』『日本風景論』の出版需要状況比較

書　名	初版の発行 年　月 (A)	第4版の発行 年　月 (B)	(B－A)／4
南洋時事	明治20年4月	明治24年2月	11.4ヵ月
地理學講義	明治22年8月	明治23年6月	2.5ヵ月
日本風景論	明治27年10月	明治28年5月	1.75ヵ月

沿いの不老公園内に，志賀への感謝の意を賞して，「日本ライン記念碑」が建てられた。

この節の最後に，志賀の著作の内，彼の三大ベスト・セラー，『南洋時事』，『地理學講義』，『日本風景論』の出版状況を比較し，彼の著作が，いかに当時の読者に読まれたかをみてみる。各著作共，初版から第4版までに限定し，比較した。その結果が表5-1である。

したがって，『南洋時事』は初版を売りつくすのに，約1ヵ年間を要し，『地理學講義』は約2.5ヵ月，『日本風景論』は2ヵ月を要したことが判る。

4．地理学専門誌における反響

志賀重昂がわが国の地理学界にいかなる反響をおよぼしたかを，当時の地理学専門誌を調査し，列記した。

A．収録の範囲

1）調査期間

　　明治22（1889）年から昭和2（1927）年（没年）まで。

2）対象となった専門誌

　　（誌名）　　　　　（発行機関名）
　　『地學雜誌』　　　東京地學協會
　　『地質學雜誌』　　日本地質學會
　　『歷史と地理』　　史學地理學同好會〔京大〕

『歴史及地理』　　東京史學協會

『歴史地理』　　日本歴史地理学研究會（後，日本歴史地理學會に改名）

『地理學評論』　　日本地理學會

以上6誌を調査した。

B．記載方法

本章第2節の著作目録の2）論文の記述の項に準ずる。

なお，文献番号は，「著作目録」より，引き続いている。

専門誌における反響の目録

72　志賀氏地理學講義[注1]

『地學雜誌』　第1輯第10號　明治22年10月25日發行　p. 504～505〔通輯頁〕

注1：書評者名明記されてなく不明。

73　矧川志賀君の日本風景論を讀む[注1]　山上萬次郎

『地學雜誌』　第6輯第71號　明治27年11月25日發行　p. 643～645〔通輯頁〕

注1：この書評はⓐ2—Aに引用されている「注1」の文と同一。

74　志賀重昂先生の日本風景論を讀む[注1]　﨑南生[注2]　謹評

『地學雜誌』第6輯第71號　明治27年11月25日發行　p. 649～651〔通輯頁〕

注1：この書評はⓐ2—Aに引用されている「注1」の文と同一。

注2：「﨑南生」とは，『日本風景論』の注解によると，地学専攻の理学博士，巨智部忠承のことを示す。

75　日本風景論を評す[注1]　小川琢治

『地質學雜誌』第2卷第17號　明治28年　p. 190～193〔通卷頁〕

注1：この書評はⓐ2—Cに引用されている「注1」の文と同一。

76　志賀重昂君を弔す　山崎直方

『地理學評論』第3卷第5號　昭和2年5月1日發行　p. 69～72

（全集第八卷　pp. 225～227）

77　志賀重昂氏を偲ぶ[注1]

『地學雜誌』　第39年第460號　昭和2年6月15日發行　p. 57～58

注1：筆者不明。

第Ⅴ章　志賀重昂（1863-1927）の地理学

次に地理學専門誌ではないが，『日本風景論』（㊟2－B）に引用され，掲載されている書評を例外として付記する。

78　**日本風景論**〔書評〕[注1]　　　　　p. 132～134
『帝國文學』第1號　明治28年發行　　　注1：筆者不明。

前掲の専門誌における反響の目録中の論文数と，2.の「著作目録」中で，地理学専門誌に掲載された論文数を各誌別に併せた結果が表5-2である。

専門誌の性格をみると，『地學雜誌』，『地質學雜誌』は，理科系の地質学（地理学の一部を含む）関係の雑誌である。それは，地質学的地理学ともいえる雑誌である。

表5-2　専門誌における反響の論文数及び発表論文数の比較

誌　名	反響の論文数	志賀の発表論文数	刊行開始年（廃刊年）
地　學　雜　誌	4	7	明治22年――
地　質　學　雜　誌	1	0	明治26年――
歴　史　と　地　理	0	0	大正6年～昭和9年
歴　史　及　地　理	0	0	大正6年5月〜大正6年11月
歴　史　地　理	0	4	明治32年～昭和18年
地　理　學　評　論	1	0	大正14年――

一方，『歴史と地理』，『歴史及地理』，『歴史地理』は，史学関係者によって発刊された雑誌である。それは歴史的地理学ともいえる雑誌であり，地質学的雑誌とは，対照的性格をもっていた。

志賀は，この両領域の雑誌に，関係し，やや地質学系統の分野に多く，反響

があったようである。

　しかし，これら5誌は厳密に分類するならば，地理学専門の発表誌とは，いい難い面もあるが，『地理學評論』は地理学分野の専門雑誌といえよう。ただし，発刊年が大正末なので志賀の活躍していた時期とタイム・ラグがあったりして，掲載論文は追悼文一篇だけである。

　志賀の地理学分野への影響を知るのに，石橋五郎の「我國地理學界の囘顧」（『地理論叢』第八輯　昭和11年　p. 1～23）があげられる。石橋は，この論文のなかで，

　　「日本風景論」「地人論」[7] ともに自分の如きも之によりて大いに地理的興味を鼓吹せられ，自分が地理學を専攻するに至った一因ともなったものであって…[8]

とのべている。

5．志賀の地理学（1）

　志賀の地理学のフレーム・ワークを，彼の地理学観が十二分に表明されている『地理學』（ここでは，全集版 ⊗71）を中心に，彼の言葉に従って，体系化を試みる。

A．地理学の定義および研究方法

　地理学の定義について，志賀は，"地理學は地球に關せる萬般の現象を考察する學問なり。"（全集第四巻　p. 269）と，『地理學』の冒頭でことわっている。そして，"所謂地理學にして未だ獨立獨歩せる一個の學問にあらずとせば，之れを大成して眞誠の學問と化醇せしむるは吾人後進者の任にあり，幼稚なる代りには亦た今後大いに發達するの餘地あるものあり"（同書　p. 269）とし，"凡そ地を離れて人無く，人を離れて事無し，地理學の考究は實に百般學問中の最も緊要なるものと知るべし。"（同書　p. 270）という表現をしている。これらの

3つの表現は，志賀の地理学観をよくあらわしている。
　また，研究にあたっては，

> 地理学を研究するにあたっては，第一に誰にでも分るやうに注意し，(中略)小學校の初歩の子供にでも分るやうにすると云ふことが必要である。(同書　p.290)
> 第二に忘れないやようにすること。(同書　p.290)
> 第三には此までのやうに器械的に山川，都邑，物産，宗教，人情などを羅列するでなく，道理に訴へて道理上斯である斯くなければならぬと云ふやうに思考力を回らし，此力によりて記憶し，判別するように致さなければならぬ。(同書　p.290, 傍点筆者)

と述べている。
　第一，二の点は，山崎直方博士，石橋五郎博士が志賀の地理学に対し，「地理學の民衆化であり興味化」，または，「民衆本位の地理」と評していることに関連している態度であろう。[9]
　第三の「道理」という語を使用している点は，単なる「国盡風のもの」から脱皮しようとする彼の姿勢がみられる。

B．問題意識

　本書の(七)「餘意」(同書　pp.347～355)は，僅か8ページ余りであるが，彼の地理学に対する問題意識を知るには，適当な資料であるので引用してみよう。

> (一) 山何に因りて峙つ，川何に因りて駛る，(中略) 之れを探討し且つ其の結果を推究する是れ地理學の一本領たり，
> (二) 邦國の境界面積何に因りて今日の狀をなす，人口何に因りて疎たり密たる (中略) 之れを稽査し且つ其の結果を察知する是れ地理學の一本領

たり，而かも世の所謂「地理學」なるもの此所に出でず。亳も・事・實・と・事・實・との間を聯せる脈々の關係を説明せず，單に百多の事實を雜陳し，乾燥なる材料を羅列し，以て少壯年の徒に授け些も之れが腦裡を開發するの途に就かず。(同書　p. 347)

特に當今の急務は日本国民の能ふ丈け多數をして『・世・界・に・於・け・る・日・本・國・の・位・置・如・何』を悟了せしむるに在り。而して之れを明らかに悟了せしむるは先づ地理學の考究に在りとす。(同書　p. 347，傍点筆者)

以上の文章に，彼の地理的条件および現象を調査・研究し，その因果関係を知ろうとする，科学的思考がみられよう。先に述べた，「地と人」の関係と，この（一），（二）の表現をあわせて考慮すると，社会構造を地理的条件の反映とし，地理的形態は社会構造に即応して形づくられていることをしめし，自然（地理）と人間との影響の相互関係を志賀が論じようとする意図があったことが推測される。

次に，彼の地理学に対する意識の特徴として，日本の現状および今後の進路を世界的背景において考察しようとしたことをあげなければならない。このことは先の"餘意"中の，"世界に於ける日本國の位置如何"という文章にも明らかであり，また，彼の地理学論文に国策的見解が多数述べられていることからも立証しうる。これに関連し，彼の地理学は政治地理学的傾向の濃厚な学問であったといえよう。[10]

民族と国家の関係においては，地理上の関係と民族または人種の特性が二大原因となるとし，"世界の變遷は人と地との相互の働きたる力の結果である。"(同書　p. 352)と述べている。

C. 性　格

志賀に対する思想史の方面からの研究は，すぐれた論文が多数あるが，地理学に対する研究は，戦後はあまりなされていない。彼の地理学の定義・研究方法・意識は上述の如くであるが，地理学全体について次に論じてみよう。

山崎直方博士は,「志賀重昂君を弔す」(㊂76) 中で,"極めて嚴格に云へば志賀君の此等の著は前者〔筆者注：小藤博士の「地文學講義」,矢津昌永の『日本地文學』〕ほどには科學的ではなかった。又其後の研究を恐らくは純科學的ではなかったかの如く見える,然しながら君の學界に於ける偉大なる功績は實に地理學の民衆化であり國民化であったのである。"(㊂76 p. 70,全集第八卷 p. 225) と述べている。

ここで山崎博士がいう"科學的"という意味は,よく筆者には理解できないが,一体,小藤,矢津の著作が科学的であり,志賀がそれ程"科学的"でなかったという見解には,大いに反論の余地がある。志賀の地理学の著作は,彼自身が,実際に経験・体験し,現地を踏破した結果に基づく記述であり,したがってそのための制約もあろうが,単なる机上の知識ではないことは明らかである。地理学において,"科学的"であるとはどういうことか,また,それが社会現象をいかに解明しているかを問いただすための,一素材としても,志賀の地理学は重要な意味を内在していると筆者は考える。

山崎博士の言葉の後半については同感である。志賀の問題意識を論じたところで述べたとおり,彼自身は,地理学の社会化（民衆化）の指向を目ざしていた。彼は実践的性格を常にもっていて,その思考の根底には,"日本民族・日本国家"ということがあり,日本の国家的発展に密接に結びつけていた。（この点でも,政治地理学ないし地政学の傾向が濃厚である。）これは,"海外"へ国民の眼を向けさせることに関連し,"海外発展"ないし,"殖民論"へ関係する。

彼の処女作『南洋時事』において,すでにハワイへの海外移住について次のように述べている。

　　然レバ人アリ若シ布哇ニ移住民ヲ遣出スルノ利害ヲ諮フ者アレバ予輩ハ左ノ數件ヲ以テ其利益アルヲ奬説セントス。(㊂39 p. 187,全集第參卷 p. 99)

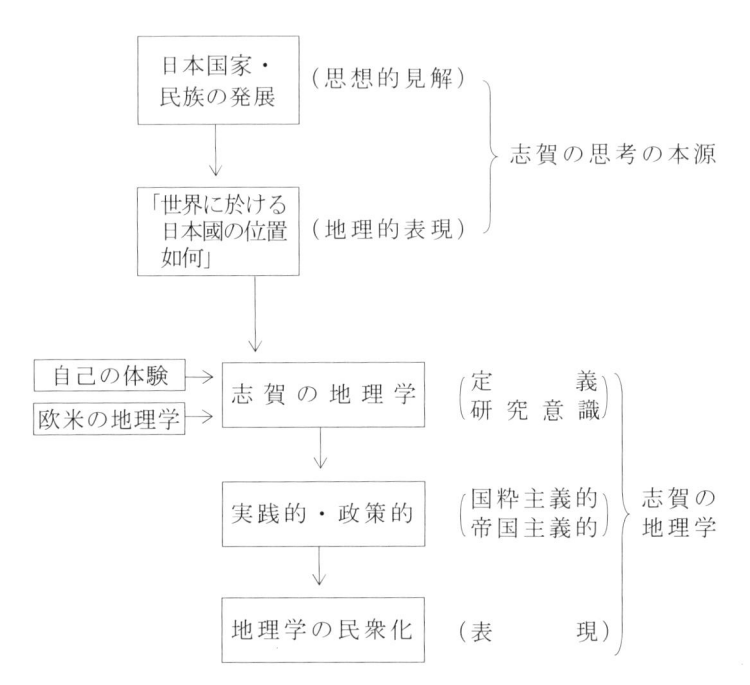

図5-2 志賀の地理学の図式

```
    ┌──────────┐
    │日本国家・  │（思想的見解）┐
    │民族の発展 │              │
    └────┬─────┘              │
         ↓                     ├─志賀の思考の本源
   ┌──────────┐                │
   │「世界に於ける│              │
   │ 日本國の位置│（地理的表現）┘
   │  如何」    │
   └────┬─────┘
        ↓
┌──────┐→┌──────────┐（定　　　義）┐
│自己の体験│  │志賀の地理学│（研究意識）  │
├──────┤→└────┬─────┘              │
│欧米の地理学│    ↓                      │
└──────┘  ┌──────────┐（国粋主義的）│志賀の
          │実践的・政策的│（帝国主義的）├地理学
          └────┬─────┘              │
                ↓                      │
          ┌──────────┐                │
          │地理学の民衆化│（表　　現）  ┘
          └──────────┘
```

　さらに，この海外政策も，その基礎には，日本の地理的条件を前提にした思考がなされている。(この点に関しては，次節6.中の『知られざる國々』の項を参照)。

　志賀は"日本の地理学"を論じ，その方法論，内容においては，素朴で粗雑な面もあるが，明治時代，欧米から輸入された地理学を摂取醇化し，"日本の地理学"を述べた点では，論じるに値する。志賀の地理学は，日本地理学が，一度は通過せねばならないステップである。この節の最後に，志賀の地理学を図5-2に筆者なりに，図式化してみた。

6．志賀の地理学（2）

　ここでは，志賀の地理学観をよりくわしく，主著の解題の体裁をとって述べ

てみよう。

A．『地理學』

内容の紹介は，前章の志賀の地理学（1）でとりあげたので，ここでは略す。

われわれは，日常生活で，"裏日本""表日本"という言葉を使用しているが，これらの語を，いつ頃から使い始めたかという点について，千葉は次のようにのべている。

> 「裏日本」などという存在は，明らかに明治以前にはなかった概念なのですが，（中略）明治三十年代には，もう，この言葉がかなり一般的に使用されていたことは，一九〇六年〔筆者注：明治三十九年〕に出た山崎直方・佐藤伝蔵両氏共著の「大日本地誌」第五巻の北陸地方の総論第一行にこの地方を「裏日本の海岸」と規定しているので明らかです。[11]

志賀は，『地理學講義』（㊓1），『日本風景論』（㊓2），『地理学』（㊓9，11，11―A～D，全集版）においても，「日本海岸の日本と太平洋岸の日本」の概念を論じ区別しているが，どこで「裏日本」「表日本」の用語を著作のなかで使用し始めているかを，探索してみた。

『地理學』の系列の，㊓11―A，つまり，明治37年度講義録の，（十）地勢と人文の節で，"日本國の中央を横斷する大山系に因り，日本國を太平洋岸の日本（表日本）と，日本海岸の日本（裏日本）とに劃別（後略）"（p. 385）と述べている。

志賀が，ここで，はっきりとこれらの用語を使用している。おそらく，これは講義録なので，講義中は，これ以前にも口頭で使用していた可能性があったのではないかと思われる。山崎，佐藤以前に，志賀が使用していたことは明らかである。

『地理學』がタイム・シリーズで，明治30，34，36～39，41年とそろっているので，推測しやすいが，ほかの著作の単行書，『地理教科書本邦篇』（㊓

13) のなかにも使用されていて，目次の見出しに，「第四章　日本帝國人文誌　第六節　表日本と裏日本」と記している（㊁13，p. 72～76 で説明，記述している）。このことより，明治 37 年には，完全にこれらの語を活用していることが立証できる。

㊁11―A 以後，出版された『地理學』では，当然，これらの語は使用されているが，他書でも，この「日本海岸の日本，太平洋岸の日本」を紹介するときには，「裏日本」「表日本」の語を使用している書物もある。たとえば，全集版「人文地理學講義」（㊁71）の p. 238 等で使用している。

志賀が，これらの語を日本で最初に造語したかどうか，また，江戸時代にも，これらの語が存在していたかどうかは，今後の研究調査を待つ（本書第Ⅲ章 4．㊁12 の解説を参照）。

B．『日本風景論』

本書の出版された当時の時代背景をみると，

明治 27 年 4 月

　　ロンドンにおいて，条約改正交渉を開始。

明治 27 年 7 月

　　日英通商航海条約調印。日本軍，朝鮮王宮を占領。

明治 27 年 8 月

　　清国に宣戦布告（日清戦争）。

明治 28 年 4 月

　　日清講和条約調印，三国干渉。

日清戦争，勝利，さらに三国干渉による条約の威圧的変更は，国民の関心を，以前の反政府運動から，国威発揚に向けた。"日本のナショナリティの根拠を日本の自然に求める発想は，当時の近代派のなかに自然発生的にあったのだ。"[12) と松田によって述べられているように，この自然的な発想を，地理学者の資格で基礎づけたのが，志賀であった。

志賀の著作は多数あるが，この内一番よく知られているのが本書であろう。

事実，かつて，『時事新報』で古今の愛読書百種を募られたとき，その答は，明治年間の書籍として，福沢の著書の外には，本書が答えられたと述べられている。[13]

本書の構成については，先掲の著作目録の目次をみられたい。内容を概括すると，先づ日本の江山の洵美なる理由として，

　　日本風景の瀟洒，美，跌宕なる所此の如く，其の此の如きある抑々故あり，曰く，
　　一．日本には氣候，海流の多變多様なる事
　　二．日本には水蒸氣の多量なる事
　　三．日本には火山岩の多々なる事
　　四．日本には流水の浸蝕激烈なる事
　　　（全集第四巻　p.9）

をあげ，日本の風景の基調を，上記の4点に凝縮してその原因を求め，さらに，各項について詳述している。また，志賀の得意とする「日本海岸の日本と太平洋岸の日本」の相違を述べている。

彼の根底には，先に考察したように，常に「世界に於ける日本國の位置如何」という思考が存在していた。『日本風景論』においても絶えず欧米諸国との対比で日本の特殊性，美しさが強調される。たとえば，日本の火山についての文章を引用してみよう。

　　英吉利や，國土の美なる誠に此の如きものあらん，而かも竟に一活火山の在るなきを如何，活火山の在るなき猶ほ可，其の火山岩の一大山だに在るなきを如何，（中略）日本は，ラボックの英吉利に艶説する所を悉く網羅し盡くして，之れに加ふに天地間の「大」者たる火山の致る處に普遍するを看る。（同書　pp.86～87）

彼は古今の詩文，和歌，自作の漢詩を駆使し，本書は紀行文学としても，志賀の特色を十二分に発揮した独特の文学となっていることがアカデミックな地理学書をこえて，広く読者を得たといえよう。本書には，随所に日本の名山の案内をかねるように工夫され，版画・挿絵等も多数あり，特に，登山に関する第四章付録の「登山の氣風を興作すべし」という一文は，在来の信仰としての登山から脱却した近代登山を若者達にアピールし，彼等の冒険心を刺激した。『日本風景論』が日本登山史上の古典といわれる所以である。この功績により明治44年6月"日本アルプスの父"と称されるウエストンに次いで，日本山岳会は志賀を2人目の名誉会員に推した。

　志賀の『日本風景論』の影響を受けた書物として，小島烏水の『日本山水論』(明治38年) があげられる。烏水は，"〔明治〕三十年代に出た紀行文集のすぐれたものは殆ど小島烏水の著作といっても過言でなく…"[14]といわれる位，すぐれた紀行文学者であり，かつ登山家でもあった。志賀の『日本風景論』(岩波文庫⑧2－H) の「解説」を書いたのも彼である。

　次に，内容を地理学的視点からみると，"景観"をいかに，当時，志賀が把握していたかを知る必要がある。これ以前には，名所図絵的に風景をみて，まともに，風景が知識人の興味の対象となったことは少ないといえよう。志賀は，国民が国土の美しさに対して無意識でいたとき，わが国の風光の美を謳い上げつつ，国土と周囲の景観との統一的な地理学的解明をなしたのである。従来の日本三景のような古典的歌枕的風景美は一掃された観がある。

　しかし，本質的には志賀は，古い美意識から脱却できず，新旧の両要素が混在している。この点がまさに『日本風景論』をベスト・セラーにしたゆえんである。

　本書に対して，地理学者小川琢治，[15] 巨智部忠承[16] 等の批評があったことを付記しておく。

C. 『知られざる國々』

　志賀は『南洋時事』では，南洋諸島へ国民の関心を向けさせ，さらに彼は

『知られざる國々』ではアラビア方面に国民の眼を開かせようとする。後書は彼の地理学の最後の書で，その地理学の集積であり，帰結となった。

現在では，石油資源問題等でアラビア半島の諸国に関する知識を多少なりとももつようになったが，大正時代，その地域に日本人の眼を向けさせたという点においても高く評価すべき書である。

志賀は本章の著作目録のなかに，海外への進出に関する論文が多数みうけられることからも明らかなように，彼の思想全体から論ずると，生涯を貫いて，日本の海外発展ないし殖民論の思想を抱いていた。『南洋時事』『知られざる國々』との対比で，その思想を考えると，次の如くなろう。

『南洋時事』　日本の国力があまり自信のない時期

　　　　　（海外への見方）国粋主義（消極的）

『知られざる國々』　日本の国力が自信のある時期

　　　　　（海外への見方）帝国主義（積極的）

つまり，海外発展ないし殖民論を実行する日本の国力と政策のバランス関係で，初期は国粋的，晩期は帝国主義的に，志賀は思想を変換した。

本書の第一～二章の地理学的問題設定は，まさに，彼のこうした晩期の思想の表明である。また，第三章以降も，同じ視点から観察している。

D．『南洋時事』

志賀が最初に世に問うた著書が，『南洋時事』であり，志賀25歳の時の著作である。

明治18年4月15日，朝鮮海峡にある巨文島を，英国海軍が占領するという事件がおきた。その時，志賀は軍艦筑波に便乗して対馬に渡り，密かに状況を視察した。この時の経験から生じた対馬防備の意見は，後年，同島の軍事上の設備を構築する際，軍に寄与するところがあったといわれている。㊟39―Aの第二章はこの際の意見の一端である。

明治19年2月，再び，軍艦筑波に便乗して，約10カ月にわたる南洋巡航についた。そのコースは，クサイ島→豪州→ニュージーランド→フィジー→サモ

ア→ハワイである。この南洋諸島巡航の旅は、彼の生涯をきめた。若き志賀は、イギリスをはじめとする先進欧米諸国の残忍な帝国主義的侵略をまのあたりにみて、激動する世界のなかで、小国日本の独立をどうしたら維持できるかという危機感を抱いたのであった。

この危機感が徳富蘇峰らの、当時の西欧民主の国々を理想化し、美化する幻想をもっていた西欧派[17]に対立し、国粋派[18]を定立させた。

志賀が日本に帰着した時期は、まさに条約改正をめぐっての議論がたたかわされていた時期であった。彼は、南洋巡航の見聞に基づき、2週間という短時間で一気に書上げたのが、『南洋時事』であり、この書物における、彼の「国粋保存旨義」の思想が、一躍、志賀の名を高らしめたのである。

本書を著する意図を、志賀は次のごとく述べている。

（前略）我國在來ノ書籍ヲ閲スニ歐米兩國ニ關スル者甚ダ多シト雖モ、南洋ノ時事ヲ記載スルハ特ニ尠シトス。尋常ノ地理書、歴史書等ニモ亦コレヲ擧グル纔カニ二三葉ニ過ギズ。（⊗39　緒言　p. 4　全集第参卷　緒言　p. 3）

本書の主題は、(1)欧米先進国の列強による南洋分割の威嚇、(2)日本の南洋方面に対する進出の可能性と必要性である。本書には、彼の思想体系の原型ともいうべき、"国粋"の思想が打出され、先の主題を貫通している。そして、彼の思想の枠組を構成しているものは、彼の地理学であり、世界⟷日本の関係を地理的諸条件のなかから観察する方法である。

『南洋時事』は、先述したように、南洋方面について、日本人はほとんど関心がなかった当時に、その方面の知識を与え、南洋政策を説き、日本民族の"国粋"思想を成立させた。日本民族の意識を昂揚させて、海外発展を鼓舞した書として、時代的意義は大きい。また、思想史的にも重要な書物で、現在でもとりあげるに値しよう。

注）
1）岩根保重 1934. 徳川時代に於ける外国地理関係著訳の概観並に資料. 地理論叢 第4輯：pp. 81-85.
2）石田龍次郎 1965. 日本の地理学—その発達と性格についての小論—. 地理 Vol.10, No.1：p. 44.
3）後年，チェンバレンとメーソンが第3版から編集を交替し，内容に改訂を加え，改題し，*Murray's Handbook for Travellers in Japan* として出版された.
4）小林義正 1957.『山と書物』築地書館，p. 153
5）岩井忠熊 1960. 志賀重昂論（上）. 立命館文学 No.186：p. 20.
6）*Ibid.*, p. 20.
7）内村鑑三の著作．最初は『地理學考』（明治27年）として出版され，後年，改題され，『地人論』（明治30年）となる．
8）石橋五郎 1936. 我国地理学の回顧. 地理論叢第8輯：p. 4.
9）山崎直方 1927. 志賀重昂君を弔す. 地理学評論 Vol.3, No.5：p. 71.
　　石橋, *op. cit.*, p. 4.
10）長尾正憲 1937. 志賀重昂と地理学. 地理学 Vol.5, No.4：p. 178.
11）千葉徳爾 1964. いわゆる「裏日本」の形成について—歴史地理試論—. 歴史地理学紀要 No. 6：p. 165.
12）松田道雄 1962. 志賀重昂『日本風景論』桑原武夫編『日本の名著—近代の思想』p. 43. 中央公論社.
13）志賀重昂 1937.『日本風景論』（小島烏水解説）岩波書店，pp. 3-4.
14）岡野他家夫 1959.『日本出版文化史』春歩堂，p. 192.
15）小川琢治は ㊂75 で，『日本風景論』中の日本島嶼を成している岩石の志賀の見解に対し，地質学的立場より批判を行っている．
16）巨智部忠承は ㊂74 で，地質学的立場より，小川と同様に批判を行っている．
17）「西欧派」とは，徳富蘇峰が中心となり，民友社を率い，雑誌『國民之友』によって，平民的欧化主義を主張したグループ．
18）「国粋派」とは，三宅雪嶺，志賀重昂等が中心となり，政教社を成立し，雑誌『日本人』によって，国粋保有主義を主張したグループ．

第Ⅵ章　J.M.D.メイクルジョン(1830-1902)著『比較新地理学』に関する一考察　——明治地理学史の一節——

1．はじめに

　日本の近代地理学史を論議する際，わが国で刊行された地理学書が依拠した外国文献——種本（原本）——のルーツがしばしば問題となる。昭和期に上梓された書物の場合，その著者あるいはその人物が属する研究グループの同人からの伝聞でルーツを確定することは，可能となる場合が多い。しかし，明治期に刊行された書物の場合，序文あるいは本文に依拠した原書名が明記されていないケースでは，種本を確定することはほとんど不可能である。このような場合，論議は，"多分，本書は，欧米の地理学書を翻訳ないしは参考にして書かれたのであろう。"という位の言葉ですまされるので，学史研究は，この段階でストップしてしまう。種本探しの追求は，これ以上，あまり行われていないのが現状であるように思われる。

　前記のような状況を考慮し，筆者は，今回，書誌学的アプローチを活用して，日本におけるアカデミック地理学[1]が成立する以前，ある英国地理学者の著作がわが国における数種の地理学書を通じて，導入されていった過程を解明した。このことによって，英国地理思想の日本への影響に関する分析へのひとつの素材を提供することを試みた。

2．志賀重昂著『地理学講義』と Meiklejohn

　志賀重昂（1863-1927）の地理思想を研究する上で，彼の最も重要な著書のひとつは，啓蒙的な地理学書，『地理学講義』（初版　1889 年）（図6-1）である。本書について筆者は，すでに言及しているので（Minamoto　1984），ここでは，

第Ⅵ章　メイクルジョン (1830-1902) 著『比較新地理学』... 203

図6-1 『地理学講義』(初版) の表題紙　　図6-2 『地理学講義』(訂正五版) の表題紙

（筆者蔵）　　　　　　　　　　　　　（国立国会図書館所蔵）

本章のテーマに関連する限りで解説を最小限度で行う。

初めに，本書の出版状況を知るために簡単に書誌的事項から述べてみよう。

初版　1889年8月1日出版　88頁

再版　1890年1月20日出版*

3版　1890年4月7日出版*

4版　1890年6月10日出版*

訂正5版　1892年10月1日出版　120頁 (図6-2)

訂正6版　1894年6月28日出版　150頁

増訂11版　1901年11月20日出版　154頁

訂正増補14版　1907年4月20日出版　187頁

(*の付された版次の図書について，筆者は探索を試みた。しかし，見出すことは

不可能であった。それらの書物の刊行年月日は，訂正5版の奥付による。）

　本書の発行部数は，1889年に刊行されて以来3ヵ年間で5千部にも達した。[2]『南洋時事』(1887年),『日本風景論』(1894年) とともに彼の著作の3大ベストセラーとなった。

　筆者は，本書の［第］2版から［第］4版までを見ることが不可能であったので，初版と訂正5版との比較考証を試みた。訂正5版は，初版に比べると，著書の総頁数の増加（約30頁）が示しているように，内容にも増訂が加えられている。大きな相違点のひとつは，「地理学ノ研究ニ必須ナル其他ノ要件」（志賀　1892：92-112)[3] と題する節を設けたことである。彼はその節で次のように述べている。

　　博士メイクルジョン氏（英国聖アンドリュー大学教授及龍動及エヂンボロ地学協会名誉会員）近ク「比較的新地理学」ナルモノヲ著ハス。之レヲ閲ミスニ，地理学ヲ研究シ且ツ之レヲ教授スルニハ須ラク比較法ニ依ラザルベカラズトテ，全篇悉ク比較的ノ方針ヲ執レリ。予モ亦タ地理学中一部ノ研究ニ就キテハ此レト同意見ヲ懐抱シタレドモ，メ氏ハ徹頭徹尾比較法ニ依ル者ニシテ，其ノ書中ノ識見ノ如キハ取ルベキモノ殊ニ尠シトセズ。
　　（志賀　1892：pp. 92-93）

　さらに，志賀は，上記の文章に続けてメイクルジョン氏の比較法の事例および志賀がこの比較法を日本の地理事象へ応用した事例を記している。この「比較法」の応用例は，本章 第4節 1）で考察するように，志賀の地理学中において重要な意味を有している。筆者は，前述の比較法の導入について，志賀に影響を与えた思われるメイクルジョン氏とメイクルジョン氏の著書に大いに関心をもった。調査の結果，著者は John Miller Dow Meiklejohn (1836-1902) であり，著書は *A new geography on the comparative method with maps and diagrams*（図6-3）であることを解明した。奇しくも，原書の初版刊行年は，

志賀著『地理学講義』(初版)の出版年と同じ，1889年である。志賀が，自著を改訂して，A new geography...の一部を翻訳し，比較法を紹介したのは，MeiklejohnがA new geography...を発刊して僅か3ヵ年後であった。

3．A New Geography...について

わが国において，Meiklejohn著A new geography...が紹介され，流布されていく過程を考察する前に，MeiklejohnおよびA new geography...の概要について触れておこう。

日本地理学史の研究分野においては，Meiklejohnおよび彼の著作についての研究は，全くなされていないといっても過言でないであろう。彼の伝記的事項を，Dictionary of National Biography (以下，DNBと略す。Lee (1912))を活用して述べてみよう。彼は"教科書の著者"として，地理学はもとより諸分野で活躍していたことが報告されている。さらに，DNBの記事中では次のようにも述べられている。

> 1876年，Dr.Bell評議会の委員達は，セント・アンドリュース大学に教育の理論，歴史および実践に関する講座を設置することを決定し，Meiklejohnが最初の教授に指名された。当時，教育について国家的システムが徹底的に再編なされている時期で，Meiklejohnは，着任後直ちに教育上の見解に多大な影響を及ぼした。(Lee 1912：p.601)

前述のように，彼は，教育者としても活躍し，著名な人物であっことがわかる。A new geography...の裏広告に掲載されている文章から調べてみると，本書の広告用に使用されている書評のひとつは，"Meiklejohn教授が地理学において実行したことは，J.R.Green氏が英国史でなしたことと同様であった。(後略)" [from] The English Teacher. (Meiklejohn 1890：fourth page of advertisement at the end of the book)と記している。このように，教育専門誌

図6-3　The title page of *A new geography*, Rev. and corr. 5th ed.

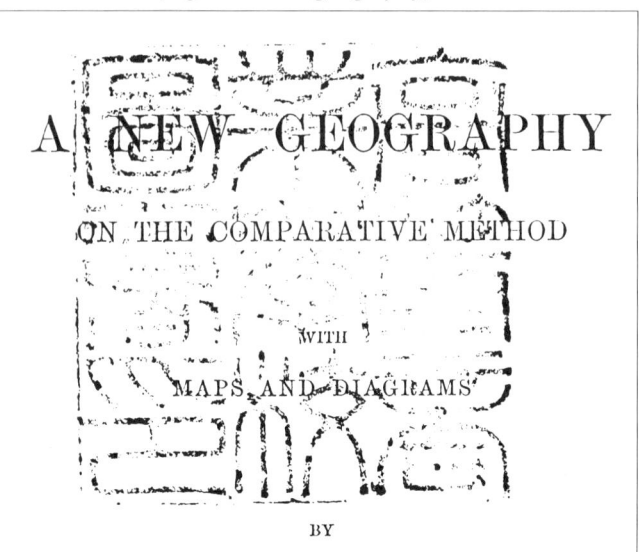

A NEW GEOGRAPHY

ON THE COMPARATIVE METHOD

WITH MAPS AND DIAGRAMS

BY

J. M. D. MEIKLEJOHN, M.A.

PROFESSOR OF THE THEORY, HISTORY, AND PRACTICE OF EDUCATION IN THE
UNIVERSITY OF ST. ANDREWS, FELLOW OF THE ROYAL GEOGRAPHICAL
SOCIETIES OF LONDON AND EDINBURGH

FIFTH EDITION—THIRTIETH THOUSAND

REVISED AND CORRECTED

LONDON:
SIMPKIN, MARSHALL, HAMILTON, KENT AND CO., Lim.
ST. ANDREWS: A. M. HOLDEN
1891

[*All Rights Reserved*]

（一橋大学附属図書館所蔵）

による書評記事は，Meiklejohn を当時の代表的な歴史家であり，地理学にも造詣の深い，Green, John Richard (1837-1883)[4] と同格にとりあつかっている。さらに，Meiklejohn の肩書・所属学協会は，"Professor of the Theory, History, and Practice of Education in the University of St.Andrews, Fellow of the Royal Geographical Societies of London and Edinburgh, Fellow of the Imperial Institute, Etc."（Meiklejohn 1890：title page）であり，学界において地位の高い人物であったことが容易に推察できる。彼は，当時の英国地理学界——特に，地理教育界——の重鎮であったと見なしてよいであろう。

ところが，Meiklejohn について言及している論文，書物を日本ばかりか現代の英国地理学界においても筆者は，見出せなかった。

Meiklejohn と同列に比較・引用された，歴史家 Green は，地理学史研究書中で地理学に関連した人物として登場し，記載されている。しかし，Meiklejohn については一言も触れられていない。[5]

本書の先駆とおぼしき図書について記してみよう。*DNB* の紹介記事中に，"Meiklejohn の多数の地理学入門書は，James Cornwell の著書を今風に活用し，改作したものであった。"（Lee 1912：p.601）と記されている。ここに記されている，Cornwell, James (1812-1902) は，教科書の著者として活躍し，著名な人物であった。地理，文法，算数などの諸分野において多数のテキストを執筆している。彼の著書 *School Geography* (1st ed. 1847) は，上梓以来，90 版を重ね，ポピュラーな書物である。筆者は，Cornwell, J. と Meiklejohn との関連を調査するために，Cornwell, J. 著の *School Geography* (32nd ed. 1862) を用いて，Meiklejohn の地理学におけるひとつの特徴である"比較法"に相当する概念を調べてみたが，見出すことはできなかった。筆者は，*School Geography* について比較法以外の細部および Cornwell, J. の他の著作について調査を試みていないので，*DNB* 中で述べられている見解に関して，筆者のコメントは，後日，研鑽を積み成果を発表してみたい。

次に，*A new geography*... の概況を知るために，本書の出版状況を調べてみ

た。簡単に書誌的事項について述べてみよう。

初版　　　1889 年　l,　492p.（筆者未見）
3rd ed.　　1890 年　lii,　504p., 16p. [6]
54th ed.　　1924 年　liv,　534p. [7]

このように約 40 ヵ年以上にわたり，本書は，刊行され続けられ，多くの部数が発売された。なお，27th ed. (1902) までで，15 万部が発行されている (Meiklejohn 1902 : title page)。

本書の目次 (Meiklejohn 1890) は，次のとおりである（詳細は略す）。

```
                Contents
                                      Page
        Introduction ................xi
        Astronomical Geography ....xii
        Mathematical Geography ....xvi
        Physical Geography ........xxi
        Political Geography ........xlvi
        Europe in General ............1
        Asia .......................219
        Africa ....................329
        The New World ............375
        North America.............376
        South America ............420
        Oceania ..................445
        Polynesia .................464
        Tables—
          The British Empire:
            its Colonies, etc. ........469
          Letters and Postcards ....473
          Telegraphs in Miles ......474
          Railways ................475
          Imports and Exports ......476
          Manufactures ............477
          Agriculture ..............477
          Iron, Production,
            Consumption ..........478
          Income of Nations ........478
          Distances of Great Cities
```

```
             from London    .........479
             Map-Drawing    ..............480
             Vocabulary     ...............487
```

　上記の目次に示されているように，Meiklejohn は，序において，天文地理（Astronomical Geo.），数理地理（Mathematical Geo.），自然地理（Physical Geo. 地文学），政治地理（Political Geo.）の4分野に地理学を区分している。本論において，彼は，467頁を費やしてヨーロッパ→アジア→アフリカ→新世界（北アメリカ→南アメリカ→オセアニア）の順に世界の地理を解説している。この点から本書は，世界地誌の教科書といえよう。

　その内容は，地域（大陸，国）の特性を記述することに重点をおいたいわゆる静態地誌である。地域の特性を理解するために，著者は，第一に各大陸の自然的要素と人文・社会的要素を記し，各大陸の国々についても位置，形状，鉱物，気候，動植物の分布・生態などの自然的要素を詳しく記述している。次に，住民，人口，産業，交通，宗教等の人文・社会的要素を必要に応じて取捨選択して述べている。各国，大陸の商業地理学についても言及していることは，本書のひとつの特色としてあげられる（Meiklejohn　1890：Preface vi）。本書の第16版（1896年）から商業地理学は，1章（約70頁）として独立した。これにともない，タイトルにも，"and an outline of commercial geography" という語句が付加された。[8] その結果，商業地理学に関する多数の地図，図表が解説の中で活用され，巻末に付されている統計資料とともに地理学習者に役立っていたと筆者は推察する。

　Map-drawing の章も同様に，地理学習者に対して，有益なアドヴァイスを与えている。これらの地理学習上のさまざまな工夫は，地理事象を平板に羅列する従来の学習方式からの脱皮を試みようとする著者の姿勢の一端を示すものである。

　ところで，彼が主張している「比較法」（"comparative method"）とは，彼の言葉によれば，次のとおりである。

「比較法」は一貫して本書に採用されている。つまり，未知の事項は，既知の事項にしばしば参照され，比較されている。記憶力は，出来る限り，グループ分けをしたり，組み合わせをしたり，関連づけてを行って思考することにより助長されていく。そこで，筆者は，思考を介してその事項がどのようなものかを教授している。(Meiklejohn 1890：Preface v)

上記のような方法で骨子を組み立てている本書を使用する読者層は，どのような人々・グループであったのかについて調べてみよう。第一に下記のようである。

本書を読み，研究することは地理学を得意科目にし，学生が卒業した後，地理学の研究を進めるように仕向けることが筆者の最大の望みである。一方，学生が興味をもって調査をし，政治・経済事象や歴史および紀行の事象を的確に判断できるようにすることである。(Meiklejohn 1890：Preface v)

および，

本書は，教員養成カレッジ（Training colleges）に在学している教生（Pupil teachers）と学生が試験に備えるための事項を全て，カバーしている。(Meiklejohn 1890：Preface v)

ここから，中等教育機関に在学している学生や教員養成カレッジの教生・学生が考えられる。

第二に，"the Oxford and Cambridge Local Examinations（オックスフォードおよびケンブッリジ大学地方試験）[9]の受験志望者を対象としている"(Meiklejohn 1890：Preface vi) および読者からの "本書を公務員任用（Civil service)[10] 試験の志願者へ推薦します"(Meiklejohn 1890：fourth page of advertisement at the end of the book) という意見から, 本書は, 19世紀後半に英国で実施された Public examinations の受験生に使用されていた様子が判る。

第三に, "本書は, 教員や研究者にとり, 非常に都合よく執筆されている。… – James OGILVIE, Esq., M.A., Principal, The Church of Scotland Training College, Aberdeen," (Meiklejohn, 1890, fourth page of advertisement at the end of the book) から推量すると, 本書は教員・研究者にも読まれていた可能性が多分にあったと思われる。これらの文章・記事からして, 本書は, 幅広い読者層から長年にわたり, 読まれ, 親しまれてきたことが容易に理解できる。

4. わが国における A New Geography…の流布状況

1) 志賀重昂の場合

志賀は, Meiklejohn が自著の地理事象を記す際に, 採用した方法つまり「比較法」に日本で最初に注目し, 紹介した地理学者のひとりである。志賀は, 既述のように『地理学講義』中 (志賀 1892: pp. 93-95) で, Meiklejohn が比較法の一実例としてとりあげている部分, つまり, "比較（類似点）– アジアとヨーロッパ" および "対照（差異）– アジアとヨーロッパ"(Meiklejohn 1890: pp. 219-220) を多少の誤訳を伴いながらも逐語訳を行っている。

翻訳に続き, 志賀は, 日本の地理事象に上記の比較法を適用した。それが "日本海岸ト太平洋海岸トノ比較"[11] (志賀 1892: pp. 95-98), "日本河川ノ利害"(志賀 1892: pp. 98-99) である。特に, 適用事例内, "日本海岸ト太平洋海岸トノ比較" は, 志賀地理学中, 重要な位置をしめ, 後年, 下記にあげる諸著作で引用（少し, 内容を増訂している部分もある）され, 彼の地理思想を表現することに役立っている。

(1)『日本風景論』(初版 1894年, 219p.) の pp. 3-6。本書は, 第15版まで刊行され, さらに文庫本, 復刻版が後年, 出版された。

(2)『地理講話』(初版 1906年, 317p.) の pp. 22-24。

(3)『地理学　完』([出版年不明], 174p. 東京専門学校出版部蔵版) の pp. 44-55。

Meiklejohn の比較法は，志賀著『地理学講義』を通じて日本へ紹介され，さらに応用事例によって，以後，わが国の地理学研究者，学生，地理愛好家の間に浸透，継承されていく。志賀は，このプロセスの中で，アカデミック地理学成立以前，彼の地理思想を表現する際に，一般民衆に対して比較法を地理学的説明の道具としておおいに活用したと筆者は推測している。

2）山上万次郎・浜田俊三郎の場合

山上万次郎（1868-1946）[12]，浜田俊三郎（1870?-1946?）の両名が，Meiklejohn 著 *A new geography...*をわが国の読者へ紹介することに係わっていたという事実を筆者が知ったのは，偶然のチャンスからであった。それは，筆者が牧口常三郎著『人生地理学 5』（1980 年，聖教文庫）（後述）を通読中に，"このころ，有名なるメークルジョンの比較地理学の綱領は，山上万次郎，浜田俊三郎の両氏によりて『万国地理』として出版せられ…"（牧口 1980：p. 258）（筆者下線）と書かれた文章に出会い，真相を調査することから始まった。山上万次郎等による著作の数種の奥付裏広告を参照して，山上万次郎・浜田俊三郎合著『新撰万国地理』（1893 年）（筆者下線，再訂正 10 版のタイトル・ページでは合編。両書ともに合訳ではない）（図 6-4）に筆者は注目し，本書を通読してみた。本書にはその序，本文中に Meiklejohn の著書を参考にして書かれた旨は，一切，記述されていない。しかし，明らかに *A new geography...*の本文を適宜，翻訳したものであると筆者は察知した。牧口が先に指摘した『万国地理』は，正確には『新撰万国地理』というタイトルであることが判明した。

後日，本書の姉妹編，山上万次郎・浜田俊三郎合著『新撰日本地理』（1893 年）（図 6-5）（後述）を調査した結果，下記の事実が記載されていた。

万国地誌(ママ)は，主として其材料を有名なる Professor Meiklejohn's A New Comparative geography と題する書に採り，之を我国の読者に須要なる材料の取捨と順序の変更とを加へて，編述したり，訳文は，前橋孝義君 [13] の助力を得たる尠からず，之を編者が亦た同君に向ふて感謝する所

第Ⅵ章 メイクルジョン (1830-1902) 著『比較新地理学』... 213

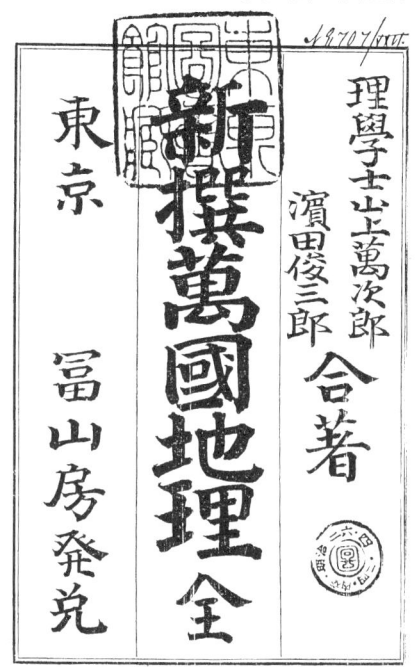

図6-4 『新撰万国地理』(初版)の表題紙　図6-5 『新撰日本地理』(初版)の表題紙

（国立国会図書館所蔵）　　　　　　　　（早稲田大学図書館所蔵）

　　　なり。(山上・浜田　1893a：凡例及び序言　p.3)

　筆者の調査と『新撰日本地理』の凡例および序言に記載されている内容とが一致した。
　ここで，『新撰万国地理』について記しておこう。本書の出版状況を知るために書誌的事項を述べてみよう。
　初版　1893年4月14日出版　上巻(230p.)，下巻(118p. 地図は頁付けに含まず) ただし，合本1冊［348p.］で刊行されている。
　訂正再版　1893年10月30日出版　336p.
　再訂正10版　1897年1月3日出版　318p.

再訂正 11 版　1897 年 4 月 15 日出版　318p.

　筆者の調査の範囲内においては，本書は，刊行以来，4 ヵ年間で 11 版に達している。実際には，これ以後もさらに版次を重ねたであろう。中等教育機関内の学生向けテキストとして，本著作は，『新撰日本地理』とともに多数の学生に読まれたことが推察される。

　『新撰万国地理』(山上・浜田　1893 b) の構成の概略は次のとおりである。

上巻
　第 1 篇　アジア　総論　各国
　第 2 篇　ヨーロッパ　総論　各国
下巻
　第 3 篇　アフリカ　総論　各国
　第 4 篇　新世界　北アメリカ　総論　各国
　　　　　　　　　南アメリカ　総論　各国
　第 5 篇　オセアニア　総論　各国

　本書は，A new geography...を基本的に，訳出し，編集したものであるが，上述の構成に見られるとおり，本書の大陸記載は，わが国の読者向けに，アジア→欧州→アフリカ→北・南アメリカ→オセアニアの順[14]である。原書の記載順とは異なる。原書に掲載されていた，Introduction, Tables, Map-drawing は，全面的に削除されている。これらの削除された箇所は，主として英国中心のデータであり，日本の情勢にそのまま適用できない。山上等は，日本の読者向けに工夫をせずにそれらの部分をカットした。したがって，本書は原書の地誌の部分のみを対象にして訳出している (多少，数字等に誤訳あり)。

　地誌の記述を詳細に調べると，アジアの一部をのぞき (たとえば，The Malay or East India Archipelago は訳されていない)，大陸内の各国の記載順序，区分法は，A new geography... とほぼ同様である。しかし，本書では，A new geography...中の地誌の記述における「Notes」(注) の部分が大半，訳出されず，省略されている。Meiklejohn が自著で，"筆者は，大きな活字を使用

して，明晰かつ確固たる調子で概略を述べている。一方，学習者は，自身で「Notes」（注）に記載されている事項から関心のある事実を選択できる。"（Meiklejohn 1890：Preface vi）と述べている点を考慮すると，本書は，原書の趣旨を希薄にしているように見受けられる。

『新撰万国地理』中のこれらの訳出されていない部分こそは，地理的要素を単に羅列しているのに過ぎなかった従来のスクール・テキストから脱皮し，学習しやすくするために，Meiklejohn が創意工夫した箇所であった。しかし，本書は，これらの部分をカットし，原書に比較して，やや教育的効果の面からみると，退歩した印象を筆者は受ける。

本節の最後にあたり，姉妹書，山上・浜田合著『新撰日本地理』について少し述べておこう。初版は，1893年4月14日に刊行された。つまり，『新撰万国地理』と全く，同時に刊行された。『新撰万国地理』（再訂正11版）の奥付裏広告によると，『新撰日本地理』は，"文部省検定済"であり，"尋常師範及尋常中学校教科書又は参考書として適当なる良書なり"と記されている。この時点で既に"14版"を重ねていることが明記されている（山上・浜田 1897：奥付裏広告（り））（なお，同広告によると，『新撰万国地理』は「文部省検定指示済」と記されている）。

『新撰日本地理』の記述の仕方は，"故に本書に於ては苟も其事の外国と関係あるものなるときは，必ず比較法を以て彼此の関係の存する処を知らしめ，材料の選択，文態，語勢，一に最も此点に意を用いたり，..."（山上・浜田 1893a：凡例及序言 p.1）と記され，"比較法"（比較方法）を重視している。[15]

上記のように，*A new geography...*の相当の部分は，『新撰万国地理』を通じて，わが国の地理学に関心のある学生（中学校レベル），地理学研究者に親しまれた。多分，「Meiklejohn」の名前も同時に普及した可能性があったように筆者には思えた。『新撰日本地理』は，同時期に Meiklejohn の比較法を日本の地理事象へ応用し，従来の地理教科書とは異なった筆法のスクール・テキストとして広く読まれ，比較法の流布に貢献したのではなかろうか。

3）牧口常三郎の場合

　Meiklejohn 著 *A new geography*... に注目したノン・アカデミック地理学者のひとりとして，牧口常三郎（1871-1944，創価教育学会（創価学会の前身）の創設者のひとり。創価学会初代会長）をあげることができる。彼は，自著『人生地理学』(1903 年) の中で，*A new geography*... についてふれ，そのタイトルを『比較的新地理学』と志賀重昂と同様に訳す。なお，『人生地理学』は，牧口が著述し，志賀がその原稿を校閲し，志賀の序文を付して刊行された。本書は，日本近代地理学史上，忘れてはならない大著であり，近年になり，地理学界——特に，地理思想史・地理学史——において関心を引いている。[16]

　本書の出版状況を知るために，書誌的事項について述べる。

　第1版　1903 年 10 月 15 日発行　995p.（頁付けに地図を含まず）（発行所　文会堂，発売所　冨山房）

　第2版　1903 年 11 月 25 日　995p.（頁付けに地図を含まず）

　第5版　1905 年 6 月 20 日　995p.（頁付けに地図を含まず）

　第11版　1912 年 9 月 25 日（筆者未見）

復刻版

　(1)　訂正増補 8 版 (1908 年 10 月 18 日発行，1143p.) の復刻。1976 年 11 月 18 日，第三文明社発行。別冊として，『復刻 人生地理学 解題』(112p.) が付されている

　(2)『牧口常三郎全集 第 1 巻 人生地理学（上）』606p. 写真 1 枚．1983 年 1 月 31 日，第三文明社発行。本書は，第 1 版を底本とする。補注 (pp. 336-602)，『人生地理学（上）』校訂・脚注おぼえ書き（斎藤正二，pp. 603-606) が付されている。なお，(下) は 1984 年 12 月現在未刊である*。

　(*『牧口常三郎全集 第 2 巻 人生地理学（下）』は，1996 年 11 月 12 日に刊行された。書誌的事項は次のとおりである。551p. 写真 1 枚．第三文明社発行．なお，補注 (pp. 441-517)，『人生地理学』研究のための序説（プロレゴメノン）（斎藤正二，pp. 519-543)，『人生地理学（下）』編纂・校訂・注釈おぼえ書き (pp. 545-551) である。)

(3) 聖教文庫本版として次の書物がある。

『人生地理学 1』1971年10月12日 273p.

『人生地理学 2』1972年1月10日 291p.

『人生地理学 3』1972年6月20日 313p.

『人生地理学 4』1975年10月20日 226p.

『人生地理学 5』1980年1月20日 312p.

いずれも発行所は聖教新聞社。1～4は第5版，5は第8版を底本としている。

本書は，発行当初から数年間に多くの人々——当時の中等教育機関に携わっている教師および学生，文検地理科[17]の受験生——によって読まれていた。さらに，最近，復刻版の刊行により，本書は，以前よりも幅広い読者層によって迎えられている。

牧口が『人生地理学』の中で，*A new geography*...に着眼しているのは，「参考要書」つまり，牧口が著述する際に活用したとしている書物であり，そのリスト中に記載されている。牧口は，参考（要）書について次のように解説している。

> 各章の終わりに，主要なる参考書を附記したるは，是れ実は浅識を表白する者，余の深く恥づる所と雖も，余が四周を観察する上に，直接に間接に，幾多の指導を受けたる学者諸君子に対する感謝を表はすの意味に於て，予が当然なざゞるべからずと信ぜし所。(牧口 1903：例言 p.6)

牧口は，『人生地理学』を通じて，Meiklejohn および『比較的新地理学』(*A new geography*...の牧口の訳）の存在を，志賀，山上・浜田，とともにわが国に流布させることに貢献したといえよう。

以上，筆者は，Meiklejohn 著 *A new geography*...がわが国の地理学者達の著書を通じて日本へ紹介され，その内容が流布されていく過程を分析した。本

研究を行い，いくつかの今後への研究課題が残された．筆者は，引き続き調査・考察を進め，機会をとらえて，成果を発表してみたい．

注）
1）ここで述べているアカデミック地理学とは，帝国大学を中心として成立した地理学を示す．帝国大学において，西欧科学の視点に立脚した地理学研究は，1887年頃から始められていた．しかし，専門課程としての地理学講座が設置されたのは，京都帝国大学文科大学で史学地理学講座として1907年，東京帝国大学理科大学で地理学講座として1911年である．この時期をもって，制度史的にアカデミック地理学が確立したと見てよいであろう．ただし，わが国のアカデミック地理学の成立過程については，今後十分な検討の余地がある．
2）ここに掲げたデータは，"地理学講義 第五版 ジャパン・メール新聞批評（A JAPANESE GEOGRAPHER）"（英文）の記事中に記載されいる．この書評記事は，『地理学講義』増訂11版（志賀 1901），その他に再録されている．
3）本部分は，『地理学講義』増訂11版（志賀 1901）において第5章第13節 比較的考察（pp. 125-132），『地理学講義』訂正増補14版（志賀 1907）において第5章第16節 比較的考察（pp. 159-166）に収められている．
4）Greenは，歴史家として高名であるとともに，地理学者としても認められていた．
Freeman（1980：p. 36）は，Greenの著作，*The Making of England*（xxviii, 447p. 1881. 筆者未見．筆者は2vols（1900, 1904）の版を参照（慶應義塾図書館所蔵））を1880年代の英国地理学界における優れた4冊の著書のひとつとしてあげている．
5）たとえば，Baker（1963），Freeman（1971），Freeman（1980）は，Greenについて言及しているが，Meiklejohnについては一言もふれていない．
6）本書（3rd ed.）は，筆者の所蔵調査の範囲内（日本）で，最も古い版（国立国会図書館所蔵）である．なお，書誌的事項の頁付け中，"16p."は，裏広告のノンブルである．表紙に"Professor Meiklejohn's Series"と付されている．筆者の所蔵調査の結果は，源 昌久 1985. 日本の大学における J.M.D. Meiklejohn著 *A New Geography* の所蔵調査. 図書館学会年報 31（3）：134-138. として発表している（本書第Ⅵ章補論に収載）．
7）本書（54th ed.）は，筆者の所蔵調査の範囲内（日本）で，最も新しい版（群馬大学附属図書館所蔵）である．なお，フル・タイトルは次のとおりである．
A new geography on the comparative method with coloured maps and diagrams and an outline of commercial geography であり，タイトル・ページの下部に，"Thoroughly revised to include all post-war territorial changes."

と記されている。Meiklejohn は 1902 年に死去したが，前記の記載は第一次世界大戦後の世界情勢を本書に組み入れたことを示している。

8) 商業地理学の古典的名著，Handbook of commercial geography を Chisholm,G.G.（1850-1930）が出版したのが 1889 年で，A new geography…（1st ed.）の刊行年と同じである。19 世紀後半，ヴィクトリア朝後期における商業地理学成立要因と，A new geography…の内容との関係についての考察は，引き続き研究し，後日発表したい。

9) Oxford and Cambridge Local Examinations は，注 10)で述べる，Civil service examinations（公務員任用試験）と同様に，19 世紀後半から英国で実施され始めた Public examinations の範疇に属するものである。この Public examinations は，19 世紀英国教育史上，画期的な事柄であった。しかしながら，筆者は，当該分野に関して専門外につき，主として Roach（1971）を用いて Public examinations の解説を簡単に試みる。

　Public examinations の成立要因は次のとおりである。18 世紀までの英国において，政府の行政部門の公務員任用は，有力者・叙任者の個人的知己，縁故によって決められ，資格試験等は一切実施されていなかった。公務員任用は，"庇護移動"（sponsored mobility）によって認定されていた。ヴィクトリア朝の初期の人々は，才能のある人物が縁故を有しないという理由で登用されない弊害に気づき，公務員任用に Open competition（自由参加の競争）の原理を導入しようとする気運をもった。なお，こうした思考プロセスの源泉は，Oxford and Cambridge Local Examinations であった。この動向は，教育と行政の分野において 1850 年頃から始まった。教育分野をみると，競争原理に基づく全国に通用する公認の証明書を発行する試験として，1857 年，Oxford Local Examination，1858 年，Cambridge Local Examination が各々設置され，1858 年に第 1 回目の試験が両者共に実施された。

　これらの Local Examinations は，設立以来，約 40 ヵ年間，国家的支援をともなう中等学校試験制度の唯一のシステムであった。Local Examinations の試験科目のひとつに地理学があげられている。本書は，地理学の受験対策用参考書として役立った。試験の競争率，その他の状況について，Roach は，初期の頃の Oxford Local Examination を取り上げて，次のように述べている。

　　1858 年に行われた試験は，11 ヵ所の会場――オックスフォード，バス，ベッドフォード，バーミンガム，ロンドン，チェルトナム，エクセター，リーズ，リバプール，マンチェスター，サウサンプトン――で実施された。750 名の受験者（ジュニア）の内，280 名が資格を得た。401 名の受験者（シニア）の内，150 名が合格した。受験者の選択科目は関心事である。受験者（シニア）の場合，予想通り，多数は歴史（357 名）および地理

(228名)を選択した。…(Roach 1971：p. 94)

なお，Oxford and Cambridge Local Examinations は，1917年に創設された General School Certificate（一般学校教育資格取得試験）の先駆となった。

10) 行政分野をみると，競争原理を公務員任用に反映させようとする動きに対応して，「The Northcote-Trevelyan Report of 1853」が作成され，報告された。本報告に基づき，文官の公務員任用制度に競争原理を導入するという案が，首相 William Ewart Gladstone（1809-1898）によって，ついに1870年，枢密院で決定された。この試験制度の概要について Roach は，次のように述べている。

> 競争への門戸を開かせるために，ふたつの計画がつくられた。計画Ⅰは，英領インドを統治のために登用すべき官吏の採用試験制度用の試験に見合うものであった。それは，年齢制限が18歳から24歳までで，高度な教育を受けた志願者向けであった。(中略) 試験は，数学，自然科学，政治経済，法学にウエイトを置いていた。計画Ⅱは，低レベルでの職員の登用であった。年齢制限は16歳から20歳までで，試験は，手書き，正書法，算術，原稿の写し方，索引付けの方法，報告書の要約作成，英作文，地理，英国史，簿記を範囲としていた。(Roach, 1971, p. 211)

11) 志賀が示している事例を若干，次に記しておく。
　　乃チ試ミニ其ノ方針ニ遵ヒ日本ノ日本海岸ト太平洋岸トヲ比較スレバ左ノ如シ。
日本海岸
（一）日本海岸は傾斜急劇にして懸崖多し。
（二）日本海岸は曲屈少し，故に短。
（三）日本海岸は曲屈少し，故に港，澳，熱鬧なる埠頭少し。
太平洋岸
（一）太平洋岸は傾斜緩慢にして懸崖少し。
（二）太平洋岸は曲屈多し，故に長。
（三）太平洋岸は曲屈多し，故に港，澳，熱鬧なる埠頭多し。
（志賀　1892：pp. 95-96）

12) 山上万次郎は，1892年7月，東京帝国大学理科大学 地質学科を卒業し，同年8月10日から1896年10月30日まで，農商務省地質調査所に勤務した。ここに在職中，次に記すような学術論文（報告書）を著述している。
　(1)「日本石灰石一斑」
　『地質要報』第1号　1895年4月30日発行　pp. 83-140.（版権所有 農商務省

地質調査所）
(2)『隠岐図幅地質説明書』
1896年3月25日発行 31p., 地図2枚（版権所有 農商務省地質調査所）
(3)『大分図幅地質説明書』
1896年4月13日発行 81p., 地図2枚（版権所有 農商務省地質調査所）
(4)『三瓶山図幅地質説明書』
1897年6月16日発行 140p., 地図2枚（版権所有 農商務省地質調査所）
(5)『丸亀図幅地質説明書』
1899年3月31日発行 64p., 地図2枚（版権所有 農商務省地質調査所）
　特に，(1)「日本石灰石一斑」が掲載されている『地質要報』第1号には，お雇い外国人 Max Fessca（1845-1917）が記した論文も掲載されている。この点からみて，山上論文も，当時として相当にレベルの高い内容を有したとみなして良いであろう。これらの著作からして，山上は，後年，スクール・ブックメーカーとしての側面が強調され，学術的業績が忘れられている傾向がみられる。しかし，前述の側面は十二分に検討しなければならない。その上で，彼の地理思想を理解し，日本地理学史における彼の位置づけを行うべきであると筆者は考えている。
　なお，筆者は山上について下記の発表をした。
源　昌久 1989. 山上萬次郎（1868-1946）の地理学に関する一研究―伝記・書誌学的調査―. 人文地理　41(5)：pp. 468-480.

13) 前橋孝義（1863-?）に関する履歴等については，現在，調査中である。後日，結果を発表したい。
14) 明治期における世界地誌の教科書の学習順序方式としては，本書のような順序を採用するタイプ（内田正雄著『輿地誌略』で使用されている）と福沢諭吉著『世界国尽』に使用された，アジア→アフリカ→ヨーロッパ→アメリカ→オセアニアの順序を採用するタイプとに大別できる。本注は中川（1967）を参考にする。
15) 日本の地理事象に比較法を応用した事例のひとつとして，著者等は，山陰道と山陽道地区との異同をあげて，比較している（山上・浜田　1893a：p. 198）。その他，多数の応用事例を本書中に記載している。
16) 本書を研究テーマとしている最近の書物として，栗生（1976），国松（1978）があげられる。
17) 文検とは，文部省検定試験の略称である。1884年8月，「中学校師範学校教員免許規程」（文部省）が制定され，文検に合格すれば，中等師範学科あるいは大学を卒業しなくても中等学校および尋常師範学校の教員資格を得ることができるシステムが成立した。1885年3月，第1回学力検定試験が実施され，以後，継続される。この文検制度は，小学校教員で中学校・師範学校の教員を志

願する者にとって有効な手段であり，登竜門であった。事実，牧口自身も，合格し，小学校教員から師範学校の教員へ栄進した。

　本制度は，昭和期以降になると，試験委員が固定化し，それに関連して受験対策用テキストも，それらの委員の先生達が執筆した著作に固定化された。その裏には，出版ジャーナリズムの暗躍があったのではなかろうかと中川は指摘している（中川浩一「文検委員の推移とアカデミー地理学」1982年度文部省科学研究費総合研究A「地理思想におけるパラダイムの移行過程の構造」（課題番号：57380020，研究者代表：竹内啓一）による研究集会（1983年9月24日，八王子セミナーハウス）での口頭発表）。本制度が，上述のように固定化される以前，つまり，大正時代末までの受験対策用参考書（地理科）の文献リスト，受験体験記中に記載されている書物を筆者が調査してみると，多くのもの——たとえば，曽根（1921），文検受験協会（1925）——が，本書をあげている。

（文献表は巻末に記載してある。）

(補論) 日本の大学における J.M.D. Meiklejohn 著 *A New Geography* の所蔵調査

1. はじめに

　筆者は，第Ⅵ章において明治地理学史に関して，「J.M.D. メイクルジョン (1830-1902) 著『比較新地理学』に関する一考察—明治地理学史の一節—」("A Study of J.M.D. Meiklejohn's (1830†-1902) *A New Geography on the Comparative Method:* One Aspect of the History of Geography in the Meiji Period") と題する小論を書いた。[1] その内容は次のとおりである。明治・大正期に活躍した思想家であり，地理学者であった志賀重昂 (1863-1927) が，自著『地理学講義』(訂正5版，1892年) のなかで紹介している，「メイクルジョン氏」と「『比較新地理学』」は，「J.M.D. Meiklejohn (1830-1902)」および「*A New Geography on the Comparative Method with Maps and Diagrams* (1889)」(以下，*A New Geography* と略す) であることを書誌学的手法によって確定した。志賀は，メイクルジョン (以下，メ氏と略す) の著作に活用されている比較法に注目し，これを日本の地理事象へ適用した。この適用例は，志賀地理学において重要な位置を占め，後年，彼が書いたいろいろな地理学書中でも引用されている。また，山上万次郎 (1868-1946) と浜田俊三郎 (1870?-1946?) の2人は，共同で『新撰万国地理』(1893年) を著述したが，その内容は，上にあげたメ氏の *A New Geography* の地誌に関する部分の翻訳であった。彼らは，またメ氏の比較法を日本の地理事象へ応用して，『新撰日本地理』(1893年) を刊行している。さらに，牧口常三郎 (1871-1944) は，『人生地理学』(1903年) のなかで，*A New Geography* を著述の際に利用した参考文献としてあげている。このように，わが国にアカデミック地理学が成立する以前に *A New*

表6補-1 わが国の大学における

項目 図書番号	所蔵図書館名	所蔵本の発行年	購入年月日 (寄贈年月日)	購入先 (寄贈先)	価格	蔵書印記
1a	一橋大学附属図書館	1891年	1892年3月31日	不明	1円40銭	高等商業学校図書印
1b	同上	1892年	1893年2月3日	不明	1円75銭	高等商業学校図書印
2a	同志社大学図書館	1891年	不明	不明	不明	同志社予備学校之章
2b	同上	1896年	1898年5月4日寄贈[1]	横井時雄氏寄贈[2]	不明	同志社図書館之印
3	横浜国立大学附属図書館	1892年	不明	不明	不明	神奈川県尋常師範学校蔵書
4	熊本大学附属図書館	1892年	1900年8月1日	〔丸善〕	1円75銭	第五高等中学校図書之印
5	立教大学図書館	1892年	1969年10月27日，昭和43年度，教育研究補助金で購入。	不明	不明	立教大学図書
6	山形大学附属図書館	1893年	不明	不明	不明	山形師範学校図書印
7	東北学院大学図書館	1893年	不明	不明[1]	不明	ナシ
8	岐阜大学附属図書館長良分館	1893年	1943年[1]	〔丸善〕	不明	岐阜県尋常師範学校蔵書印（見返しの遊びに捺印）[2]，岐阜県師範学校蔵書（タイトル・ページに捺印）
9	島根大学附属図書館	1895年	1950年[1]	〔川岡〕	8円	島根県尋常師範学校図書印
10a	早稲田大学図書館	1896年	1938年3月寄贈	小川為次郎氏寄贈	(3円)[1]	早稲田大学図書

メ氏著 A New Geography の所蔵調査表

書　店　票	A (冊)	B (冊)	C (冊)	備　　　考
ナシ	2	1	1	
ナシ				
ナシ	1	0	1	同志社予備学校は1887年に開設。
[Z. P. MARUYA & Co.] ?[3]				1), 2) は本書に手書きされているデータから。 3) 書店票が少し見えるので推測する。
Z. P. MARUYA & Co.	1	0	0	
Z. P. MARUYA & Co.	4	0	0	1886年，第五高等中学校設置。1894年，第五高等学校と改称。
[1]	2	0	3	1) NIPPON KIOTO DAIKOKUYA SHOHO IN の朱スタンプが捺印してある。
Z. P. MARUYA & Co.	1	0	0	
Z. P. MARUYA & Co.	4	0	0	1) 当図書館から，図書館創設時の宣教師からの寄贈書と思われる旨の回答がある。
Z. P. MARUYA & Co.	0	0	1	1) 当時の台帳不明で，新しくした台帳から。2)（1873年，師範研習学校として設立）。1875年，岐阜県師範学校と改称。1886年，岐阜県尋常師範学校と改称。1898年，岐阜県師範学校に再び改称。従って，1893～98年に購入した可能性が強い。
S. KAWAOKA Book Seller	0	0	1	1) 島根師範学校から移転。
Z. P. MRUYA & Co.	10	0	10	1)「時価」と記されている。

項目 図書番号	所蔵図書館名	所蔵本の 発行年	購入年月日 (寄贈年月日)	購　入　先 (寄贈先)	価　格	蔵書印記
10 b	同　　上	1902年	1904年1月 10日寄贈[1]	熊田政岑氏 寄贈[2]	不　明	早稲田大学図書
10 c	同　　上	1902年	1903年7月 21日[1]	〔丸　善〕	不　明	早稲田大学図書
11	慶応義塾図書館	1902年	1928年寄贈	村上　定氏寄贈	不　明	慶応義塾図書館
12	北海道教育大学附属図書館釧路分館	1902年	1951年寄贈	釧路市寄贈	不　明	北海道学芸大学釧路分校図書印
13	岡山大学附属図書館	1903年	〔1906年〕[1]	〔丸　善〕	不　明	〔岡山県師範学校〕[2]
14	滋賀大学附属図書館	1903年	不　明	〔丸　善〕	不　明	滋賀県師範学校
15	山口大学附属図書館	1909年	――	――	――	山口高等商業学校図書之印
16	奈良女子大学附属図書館	1912年	1912年	丸善京都支店	2円25銭	奈良女子高等師範学校図書
17	弘前大学附属図書館	1916年	1921年3月17日	丸　善	2円70銭	弘前高等学校図書
18	東北大学附属図書館	1916年	〔1923年〕[1]	――	――	東北帝国大学図書印
19	高知大学附属図書館	1916年	不　明	不　明	不　明	高知高等学校図書印(？)[1]
20	長崎大学附属図書館経済学部分館	1924年	1936年6月25日	高畑ハナ	2円	長崎高等商業学校図書[1]
21	群馬大学附属図書館	1928年	1949年4月24日	群師男女同窓会寄贈	不　明	ナ　シ

(補論)日本の大学における J.M.D. Meiklejohn 著... 227

書 店 票	A (冊)	B (冊)	C (冊)	備 考
MARUZEN KABU-SHIKI KAISHA				1), 2) タイトルページに手書き。
MARUZEN KABU-SHIKI KAISHA				1) 受入登録印による。本書には，"Appendix to Professor Meiklejohn's New Geography. Recent…" (8p.) が付されている。
MARUZEN KABU-SHIKI KAISHA	2	0	3	
ナ シ	0	0	0	
MARUZEN KABU-SHIKI KAISHA	6	0	2	1), 2) とも見返しの遊びに貼ってあるラベルを参照する。
MARUZEN KABU-SHIKI KAISHA	0	0	0	
ナ シ	5	0	1	
ナ シ	0	0	0	
ナ シ	1	0	1	
ナ シ	3	1	7	1) 見返しのきき紙に捺印された受入登録印から。
ナ シ	0	0	1	1) はっきり判読できない。高知高等学校は1922年設立。
ナ シ	2	0	1	1) 見返しのきき紙に貼ってあるラベルから。
ナ シ	0	0	0	

注　A：メ氏の *A New Geography* 以外の著作所蔵数。
　　B：Somerville の著作所蔵数。
　　C：Galton の著作所蔵数。
　　〔　〕内は筆者が説明を補足した部分。
　　──：解答なし。

Geography および「比較法」がわが国の地理書のなかに流布されていく過程を分析した。

本章では,筆者は *A New Geography* が日本の大学およびそれに匹敵する高等教育機関に所蔵されている状況を調査した結果と,その調査方法を述べて,学史研究における書誌学的アプローチの一例を示すことを試みた。

2. 調査および結果

筆者が実施した所蔵調査はまず次のような作業からスタートした。学史研究—— 特に経済学史 ——において,目録等の二次資料に着眼して,それをベースあるいは材料にして,学史研究を行ったと筆者には思える学術論文がいくつかある。[2] 筆者は,そこで使われた手法を踏まえて,さらに図書原簿,蔵書印[3]等のデータをも活用して,機関に所蔵されている原書を,史学でよくいわれている「史料」と同じように見なして所蔵状況を調査し,*A New Geography* の流布過程・所蔵状況を分析する手掛りを得ようと試みた。

ベースとして使用した二次資料は,『学術図書総合目録 人文地理欧文編 1961年版』(文部省大学学術局編,1961年)[4]であり,これをチェックして *A New Geography* を所蔵していると記載されている大学を中心に合計27機関について,筆者が直接大学図書館を訪問し,また質問状を郵送して調査を行った。調査機関は1983年1月から1984年6月までで,質問事項は次のとおりである。ⅰ)該当する大学図書館に所蔵されていると思われる *A New Geography* に関して,購入年月日,価格,購入先ないし寄贈先等のデータを調査し,あわせて所蔵している原書の必要な部分のコピーを依頼した。ⅱ) *A New Geography* 以外のメ氏の著作に関する所蔵調査。ⅲ)Mary Somerville(1780-1872),Francis Galton(1822-1911)の著作の所蔵調査。[5]

調査の対象となった27機関中,新潟大学,大阪経済大学,愛知教育大学,北海道大学,明治学院大学,佐賀大学の図書館では,原書を紛失したり,図書館移転中等の理由で原書を確認することができなかったが,21機関について

は調査結果が得られたので，それを表6補-1「わが国の大学におけるメ氏著 A New Geography の所蔵調査表」としてまとめてみた。

表6補-1について補足説明を加えておく。図書の「購入年月日（寄贈年月日）」，「購入先（寄贈先）」，「価格」のデータは，図書館に保管されている図書原簿の記載によることを原則とする。「蔵書印記」は，筆者が原書に捺印されているものを実際にみたり，コピーされたものから判読する。「書店票」は，見返し（きき紙）に貼られている場合が多く，「蔵書印記」と同様の方法で確認する。

「A」の項目についての補足説明。メ氏の著書で A New Geography 以外の著作が5冊以上所蔵されていたタイトルは次のとおりである（同一機関で同一タイトルを重複して所蔵している場合は2冊として計算する）。

ⅰ) The Art of Writing English. A Manual for Students: with Chapters on Paraphrasing, Essay-Writing, Précis-Writing, Punctuation, and Other Matters (1st ed. 1899). 合計8冊。

調査対象中で一番古い版は 3rd ed.（1901 ?）で，熊本大学附属図書館，長崎大学附属図書館経済学部分館が所属している。

ⅱ) The English Language. Its Grammar, History and Literature with Chapters on Composition, Versification, Paraphrasing, and Punctuation (1st ed. 1886). 合計7冊。

調査対象中で一番古い版は 19th ed.（1899）で，慶應義塾図書館が所蔵している。

ⅲ) Critique of Pure Reason. Translated from the (sic) German of Immanuel Kant. by J.M.D.Meiklejohn (1st ed.〔1852〕).（Bohn's Philological Library）. 合計5冊。

調査対象中で一番古い版は 1897 年版で，山口大学附属図書館が所蔵している。

上記のように，メ氏の著作は，地理学関係以外にも英文学，哲学関係の諸分

野（カントの『純粋理性批判』の英訳者であることは興味深い。なお，F. Haywood により，1838 年に『純粋理性批判』は英訳されている）に関するものがわが国の大学図書館で所蔵されていたことが判明したことは大きな収穫であった。

「B」の項目についての補足説明。Somerville の著作を所蔵している図書館はきわめて少なく，調査対象機関中では，一橋大学附属図書館における Somerville, Martha ed., *Personal Recollections, from Early Life to Old Age, of Mary Somerville. With Selections from Her Correspondence. By Her Daughter, Martha Somerville*（1873）。（Mary Somerville の自叙伝。死後，娘の Martha によって編集された）。東北大学附属図書館における，*On the Connection of the Physical Science*（9th ed.）の2冊のみ。なお，『学術図書総合目録 人文地理欧文編 1961 年版』をみると，Mary Somerville の氏名が記載されていない。『学術図書総合目録 地学欧文編 1959 年版』（文部省大学学術局，1959 年）には，"370 **Somerville, Mary**: Physical geography. new ed. London, 1849. 2 v. 東大（人類）"（p. 203）が記載されている。

このように英国における彼女の地理学での大きな功績にもかかわらず，著書を所属している機関（大学）はきわめて少ない。ただし，彼女の名前は，辻田右左男が指摘しているように，[6] 内村鑑三は『地理學考』（1894 年，後に『地人論』と書名変更）の参考書目中に，"一，ソマビル夫人（ママ），地文学 Physical Geography by Mary Somerville, American Edition, 1854"（参考書目 p. 1）と記しており，彼は米国で *Physical Geography* をすでに知っていた様子である。[7]

「C」の項目についての補足説明。「A」の場合と同様に，Galton の著書の合計が5冊以上のものは次のとおりである。

ⅰ）*Inquiries into Human Faculty and Its Development*（1st ed., 1883）。11 冊。

調査対象中で一番古い版は 1907 年版で，早稲田大学図書館，長崎大学附属図書館経済学部分館が所蔵している。

ⅱ）*Hereditary Genius. An Inquiry into Its Laws and Consequences*（1st ed.

1869). 10冊。

調査対象中で一番古い版は1869年版〔1st ed.〕で,東北大学附属図書館が所蔵している。

Galtonの著作の所蔵状況をみると,地理学関係のものは,志賀重昂著『日本風景論』(1894年)の一部分の種本となった*The Art of Travel* (1855). (同志社大学図書館所蔵　1876年版) 1冊のみ。彼の場合,日本では,優生学ないし統計学分野の著書が知られていた様子である。わが国の統計学者の間では,Galtonの地理学上の業績はほとんど知られていないのが現状である。なお,彼の気象学関係の著書についても,著書の調査以外の機関で所蔵している可能性が強いが,今回,そこまでは調べられなかった。

3.考察——むすびにかえて——

本調査結果の範囲内で,とりあえず以下のようなことが調べられるであろう。

ⅰ) わが国にある*A New Geography*で最古の版 ── 筆者の調べた範囲内 ── は,国立国会図書館が所蔵しているものであり,1890年(3rd ed.)に刊行され,1891年に書籍館(国立国会図書館の前身)が購入したものである(受入印により判断)。本調査でも,図書番号　1a, 1b, 4, 10c, 13, 16, 17, 18, 20のように購入年月日が明確な図書を調べてみると,それらは刊行されたのちに比較的短期間で図書館に購入されているものが多いことは注目すべき事実であろう。なお,1893年,山上・浜田の2人により『新撰万国地理』として*A New Geography*の地誌の部分は訳出されたが,訳本では原書のNotes等が訳されていない等,理由は定かではないが,原書の輸入は引き続き行われている。

ⅱ) 第二次世界大戦前後のわが国の学校制度(高等教育機関)の歴史を概観すると,戦後,CIE (The Civil Information and Education Section)の指示により,官立大学の設置は,一府県一大学制度に従わなければならなかった。この大きな教育改革によって,戦前の高等学校,師範学校[8],農業専門学校等は,すべて新制大学へ形式的に統合された。したがって,調査対象機関の蔵書を明治・

大正地理学史の「史料」として考察する場合，その図書館所蔵機関を確定して，そのルーツを明らかにしなければならない。その調査手続きとして，筆者は，蔵書印記（場合によっては図書原簿）を利用した。その結果，前身が師範学校，高等商業学校であったものが多いことが判明した（所蔵イコール利用とはいえないが）。

iii）購入先を原簿，書店票[9]を利用して調査してみると，丸善経由（「丸屋」は丸善の初期の名称。ただし，書店票では，後までも「Z.P. MARUYA」を使用）で図書館が入手したケースがほとんどである。地方の書店経由のものも若干あるが，これらも丸善経由で地方の書店へ入り，そこから図書館が購入した可能性がある。このように，丸善と日本の近代地理学関係図書（特に，明治期）とは，密接な関係がある。丸善の販売カタログ，社史を検討することも今後の課題であろう。

注）

1） *Geographical Review of Japan* Vol.58（Ser.B），No.2, 1985：pp. 195-207. に掲載された。
2）たとえば，次のような文献がある。
　　杉原四郎 1979．明治期の経済学二次文献．書誌索引展望 Vol. 3，No. 3：pp. 9-12．p. 18．（杉原四郎 1980．『近代日本経済思想文献抄』pp. 85-94．日本経済評論社．に再録）
　　山崎　怜 1971．アダム・スミス——ひとつの序章．杉原四郎編『近代日本の経済思想』ミネルヴァ書房，pp. 115-172.
3）わが国の図書館で蔵書印を使用するとき，伝統的な和書への押捺の経験（和書の巻頭書名の下にある余白に押捺する場合が多くみられる。）を明治以降の洋装本へ転用したためか，標題紙へ目立つように押印し，そのためときどき，図書の書誌的事項を不鮮明にしているものもある。印形は「○○図書館之印」，「○○学校図書（印）」，「○○図書館蔵書」等がある。
4）本目録は，全国81大学に所蔵されている人文地理学関係洋書8,700種を収録している。この分野の唯一のユニオン・リストである。しかし，本書は，記載データに多数の誤り・漏脱があり，使用の時はかなり注意が必要であろう。
5）Somerville, Galton の2名を比較・参考のために取り上げた理由は次のとおりである。両者の地理学史上での活躍時期とメ氏のそれとが近く，James, P. E.

and Martin, G.J. が *All Possible Worlds: A History of Geographical Ideas*. 2nd ed. New York, Chichester, Brisbane, Toronto：John Wiley & Sons, 1981. のなかで，19世紀の英国の優れた地理学者として両名を取り上げ，解説しているからである。(pp. 199-201.)
6) 辻田右左男 1975.『日本近世の地理学』第2刷，柳原書店，p. 315.
7) *Physical Geography* (7th ed. Rev. 1877) が「文部省交付」で1879年3月に「教育博物館」に所蔵され（本書標題紙の押印と記載事項より），現在，国立国会図書館に収蔵されている。明治10年代初期において，Somervilleに注目した人物が存在したことは注目に値する事実である。
8) 旧師範学校の図書館（室）の蔵書は，今日でも図書の整理が十二分になされていないところが多い。今後，図書整理が進むと，メ氏，その他の著書の所蔵状況・図書構成が明らかとなるであろう。
9) 丸善（株式会社）の書店票につき次記論文がある。
   衣笠梅二郎 1936. 丸善・丸屋・書店票. 學鐙 Vol. 40, No. 10：pp. 18-19.

第Ⅶ章　山上萬次郎(1868-1946)の地理学に関する一研究
　　　── 伝記・書誌学的調査 ──

　本章は，明治中期から大正時代にかけて，多数の地理学書，地理教科書[1]を執筆した山上萬次郎の生涯と，彼の主要な地理学書を伝記・書誌学的手法によって調査し，彼の明治・大正地理学史上の地位を明らかにする本格的研究のための，若干の基礎的資料を提供することを目的としている。なお，本章は，これまで空白であった明治地理学形成の前史に関する研究に筆者が素材提供を試みてきた，志賀重昂(1863-1927)，内村鑑三(1861-1930)，矢津昌永(1863-1922)等，[2]ノン・アカデミック地理学者についての一連の伝記・書誌学的調査に続くものである。

　山上に関する記載は，日本地理学史の研究書や論文のなかで断片的に見出される。しかし，本格的な調査を行っているものは，ほとんどないといってよいであろう。したがって，今回，筆者は，山上の生涯を考察の許す限りで，地理学の分野ばかりでなく，周辺の領域にまで拡げて記述するつもりである。[3]また，彼の地理学観については，本来，彼の著作書誌を完成してからあとに記すべきであるが，山上は，余りにも多作者であり，現時点で全著作を網羅することは不可能に近い。そこで，今回は，後日の本格的研究のための予備的作業として，代表的な著書および『地學雜誌』上に発表された論文を中心に，彼の地理学観を紹介することにとどまらざるを得ない。彼の地質学史の業績，特に農商務省地質調査所勤務時代についての詳細な検討等は他日を期したい。

　ところで，筆者が山上の地理学を論題としてとりあげた動機のひとつは，彼の地理学の内容が研究・調査を行うべき現代的意義を有していると考えるからである。今日の地理学が言及しているいくつかの事項について，山上は，すでに数十年前に着目し，開拓しようとしていたふしがある。たとえば，近年，ラ

第Ⅶ章　山上萬次郎（1868-1946）の地理学に関する一研究　235

ディカル地理学者達によって注目・検討されている。エリゼ・ルクリュ(Élisée Reclus, 1830–1905), P. A. クロポトキン (P.A. Kropotkin, 1842–1921) 等のアナーキスト達について，[4] 山上は，大正期～昭和20年代初期にすでに着眼し，地理学界に紹介している。ラディカル地理学者達が，アナーキスト地理学者を研究対象にするのは，現代地理学がかかえている問題点に対して，アナーキスト地理学者の思想が問題解決に寄与すると考えているからに他ならない。同様に，山上の地理思想も現代地理学を研究する上で欠くことのできないものではなかろうか。

なお，以下の記述では，書誌学的観点から書・誌名，個人名に関しては，記載された当時の字体（正字）を使用する。ただし，引用文については新字体に直して記述する。

1．山上萬次郎の生涯

山上に関する伝記的研究・調査は皆無に等しい状態である。そのため，筆者は，彼の伝記に関する根本資料を収集する作業からはじめなければならなかった。その結果，不十分ながら，ある程度の資料を集めることができた。さらに，昭和59（1984）年3月には，遺族の方とも連絡をとることができた。そこで，最初に確認できた資料を中心に，彼の伝記的事項を概略してみよう。主として利用した基礎資料は，次のとおりである（『　』内は，本稿で使用する時の略記号）。

(1)「敎職員履歷書　東京專門學校」（早稲田大学所蔵）『早稲田履』
(2)「履歷書」〔自筆，大阪外国語学校へ提出〕（大阪外国語大学所蔵）『大阪外履1』
(3)「人事ファイル」（大阪外国語大学所蔵）『大阪外履2』
(4)「山上萬次郎ノ履歷」〔自筆〕（山上高行氏所蔵）『自筆履』

出典は，必要な場合にのみ（たとえば，ひとつの資料のみに典拠する場合等）記載することにする。なお，本節中の山上の年齢は数え年で示す。

1）生い立ちから学生時代まで

　本節では山上の学問的素養の成立過程と，その生活環境を明らかにする。さらに，彼が地質学・地理学を専攻した動機にも言及したい。

　山上萬次郎は，明治元（1868）年 11 月 6 日，山口県周防国都濃郡徳山村（現在の山口県徳山市）で，山上清三郎，キヌの二男として生まれた。萬次郎が生前に作成したメモ「廣島ニ於ケル祖先」(山上高行氏所蔵）によると，山上家の先祖は「市兵衛」と記載され，「享保十二年　丸屋市兵衛ト改メ，九月二十八日家始メ（三十五才）」(ママ)，「行年七十三才(ママ)　明和二年正月十五日寂」と記されている。萬次郎の父，清三郎（弘化 4〈1847〉- 明治 40〈1907〉）は，徳山小沢町の伊豆倉与左衛門の三男で，山上家へ養子として入籍し，八代目を継いだ。母キヌ（嘉永 3〈1850〉- 大正 14〈1925〉）は，広島天満町の澁谷富蔵の長女として生まれた。萬次郎の兄弟には，他に男 5 人，妹 2 人がいた。

　萬次郎は，明治 18（1885）年 10 月 24 日，山口県立山口中学校高等中学科を卒業（第 1 回卒業生）し，[5) 6)] 東京大學予備門へ進学したが，これには次のような仔細がある。すなわち，山口県では明治 16 年に県人の教育振興のために学資給与規則を制定していた〔注 5）p. 274〕。その内容は，「山口中学校高等中学科に在学し成績優秀なる者，及同科卒業後大学その他に進学する者に対して学資を給与する」〔注 5）p. 274〕というもので（明治 21 年 4 月以降，旧山口藩主毛利元徳によって設立された教育財団，防長教育会がこの制度を引き継ぐ），この規定により山上は東京派遣留学生として，進学したのである。この経緯を山上自身は「早稲田履」で，「明治十八年八月山口県庁ヨリ東京大学予備門及ヒ法理文三学部ノ中ヘ留学ノ為メ上京申付ラル」と述べている。

　明治 19 年 4 月 10 日公布の「中学校令」に基づき同月 29 日，東京大学予備門は第一高等中学校と改称された。これに伴い，予備門生である山上は，編入措置により第一高等中学校へ組みこまれた。そして，ここでの在学中（明治 20 年）に山上は，将来，地理学方面へと進路を決定する契機の一因となった，神保小虎（慶応 3〈1867〉- 大正 13〈1924〉）と出会う。

筆者が一高在学時代，明治二十年の大昔に於て，当時の講師，大学院学生神保先生の烱眼は，地文学の研究奨励に注がれ，…大学地質学科入学後の専攻方針に供す可きことを，極力懇切に勧誘せられ，筆者の将来に一条の光明を興へられたことは，筆者の今に至るまで感銘に堪へぬ所である。
〔注6〕p. 4〕

　明治22年7月11日，第一高等中学校理科を卒業する（22歳）。同年，同校本科卒業生157名中，理科志望者は僅か5名にすぎず，過半数は法科志望であった。[7] 卒業後，帝国大学理科大学地質学科へ入学。地質学を専攻した契機については，上に述べた神保小虎の影響とともに，遺族，山上高行氏によると，防長教育会における当時の幹事のひとりであった品川彌次郎（天保14〈1843〉-明治33〈1900〉）の推めがあったという（昭和60年5月4日，千葉県我孫子市湖北台，高行氏宅にて採録）。

　ここで，『地學雜誌』と山上との関係について触れてみよう。彼は，大学在学中，明治22（1889）年9月ないし10月に地学会へ准員として入会した（『地學雜誌』1-10，p. 505）。なお，明治25年9月，正会員となった（同誌4-45，p. 442）。22年11月，この雑誌の「質疑ノ應問」の項（同誌1-11，pp. 549-552）に，解答者として「理科大學　山上萬次郎」の名前が初めて見える。論文の初掲載は，22年12月，1-12，pp. 598-6〔5〕99（雜録の部）の「石炭の消費は大氣の質を變ずることなきや」である。なお，原田豊吉（万延元〈1860〉年-明治27〈1894〉年）の日本地質構造論に対するEdmund Naumann（1854-1927）の反論, 'Zur Geologie und Palaeontologie von Japan' (1890 Melchior Neumayr〈1845-1890〉との共著)[8] の一部を「四國地質一班」（同誌2-18，pp. 265-266；2-20，pp. 374-376）として抄訳し，さらに改めて原論文の第1章（ナウマン担当の 1. Geologische Beschreibung des Berglandes von Shikok）を全訳し，「四國山地ノ地質」として（4-40，pp. 170-175；4-41，pp. 215-221；4-42，pp. 259-264；4-44，pp. 357-362；4-46，pp. 452-457.）5回にわたり連載している。

理科大学時代，研究発表の場として，大学内に毎週1回の割合で談話会[9]が開催されていた。山上はここで，「地理學と歴史との關係」（第14回　明治24年6月22日）（『地學雜誌』3-31, p. 404）を発表している。すでにこの頃から，人文地理学への関心が少なからずあったことがうかがえよう。

　明治25（1892）年7月，帝国大学理科大学を卒業。この年の地質学科の卒業生は，山上一名だけであった。[10] 彼の卒業論文を調査してみたが，発見することはできなかった。しかし，東京大学理学部地質学科図書室に保存されている卒業論文カード（古くは進級論文も含む）を調べてみると，「Yamagami, M. 24〔カード番号〕Notes on the Plant — Bearing Bed of Rioseki - Basin 1891 欠」（この「欠」という語は現物が所蔵されていないことを意味する）とある。[11]「1891」（明治24）と表記されていることから進級論文の可能性もあるが，明治24年7月の『地學雜誌』中に，「准員地質学第二年生山上八萬次郎君は来年の卒業論文材料聚集の爲去月下旬土佐国領石へ出発されたり」（3-31, p. 404）という記事があることから，これを卒業論文と推定してよいであろう。

2）農商務省勤務の時期

　大学を卒業した山上は，明治25年8月〔末〕～9月頃，農商務省鉱山局傭となり，製鉄材料の調査に従事した（『地學雜誌』4-45, p. 442）。同26年10月18日，農商務省地質調査所（当時の所長は巨智部忠承）に移り，地質課（係）技手となる。29年10月31日，依願免本官。なお，山上の後任として，小川琢治（明治3〈1870〉年－昭和16〈1941〉年）が30年1月下旬に技手の身分で入所した。[12]

　地質調査所に在職中，山上は特別調査の技術官（調査者）として，鹿児島県霧島爆裂，[13] その他の調査に従事した。また，彼は，「日本石灰石一斑」（『地質要報』第1号，明治28年4月発行83丁〔頁〕～140丁〔頁〕），『三瓶山圖幅』（縮尺20万分の1地質図　明治30年）および『三瓶山圖幅地質説明書』（明治30年）その他，地質図をいくつも作成し，これらを解説している。これらの論文，報告書，地質図は，レベルの高いもので，明治20～30年代における日本

第Ⅶ章　山上萬次郎（1868-1946）の地理学に関する一研究　239

地質学史上，彼の果たした役割は小さくなかったといってよいのではなかろうか。しかしこの点の詳細は他日を期したい。

　山上は，また『地學雜誌』の編集に鈴木　敏とともに退職時まで携わっていた。そして，山上の後任として先述のように小川が替って編集担当になったとみられる〔注9）p. 64〕。なお，この時期に，濱田俊三郎との共著『新撰日本地理』，『新撰萬國地理』（明治26年）を刊行して好評を得ている。『地學雜誌』に，「岐陽學人」の名前で「墺國の學士ハン，ホツホステッター，ポコルニー三氏の合著」[14]（4-28, p. 558）を「地學通論（講義）」として，25年12月（4-28）から28年7月（7-79）まで長期間，計20回にわたり適宜に抄訳し連載している。

3）学習院勤務時期から晩年まで

　本項では，山上の教育者として活動した側面に重点を置いて考察してみよう。
　明治29（1896）年12月25日，山上は学習院[15]に教授として迎えられた。地質調査所の技手から教職に転じた経緯について，彼は，あとに次のように述べている。

　　想ひ起せばはや四十何年も昔のことである。ある先輩がある本屋から原稿料の取りつ放し（ママ）をしたそのあと始末を頼まれて，仕方なしに書いた地文学教科書[16]が当時の評判になったのである。そこでウダツの上らない本職をすてゝ，山口小太郎君のすゝめで，僕は官立でもなく公立でもない特殊の学校に行ったのが，またその時の評判になったらしい。[17]

　この時期，志賀直哉（明治16〈1883〉年－昭和46〈1971〉年）が学習院の中学時代に山上の授業をうけていたことを付記しておこう。[18]
　山上は，学習院の他に，31年9月，東京専門学校（明治35年　早稲田大学と改称）文学部講師を嘱託される（「早稲田履」）。在任期間，所属，担当科目については次のとおりである。

（ⅰ）明治31年9月から32年7月?まで文学部地理学[19]

（ⅱ）明治35年12月から42年?まで　専門部国語漢文科・歴史地理科・法制経済及英語科　地理教授法　製図学；清国留学生部予科　地理；高等師範部　地理教授法　地理学[20]

この頃に彼は，『新撰中地誌』(明治31年6月)，『新撰地文學講義』(明治31年9月)等の数多くの教科書を執筆している。[21]

明治32年8月，彼は学習院を辞職した。[22] 同年同月28日，海軍〔省〕技師に任ぜられ，水路部図誌科に属した（「自筆履」）。34年12月9日「海軍水路少技士候補生採用委員ヲ命ゼラル」（「大阪外履1」）。35年7月18日，海軍〔省〕技師を辞職。

写真7-1　山上萬次郎の肖像

大正二年三月五日　山上萬次郎　於東京府中野　書斎
（自筆による写真の裏書から。当時46歳）（山上高行氏所蔵）

第Ⅶ章　山上萬次郎（1868-1946）の地理学に関する一研究　241

　明治 40（1907）年 1 月から同年 3 月にかけて，東京地学協会主催の第 1 期学術講演が開催された。山上は，1 月 26 日「地理学の位置及分類」という演題で講演を行った。この講演会の講師陣は，他に神保小虎，山崎直方（明治 3〈1870〉年－昭和 4〈1929〉年）等，地学および関連諸分野を代表する研究者達であった。第 2 期以降においても山上は講師を務めている。なお，内容は講演筆記として『地學論叢』に収録されているものもある[23)][24)]（『地學雜誌』 18-218, pp. 138-9；19-220, pp. 269-270；19-221, p. 345；19-226, p. 752；19-227, p. 833；19-228, p. 897）。

　明治 42 年 4 月，文部省図書局地理教科書調査を嘱託（44 年 3 月まで）（「大阪外履 1 」）。この時期に『日本帝國政治地理』全三巻（40～42 年）（別に『日本帝國政治地理第一巻第二巻索引』（40 年）あり）を刊行。さらに，大正期に入り，山上の地理学の真髄ともいえる『最新批判地理學』（大正 3 年）を出版している。

　大正 12 年 9 月 12 日，大阪外国語学校（現在の大阪外国語大学）の講師を嘱託された（56 歳）（「大阪外履 2 」）。同年 10 月 1 日，教授に任ぜられた。13 年 4 月 15 日，第五臨時教員養成所（大正 12 年 4 月，大阪外国語学校内に設置）の講師（英語）を嘱託された（14 年 3 月 31 日まで）。14 年 4 月 30 日，大阪外国語学校を退職した。

　上記の他に「官職以外ノ履歴」として，「自筆履」では次の事項が記されている。

　「自法人創立　至大正九年度東京地学協会監事[25)]（中略）自明治三十二年至大正九年財団法人防長教育会理事　監事就任　同会貸費学生監督嘱託[26)] 自大正九年五月　至昭和 6 年 8 月ノ間大阪私立上宮中学校，明浄高等女学校，関西大学[27)]等ノ教授ヲ嘱託セラル」。

　筆者の調査では，山上は日本地質学会の評議員を明治 38，40，41 年度，大正 4～8 年度の期間務めている〔注 10〕pp. 31-32］。なお，外国旅行体験もあり，大阪外国語学校勤務時代の大正 13 年 6 月 17 日に，文部省から命ぜられて蘭領印度（インドネシア）へ出張している。

表7-1　山上萬次郎の略歴および主な著作

年	月	日	略　　　歴
(明治)元	11	6	(陰暦) 山口県周防国都濃郡徳山村 (現・徳山市) に，山上清三郎二男として出生。
18	10	24	山口県立山口中学校高等中学科を卒業。東京大学予備門へ進学。(19年，第一高等中学校と改称)
22	7	11	第一高等中学校理科を卒業。帝国大学理科大学地質学科へ入学。
25	7	10	帝国大学理科大学地質学科を卒業。
26	10	18	農商務省地質調査所技手。(～29年10月31日)
29	12	25	学習院教授。(～32年8月)
32	8	28	海軍〔省〕技師。(～35年7月18日)
34	12	29	海軍水路少技士候補生採用委員。
42	4		文部省図書局地理教科書調査嘱託。(～44年3月)
(大正)12	9	12	大阪外国語学校講師嘱託。
	10	1	大阪外国語学校教授。(～14年4月30日)
13	4	5	第五臨時教員養成所講師 (英語) 嘱託。(～14年3月31日)
(昭和)21	12	14	大阪市旭区にて没。

年	月	主　な　著　作
(明治)26	4	『新撰日本地理』(共著)，『新撰万国地理』(共著)
	8	『新撰地文学』上
27	6	『新撰地文学』下
28	4	「日本石灰石一斑」(『地質要報』第1号収録)
29	3	『隠岐図幅地質説明書』
	4	『大分図幅地質説明書』，『大分図幅』(地質調査)，『隠岐図幅』(地質調査)
29		『新撰大地文学』全6巻 (～34年2月)(第1巻初版筆者未見)
30	6	『三瓶山図幅説明書』，『三瓶山図幅』(地質調査)
31	6	『新撰中地誌』
	9	『新撰地文学講義』
32	3	『丸亀図幅』(地質調査)，『丸亀図幅地質説明書』
40	2	『日本帝国政治地理』全3巻および第1・2巻索引 (～42年6月)
(大正)3	7	『最新批判地理学』
(昭和)21	8	「日本地理学界の今昔」(『国民地理』1―7収録)

注) この表中においては，著作のタイトルは新字体に改める。

第Ⅶ章 山上萬次郎 (1868-1946) の地理学に関する一研究　243

　山上は，第二次世界大戦直後の昭和21 (1946) 年12月14日，大阪市旭区で79歳の生涯を閉じた。遺骨は，大阪府枚方市田口に所在する本覚寺（本門法華宗）の山上家の墓所に葬られている。戒名は「文國院法輝日萬大居士」である。

　本節の終わりにあたり，遺族（山上萬次郎の七男，山上高行氏，および山上の六女，元子氏の御子息塚本省三氏）とのインタビューから，これまでに述べなかったが，山上を知る上で重要と思われる2，3の事実を記しておこう（昭和60年5月4日，千葉県我孫子市湖北台，高行氏にて採録）。

　高行氏は，日常生活に関する思い出として，父親が反権力的，反戦的であったことを第一にあげられ，第二次世界大戦中は，公に一切口を閉ざしていた事実を述べられた。山上萬次郎は『最新批判地理學』のなかで，「独断主義を排せよ，一切の権威を排し，…」(p. 396) と主張しているが，遺族の方の発言とよく符号しているように思われた。また，山上が非常な勉強家であった実例として，次のようなお話をされた。戦前，高行氏が中国大陸へ留学していた時，山上は独力で白話文をマスターし，高行氏の先生であった中国人へ手紙を出したが，その手紙を先生は誉めていたという。また，性格については，気が短く，直ぐに怒鳴りつけ，近より難い人物であった由である。筆者は，志賀直哉が随筆のなかで，「先生は怒り易かつたが，憎むといふ方ではなかつた。」〔注18) p. 127〕という描写をしていたことを直ぐに思い浮かべた。

2．山上の地理学観

　冒頭に述べたように，山上の地理学史上の地位を明らかにすることは，将来の課題であるが，ここではそのための準備作業のひとつとして，山上の地理学観について，彼の著作中に記された文章を整理しつつ検討してみたい。

1）地理学の定義

　地理学の定義について，山上は，以下のように述べている。

地理学ノ定義　地理学ノ定義ニ就テハ種々ノ解釈アリ英ノゲイキー(ママ)氏〔Geikie, A.〕[28]ハ…要スルニ地理学ハ地表ニ於ケル諸般ノ事項ニ就テ論ズル学ニシテ就中人間ノ生活ニ密接ナル関係ヲ有スル事項ニハ特ニ重キヲ置テ之ヲ説クモノナリ[29]──（ⅰ）

地理学ノ定義　地理学（Geography）ハ，地表現象分布ノ系統的智識ナリ。地表ノ現象ハ，其ノ種類甚ダ多ク，其ノ性質亦概ネ複雑ナリト雖モ，其ノ地表分布ノ状態ヲ見レバ，自ラ一貫ノ原理ニ支配セラレ，一定ノ法則ニ律セラルガ如シ。(中略) 蓋シ地表現象ノ分布ニ関スル吾人旧来ノ智識ハ，極メテ不正確ニシテ，非系統的ナリキ。之ヲシテ，正確ニシテ，系統的ナラシムルモノ，是レ最近地理学ノ新意義ナリトス。[30]──（ⅱ）

地表及ビ人間ナル二元ノ交渉関係ハ，其ノ統合的規律〔Unifying Principle〕ニシテ，之ヲ説明スルハ，其ノ終局ノ目的ナリ〔注30) p. 2〕。──（ⅲ）

其ノ中心問題ハ，地人二元ノ関係ニアリトセバ，地理学ノ位置ハ，純然タル形而下ノ自然学科ニ非ズ，又形而上ノ人事学科ニ非ズシテ，其ノ中間ニ位スルモノナルコトハ明カナリ〔注30) p. 3〕。──（ⅳ）

地理学ノ中心問題ヲ以テ地人関係ノ原理ニアリトスルハ，最近ノ思潮ナリトス〔注30) p. 15〕。──（ⅴ）

（ⅱ）～（ⅴ）に関しては，「地理學の位置及分類」〔注23) pp. 1-5〕に同説の内容が記されている。

（ⅰ）～（ⅴ）をみる限りでは，地理学の対象を地表に限定し，系統的知識ないし統合的規律の説明を目的とし，根底に地人関係論を据えている。しかも，この地人関係論は，素朴な地―人の説明から脱却して，自然科学的な思考を組

第Ⅶ章　山上萬次郎（1868-1946）の地理学に関する一研究　245

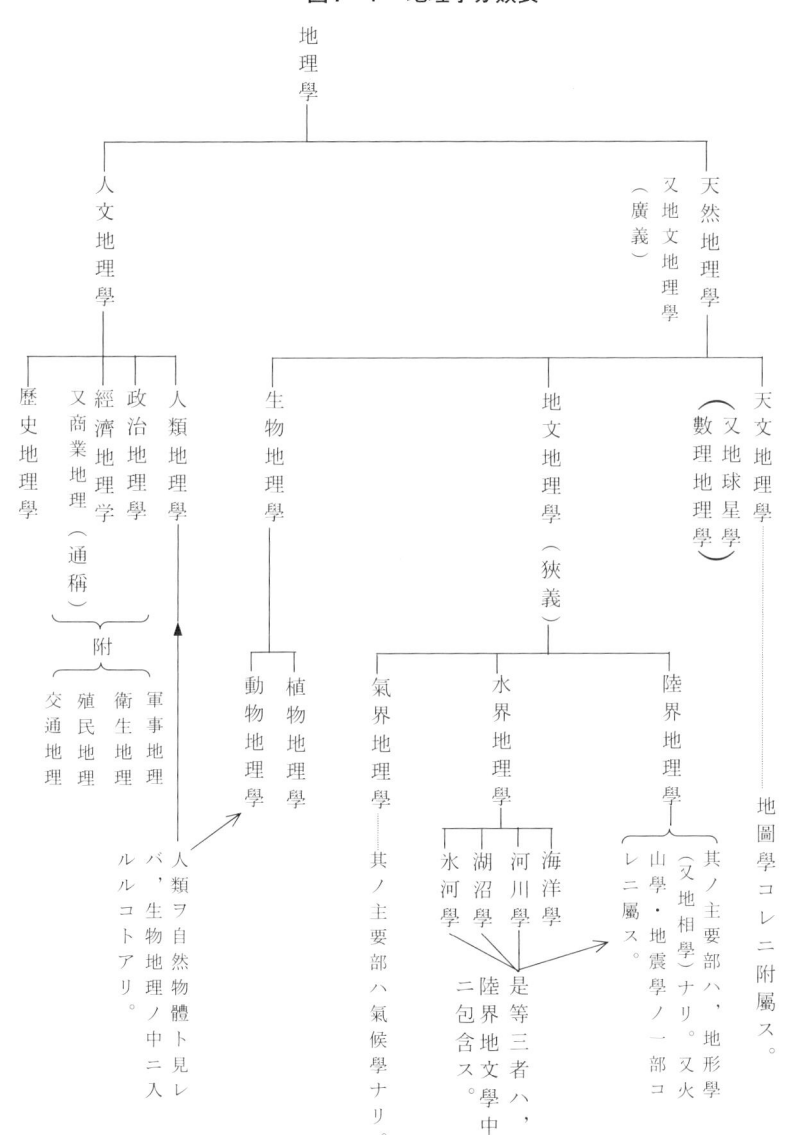

図7-1　地理学分類表

```
                              地理學
                                │
              ┌─────────────────┴─────────────────┐
           人文地理學                        天然地理學
                                            又地文地理學
                                            （廣義）
   ┌────┬────┬────┬────┐         ┌────────┬────────┬────────┐
  歷史  經濟  政治  人類        生物     地文地理學      天文地理學
  地理  又商  地理  地理        地理學    （狹義）        又地球星學
  學    業地  學    學                                    （數理地理學）
        理
       （通稱）
        ┌─┴─┐                ┌──┴──┐    ┌────┬────┬────┐
        附                    動物  植物   氣界  水界  陸界
    ┌──┼──┬──┐            地理學 地理學  地理學 地理學 地理學
   軍事 衛生 殖民 交通                              │
   地理 地理 地理 地理                         ┌───┼───┐
                                              氷河 湖沼 河川 海洋
                                              學   學   學   學
```

人類ヲ自然物體ト見レバ、生物地理ノ中ニ入ルルコトアリ。

其ノ主要部ハ氣候學ナリ。

是等三者ハ、陸界地文學中ニ包含ス。

其ノ主要部ハ、地形學（又地相學）ナリ。又火山學・地震學ノ一部コレニ屬ス。

地圖學コレニ附屬ス。

出典）注30）p. 17.

み入れて記述を行おうとする姿勢がはっきりとうかがえる。
2）地理学の分類
　山上が地理学全体をどのように分類（知識分類）しているかを，彼の著作から抜粋して，彼の地理学観の一端を考えてみよう。

　　一部分ヲ<u>ワグネル</u>〔Wagner, H.〕ノ分類ニ基キ，他ハ著者ノ私意ヲ以テ編述セルモノナリ〔注30）p. 16〕。

　このようにして，山上は，ヘルマン・ワグナーの分類表[31)]を基礎にして，その上に彼の見解を付加し，地理学分類表（図7-1参照）を作成した。
　地理学の分類については，「地理學の位置及分類」〔注23）pp. 13-16〕でも触れられている。各項目の範囲については，以下のように述べている。
　地文地理学は，「地球ノ自然ヲ論ズルモノニシテ自然科学ナリ。」〔注30）p. 18〕とし，狭義の地文地理学は，「生物地理学及ビ天文地理学ヲ含マズシテ，陸海・水界・気界ノ三者ノミヲ包括ス。…」〔注30）p. 18〕と規定している。地図学は，「其ノ位置ハ，旧ニヨリテ，天文地理学ノ中ニ付属セシムルヲ使トス。」〔注30）pp. 18-19〕としている。陸海地理学は，「普通ノ意義ニ於テハ，地形学ハ，陸地ノ形相ヲ論ズルモノニシテ，海岸及ビ海底ヲ包括スレドモ，水気両界ヲ含マザルモノト知ルベシ。（後略）」〔注30）p. 19〕と述べている。水界地理学は，「広義ニ於テ，是等四分科ヲ含メドモ，河川・湖・氷河ノ三者ハ，通常陸地ノ水トシテ，陸界ノ中ニ入ル、モノト知ルベシ。」〔注30）p. 19〕と記している。気界地理学は，「是レ気界地理学ノ範囲ニシテ，其ノ予備タリ，基礎タルハ，気象学（Meteorology）（即チ空気ノ物理学）ナル補助学科ナレドモ，其ノ終局ノ解釈ハ気候学（climatology）ノ原理ノ闡明ニアリト知ルベシ。」と述べている。生物地理学は，「動物・植物ノ外，自然物体トシテ，人間ヲモ，此ノ中ニ論ズルコトアリ。」〔注30）p. 20〕と記している。人文地理学は，「地表ヲ人類ノ住所トシテノ地理学ナリ。（中略）而シテ，人類活動ノ舞台トシテ，地表ヲ観察スレバ，其ノ方面，一ナラザレドモ，大別シテ，三〔政治，経済，歴

第Ⅶ章　山上萬次郎（1868-1946）の地理学に関する一研究　247

史〕トナシ得ベシ。」〔注30）pp. 20-21〕と述べている。

3）『最新批判地理學』

　本項および次項では，山上の地理学観を最もよく表明していると思われる著作をとりあげ，彼の思想についても言及してみよう。

　まず，山上が47歳の時に刊行した『最新批判地理學』[32]について述べる。

　本書の内容（目次）は，1．地球の真形，2．地球の運動，3．時の差異及び日付の変更，4．地球の内部，5．地磁気，6．地図学小言，7．水陸の配列，8．半島及び島，9．平原及び高原，10．山岳，11．河，12．火山及び地震，13．水界及び気界，14．人口，15．批判地理学の目的　から構成されている。このように本書は，自然地理学を主体としているが，8．以降では，人文的要素と自然的要素との関係について論じている。タイトル中に記されている，「批判」とは，「古ルキ地理」に対する「新シキ地理」からの批判を意味している。「新シキ地理」とは，科学的研究に基づき，定量的・実験的な地理学を指している。[33]

　本書については，大正3年の『地學雜誌』（26-307，p. 570）の「新刊紹介」の欄で，Y氏により下記のような書評がなされている。

　　（前略）其の論述の真は正に一派の哲学なり，特に仏の大著ルクリュー〔Reclus, E.〕の地球篇，独の大家ラッツェル（ママ）〔Ratzel, F.〕の人文地理学，英の海洋学大家マルレー（ママ）〔Murray, J.〕の最近の名著海洋学等に含まれたる諸学説は到る処に引用せらる，これ等は未だ我が地理学界に詳細なる紹介を経たること稀なれば此の点に於ても読者の渇望を医するに足るべし。

　このようにルクリュ（後述），ラッツェル（『最新批判地理學』pp. 184-185，p. 228），マルレー〔マリー〕（p. 365，pp. 367-368），リッテル〔Ritter, K.〕（pp. 185-186，p. 205）等の著名な外国人研究者の学説の他に，小藤文次郎（p. 318）をはじめとして，牧口常三郎（p. 298，p. 313，p. 323），志賀重昂（p. 313），内村鑑三（p. 176）等のノン・アカデミック地理学者の諸論をも紹介し，また，参考に

している点が注目される。しかし，これらの研究者の所見は，あくまでも山上地理学を構築するための‘材料’である。「新シキ」地理学という方法（論）に基づき，先人の見解を活用・統合し，山上は独自の地理学観を確立したと筆者は考えている。地理学観の結論があとで記す「第15章　批判地理学の目的」に表明されている。本書の内容（目次）の一部には，ルクリュ「地球篇」（後述）からの影響と見受けられる側面も存在しているが，編成全体・結論の導びき方には，オリジナリティが認められる。

　ここで，先に引用した書評中の「大著ルクリュの地球篇」[34]について記しておこう。原書は *La terre* で2巻から構成され，「地球篇」は，この内の第1巻を示す。[35]

　山上は，『最新批判地理學』でルクリュおよび彼の著書の紹介を行っている。[36] 大正3（1914）年の時期にルクリュに着眼している点は，本章のはじめで記したように，山上の地理学に対する見識の高さを示すものと思われる。[37] 山上が直接に，参考にしたテキストは，英訳本〔注6〕p. 7〕（数種類ある）の内の次の図書であろう。

A new physical geography, by Élisée Reclus, edited by A.H. Keane. London, Virture, 1886, 2 vols.

　この内のVol.1（500p.）が「地球篇」である。その構成は，4部からなりたっている。その内容は，次のとおりである。

　1．惑星としての地球
　2．大地（大陸，大洋，山脈等を扱う）
　3．水の循環（氷河，河川，湖沼等を扱う）
　4．地下に存在する力（火山，地震，地形の隆起・沈下等を扱う）

　山上は，『最新批判地理學』の全体を通じて，地理事象中にあらわれる規則性（規律）に着目している。たとえば，「地殻物質の配布」〔注32）pp. 57-58〕，「水陸配列の外観的規則」〔注32）pp. 185-209〕等がその実例として，直ちにあげられる。これには，ルクリュの *A new physical geography,* Vol.1 からの影響

第Ⅶ章　山上萬次郎（1868-1946）の地理学に関する一研究　249

も一因となっていたのではないかと筆者は推察している。ルクリュは，同書において，多様性のなかにあらわれる調和のある規則性ないしは法則性に注目して記述を行っているからである。[38] たとえば，第2部の最初の章に当たる第6章の冒頭には，次の文章が記されている。

> 我々の地球は，その形が球状体である点でも，また，宇宙空間を恒常的に規則的な針路をとって進む点でも，明らかにあらゆる調和の法則に一致している。（中略）海岸と稜線の輪郭が，幾何学的規則のシステムを構成していないことは確かではあるが，正にこの多様性は，より一層の生命力の証拠であり，地表の装飾に協同している多種多様な運動の証言である。大陸が平坦ではないが，しかし，調和のとれた形状をしていることは，我々の惑星，地球が外形を造型する際に，何世紀にもわたり支配してきた諸法則を視覚的にいわば説明しているのである。「地球の外形における基本的な線は，幾何学の線でないものはない。」[39]

なお，『最新批判地理學』のなかで，「ルクルュー」の名前を明記して引用・参考にしている個所は，筆者の調査した範囲では8ヵ所ある。この内，*A new physical geography*, Vol.1 と対応，比較した結果，該当部分が確認された個所は5ヵ所である。[40]

本項の最後に，『最新批判地理學』中の「第15章　批判地理学の目的」〔注32) pp. 395-400〕について述べておこう。この章は，次項で考察する「日本地理學界の今昔」とも部分的に重複する内容を含むが，当時の山上の地理学観を鋭く表明しているとみられる。第15章は，次にあげる10ヵ条から構成されている。

1．定量的なれ
2．実験的なれ
3．史的研究を貴べ（過去を明らかにして，はじめて現在が理解できるので

あると主張している）
4．独断主義を排せよ
5．循俗主義を捨てよ（無意味なる平均数，浅薄なる中間説に妥協するべきでないと主張している）
6．純分類主義を廃止せよ（「分類は手段なり，目的に非ず」）〔注 32) p. 397〕
7．哲学的なれ（この項の説明中に次のような語句がある。「地理学は実に山水を以て書かれたる哲学なり，海陸を以て彩られたる宗教なり」）〔注 32) p. 398〕
8．論理的なれ（論理学により，確実なる事実を正当に解釈したものを前提とすることを主張している）
9．実験心理を重んぜよ
10．批判地理学の理想（「自由討究を主とし，偏見を去り，知らざるを知らずとせよ。これ批判地理学の理想なり」）〔注 32) p. 400〕

以上のような「新シキ地理」の根幹となる精神内容を整理し，列挙して独創性に富む記述を行っている。

4）「日本地理學界の今昔」

本論文は，『國民地理』（昭和 21 年 8・9 月合併号，第 1 巻第 7 号，pp. 3-7）に収録され，死去約 1 年前に執筆された。おそらく，これは山上の最後の著述であろう。したがって，晩年の山上の地理学観，思想を研究する上で欠くことのできない資料である。その内容は次のとおりである。

（本文中の見出し）（一）明治維新以前　（二）明治維新より明治二十年頃まで　（三）明治三十年頃まで　（四）明治三十年頃より明治の終りまで　（五）東京地学協会のこと　（六）大正時代　（七）昭和時代　余談一～七

（一）～（七）は，山上からみた日本地理学史であり，（六），（七）の項は数行しか記していない。そこで，この論文は，山上のみた明治地理学史ということができよう。彼は，アカデミック地理学者の他に，野口保興，志賀重昂，矢

津昌永等のノン・アカデミック地理学者の業績をここでも高く評価している。この点がいわゆるアカデミック地理学者と異なる山上の大きな特色であろう。

　余談の節は，先に触れた『最新批判地理學』第15章と同じく，彼の地理学観，思想を簡潔に総括している。本節の細目を次にあげてみよう。一．量的でない科学は精密でない。二．普通（初等，中等）地理教材のなかに数理地理（天文地理，星学地理）の材料が極めて少ない。三．地理区。四．フランス学派特に地理哲学。五．日本古代地理学の研究は化石学の正しい進歩を伴ふべきこと。六．因果関係の注意。七．研究の自由。

　上記の内，特に重要と思われる項のみについて以下に解説する。

　一．の内容は，『最新批判地理學』でも言及していたが，再度，強調している。四．は本節3）で引用したルクリュについて，「社会主義〔者〕」〔注6〕p.7〕と明確に述べ，ルクリュの著作があまり，わが国で読まれていないことを指摘している。さらに，ルクリュの友人でアナーキストである，クロポトキンを「大地理学者で又共産主義の創立者」〔注6〕p.7〕と紹介し，地理学的業績への賛同を述べている。この事実は，山上の地理学観および思想を理解する上で大きな意味をもつであろう。六．についてみると，過去に彼が執筆した論文の内には，地理事象の因果関係に注目しているものがいくつも見出される。たとえば，「農業に及ぼす氷河の影響」[41]等があげられる。七．は『最新批判地理學』のなかでも主張された批判地理学の理想と同様の主旨が記されている。

　このように余談の項に，彼の晩年における地理学に対する姿勢が明らかにされていることに着目したい。本節3），4）において既述したように，アナーキストとしてのルクリュ，クロポトキンについて山上が紹介，言及していたということは，彼の人生後半における思想をうかがう上で見過ごすことはできない。彼の人生後半——大正3年頃～晩年・浪人時代——に，彼はルクリュ，クロポトキンのような無政府主義者の地理学ばかりでなく，その思想にも共鳴していたかのように見える。本章の1．の伝記の部分3）で紹介した彼の反権力的，反戦的態度は，彼等からの影響も一部作用していたのかもしれない。こ

の点は，山上の地理学思想の解明にも関連する問題であり，今後の重要な研究テーマであろう。また，『最新批判地理學』刊行後から本論文を記すまでの期間，約30ヵ年間に山上が発表した学術論文・著書は，筆者の調査した範囲では，論文5編のみである。[42] 既述したように，山上は，昭和6年頃まで，中学校等に勤務していた様子だが，執筆活動についてはほとんど止めてしまった。この理由は，現時点では不明である。山上の年齢上の問題ではなく，なんらかの精神的要因からではなかろうか。この点も今後，さらに調査すべき課題であろう。

注)
1) スクール・ブック・メーカーとしての山上の活動については，中川浩一が次の著者中で考察している。中川浩一 1987．『近代地理教育の源流』古今書院．中川は，「山上萬次郎(ママ)の名は，明治二〇年代以後，初等中等教育界に広く流布することになる。しかし彼の名声は，地理学者としての業績に起因するものではなく，教科書を数多く著述することによって，なりたっていた。」(p. 238) と記している。筆者〔源〕も，山上が多数の地理，地文に関する教科書を執筆した点は認める。しかし，山上は，スクール・ブック・メーカーに止まらず，本章中に記述するようにアカデミックな図書・論文も多数，著している。本章では，山上の地理学者としての業績を中心に分析してみたい。
2) 源　昌久 1975．志賀重昂の地理学―書誌学的調査―．*Library and Information Science* 13：pp. 183-204., 同 1977．内村鑑三の地理学―書誌学的調査1―．淑徳大学研究紀要　11：pp. 56-78., 同 1978．矢津昌永の地理学―書誌学的調査1―．淑徳大学研究紀要　13：p. 31-97., Minamoto, S. 1984. Shigetaka Shiga：1863-1927. In T. W. Freeman ed. *Geographers：Biobibliographical Studies.* Vol. 8, pp. 95-105.
3) Berdoulay, V. 1981. The contextual approach. In D.R. Stoddart, ed., *Geography, ideology, and social concern.* Oxford：Basil Blackwell, p. 13-14. において，ある地理学者の地理思想を理解するためには，"Scientific community"（科学に携わっている社会）ばかりか，"Circle of affinity"（親交のあった仲間）との関係を調査することが重要であると述べられている。
4) アナーキストについて述べたラディカル地理学に関するテキストとして，Peet, R. ed. 1977. *Radical Geography：Alternative viewpoints on contemporary social issues.* Chicago：Maaroufa Press, 387p. があげられる。同書中には，ルクリュの著作の抜粋 'The Influence on Man on the Beauty on the Earth' (pp.

59-65），クロポトキンの著作の抜粋 'Decentralisation, Integration of Labour and Human Education' (pp. 378-387), クロポトキンの地理学について考察した論文, Galois, B.,'Ideology and the Idea of Nature: The Case of Peter Kropotokin' (pp. 66-93) が収録されている．
5）山口高等商業學校 1940.『山口高等商業學校沿革史』p. 149.
6）山上萬次郎 1946. 日本地理學界の今昔．國民地理 1-7：p. 3, によると，山上は，これ以前に徳山中学〔校〕（徳山分校初等中学科）に在学していた．
7）第一高等學校 1939.『第一高等學校六十年史』p. 587（附表）．
8）Naumann, E. und M. Neumayr 1890. Zur Geologie und Palaeontologie von Japan. *Denkschriften der Kaiserlichen Akademie der Wissenchaften, mathematisch-naturwissenschaftliche Classe* 57：S.1-42. Mit. 14 Textfiguren und 5 Tafeln. （東北大学附属図書館北青葉山分館所蔵）．
9）石田龍次郎 1971.『地学雑誌』—創刊（明治二十二年）より関東大震災まで 日本の近代地理学の系譜研究 資料第三—．一橋大学研究年報 社会学研究 11：pp. 46-48.
10）日本地質学会 1953.『日本地質学會史 日本地質学会 60 周年記念』日本地質学会, p. 92.
11）カード番号 23 は，「Asai, I., 1890」〔浅井郁太郎〕，同 24 は，「Wakimizu, T., 1893」〔脇水鐵五郎〕．
12）小川琢治 1941.『一地理學者の生涯』小川芳樹, p. 51.
13）山上萬次郎 1896. 明治廿八年十月霧島山破裂實況概報．地學雜誌 第 8 集第 85 巻：pp. 29-33.
14）本論文の原著は次の文献ではなかろうか．
　　Hann, J., Hochstetter, F.v. und Pokorny, A. 1872. Allgemeine Erdkunde. *Ein Leifaden der astronomischen Geographie, Meteorologie, Geologie und Biologie.* Prag：F. Tempsky, 372S.
　なお，東京大学理学部地質学教室図書室蔵書本を筆者は参照した．この書物は，小藤文次郎文庫に所在し，見返しに「EDMUND NAUMANN」の浮出しプレス印が押されている．
15）学習院に山上が就職した時期について，「大阪外履 1」，「大阪外履 2」，「自筆履」共に「十二月二十五日」と記されている．しかし，『開校五十周年記念學習院史』(1928) の附表「舊職員名簿」では「一一」(11 月) と記されている．
16）『新撰地文學』上（冨山房 1893）および『新撰地文學』下（冨山房 1894）と思われる．
17）守屋荒美雄記念會 1940.『守屋荒美雄傳』pp. 112-113.（後編）．守屋荒美雄記念会．
18）志賀直哉 1950. 山荘雑話（五）山上萬次郎先生．展望 5 月号：pp. 125-127.

19) 早稲田大学大学史編集所 1978.『早稲田大学百年史』第一巻, p. 764, p. 1040. なお,『東京専門学校校則・学校配当資料』(1978) に収録されている「資料 56 学校規則一覧」の明治 33 〜 34 年度文学部講師の項 (p. 207) に山上の名前が掲載されている。この点から推察すると, 明治 34 年 8 月まで講師として在任していた可能性もある。
20) 在任期間を「大阪外履 1 」では「自明治三十五年九月　至同四十年七月」と記している。「自筆履」では終了時期を「明治四十年」と記している。ここでは次の資料をも参考にする。早稲田大学大学史編集所 1981.『早稲田大学百年史』第二巻, p. 53, p. 171, p. 384, p. 1204. ただし, 所属と時期の詳細な関係は, 不明。
21) 筆者の調べた範囲では, 山上著の教科書（中等教育用）について, 次のようなことがいえるのではなかろうか。それは, 山上の科学的思考が, テキスト中にも随所に表明されていることである。たとえば,『訂正新撰地理　外国之部』(明治卅三年　訂正再版) の緒言中で「従来外国地理を教ふるの上に於て, 往々世人の誤解せる二大欠点あり, 一は自ら尊ぶの極, 排外的思想に陥り, 一は自ら卑むるの極, 外国崇拝の主義に傾けり, 本書に於ては, 力めて此弊を避けたる…」(緒言 p. 6) と大活字を使用して強調している。このように客観的に世界を認識しようとする姿勢もその一例とみてよいと思われる。
22) 遺族　山上高行氏のお話しによると, 山上萬次郎が学習院を辞職した理由は, ある皇族の子弟で生徒でもある人物に対する発言内容が不敬的な意味を含んでいると学校側に受けとめられたからであった。
23) 山上萬次郎 1908. 地理學の位置及分類. 地學論叢　第 1 輯：pp. 1-16.
24) 山上萬次郎 1908. 日本政治地理一斑. 地學論叢　第 3 輯：pp. 297-359.
25) 筆者は, 山上が協会の監事の地位を退いた時期を確認するために『地學雑誌』に連載されている東京地学協会記事をトレースしてみた。それによると, 大正 9 年 5 月 2 日に開催された第 41 年総会では, 監事に選出されている (32-377：pp. 227-229.)。しかし, 大正 10 年 5 月 14 日に開催された第 42 年総会では, 山上は出席しているが, 監事には選出されていない (33-390：pp. 339-341.)。これらのことから, 山上が「自筆履」中で記している退任の時期, 「大正九年度」は正しいといえよう。なお, 彼は大正 9 年に東京府より大阪市南区へ引っ越している。このことと, 監事を退任したこととは関係があるのではなかろうか。
26) 防長教育会『防長教育會百年史』(1984 年) によると, 山上は明治 32 年 4 月 11 日, 東京評議員に選任されている (pp. 384-385.)。
　　また, 同書には, 大正 9 年 5 月 14 日, 山上が身辺異動で評議員を退任したことが記されている (p. 398)。
27)『關西大學學友會會員名簿』,『會員名簿』大正 9 年, 11 年度, 15 年現在〔調査

版〕によると，「講師ノ部」「教授及講師」の項に山上の氏名が記載されている。昭和2年，4年～8年現在〔調査版〕では，「旧教授及講師」の項に記載されている。大正15年版（p. 30），昭和2年版（p. 30）では「住所又ハ勤務ノ箇所」の項に「大阪市上宮中学校」と記載されている。

28) 山上とArchibald Geikie（1835-1924）との地理学観の相違について簡単に述べておこう。山上は「ゲイキー氏ハ以為ラク人ニ生活アリ地球ニモ亦生活アリ山ノ峙ツ，水ノ流ル，雲ノ起ル，雨ノ降皆地球生活ノ表示ナリ此地球ノ生活ニ就テ正当ナル解釈ヲ与フル是レ地理学ナリ」注29）緒言 p. 1）と記し，Geikieが地表上の自然事象の考察に力点を置いているように看做している。一方，山上は，自身の定義（ⅰ）中の「人間ノ生活ニ密接ナル関係ヲ有スル事項」という語句，(ⅲ)(ⅳ)および(ⅴ)から，自然的要因のみではなく，自然事象と人間の生活事象との間に介在する関係を考察しようとする傾向を筆者は読みとった。

29) 山上萬次郎 1898.『地文學講義　全』緒言，p. 1. 冨山房

30) 山上萬次郎 1907.『日本帝國政治地理』第壹巻，pp. 1-2. 大日本図書

31) Wagner, H.（1840-1920）の地理学分類について付言しておこう。山上は次のように言及している。「ワグネル氏地理学ノ定義及ビ区分。…此ノ部ヲ自然地理学トス。…此ノ部ヲ人文地理学トス。…而シテ，教授ノ目的，其ノ他ノ事項ニヨリテ，地理学ヲ通論ト特論トニ大別シ，通論ヲ数学地理・地文地理・生物地理・人類地理ノ四ツニ区分セリ。」注30）p. 16）このようにWagnerの分類概念フレーム・ワークは，人文─自然地理学，特論─通論（数学・地文・生物・人類地理の4区分）に別け，二元論的な分類の枠組を示している。山上のものとは，枠組そのものが異なっているように思える。

32) 本書の書誌的データは次のとおりである。
最新批判地理學　大正3年7月5日発行　菊判　東京　育英書院，序一〜二　目次一〜一五　凡例一〜六　本文一〜四〇〇　正誤及び増補〔表〕〔1頁〕定価金一円五拾銭

33) たとえば，表面の水陸の面積比を「古ルキ地理」では，水を3，陸を1としている。「新シキ地理」では，南極洲の面積を加算して，水を70.8，陸を29.2としている（p. 172）。また，「古ルキ地理」では，半島と人文の関係を考察する時，地質，緯度等を無視して，すべての半島を同一視して取り扱う（pp. 226-227）等，両地理の相違点を多数例示している。

34) 原著の書誌的データは次のとおりである。
　　La terre; description des phénomèns de la vie du globe. Paris, L. Hachette, 1868-69. 2v. illus., maps.（part col.）27cm（原著筆者未見）。

35) 注32）p. 184において，「本章中〔第7章〕地球篇に依りたる所多し。」との記述がある。

36) 山上がルクリュを日本へ紹介した時期は，石川三四郎によりルクリュの思想が紹介された時期よりも速い。野澤秀樹 1986. エリゼ・ルクリュの地理学体系とその思想. 地理学評論 59-11：p. 636. 参照。なお，山上は注30) p. 15でルクリュの名前を記載している。
37) 椿山〔田中阿歌麻呂〕により，エリゼ・ルクリュ著『人及地』(*L'homme et la terre.*) 第1～3巻についての書評が，明治41年1月，『地學雜誌』に掲載されている (20-235, pp. 527-528.)。なお，同書第4～6巻についても書評を行い，同誌 22-258, pp. 487-488. に掲載されている。
38) この部分は，野澤秀樹の見解を参考にする〔注36) 中で参照した文献のpp. 637-639]。また，山上自身も，地表全体の配列について言及する際，「調和の存すべき」〔注32) p. 184 傍点筆者〕ことを明記している。
39) Reclus, É., Translated from the (sic) French by A.H. Keane 1886. *A new physical geography, Vol.1,* London：Virtue, p. 31.
40) 山上が『最新批判地理學』中でルクリュを引用・参考にした個所は次のとおり。①第7章中の水陸の配列に関する結論の部分 (p. 184)。②第8章125─島国民の特色─中でルクリュの考え方を紹介 (p. 251)。③第9章133─沙漠・草原─の例中で，サハラの説明にルクリュの文章を引用 (p. 266)。④同章136─主要高原の分布─中でルクリュの論を紹介。但し，山上の意見とは異なる (p. 277)。⑤第10章148─山と人体との関係─中でルクリュの山の害についての説明を記載 (p. 302)。⑥第11章152─河の運動─中，「此の一節ルクリュ─地球篇第四十六章に依る所多し」の記述あり (p. 316)。⑦第11章160─人文上河の性質─中アマゾン河についてのルクリュの所見を記載 (p. 331)。⑧第15章200─批判地理学の理想─中で，ルクリュの言葉を引用 (p. 400)。なお，文献注39) と比較すると，山上は次の部分を参考にしたと思われる。③は，注39) の p. 72. ④は，注39) の p. 86. ⑤は，注39) の pp. 128-129. を適宜に訳している。⑥は，注39) の p. 236. を主として訳出している。⑦は，注39) の p. 235. のアマゾン河の説明を訳出したのではなかろうかと思われる。
41) O.D.Von Engeln の論文の大要ではあるが，山上萬次郎 1915. 農業に及ぼす氷河の影響. 地學雜誌 27-314：pp. 163-168〔雑録の項〕。
42) 論文は，全て『地學雜誌』に掲載され，書評10編も同誌に掲載されている。しかし，大正8年1月以降は，まったく同誌には論文・書評共に登場していない。

文　献

〈和文献；著者等（責任表示）の五十音順〉

石川　謙・石川松太郎 1967.『日本教科書大系　往来編』第9巻　地理（1）　講談社，602p.

石川松太郎 1988.『往来物の成立と展開』雄松堂，203, 12, 22, 79p.

石田龍次郎 1969.『東京地学協会報告』（明治一二 – 三〇年）—明治前半の日本地理学史資料として—. 一橋大学研究年報　社会学研究　10：pp. 1-83.

石田龍次郎 1966. 皇国地誌の編纂 —その経緯と思想—. 一橋大学研究年報　社会学研究　8：pp. 1-61.

石田龍次郎 1971 a.『地学雑誌』—創刊（明治22年）より関東大震災まで　日本の近代地理学の系譜研究　資料第三—. 一橋大学研究年報　社会学研究　11：pp. 1-95

石田龍次郎 1971 b. 明治・大正期の日本の地理学界の思想的動向 —山崎直方・小川琢治の昭和期への役割—. 地理学評論　44（8）：pp. 532-551

石橋五郎 1936. 我國地理學の回顧. 地理論叢　第8輯：pp. 1-23

石山　洋 1965.『日本科学技術史大系　第14巻・地球宇宙科学』第一法規出版　661p.

太田臨一郎 1976. 福沢諭吉著訳書の原拠本について. 福沢諭吉年鑑　3号：pp. 120-143.

気象庁 1975.『気象百年史』　日本気象学会　740p.

国松久弥 1978.『『人生地理学』概論』第三文明社，268p.

栗生一郎 1976.『復刻 人生地理学 解題』第三文明社，122p.

慶應義塾 1958.『慶應義塾百年史』上巻　慶應義塾，819p.

慶應義塾 1958-1964.『福沢諭吉全集』全21巻　慶應義塾.

佐志　傳 1986.『『慶應義塾社中約束』付・参考資料』慶應義塾福沢センター，273p.

佐藤友計 1994. 福沢諭吉の地理教育観に関する一考察. 新地理　42（3）：pp. 1-11.

志賀重昂 1889.『地理学講義』（初版）敬業社，88p.

志賀重昂 1892.『地理学講義』（訂正5版）敬業社，120p.

志賀重昂 1901.『地理学講義』（増訂11版）文武堂，154p.

志賀重昂 1907.『地理学講義』（訂正増補14版）文武堂，187p.

杉山忠平 1986.『明治啓蒙期の経済思想――福沢諭吉を中心に――』法政大学出版局，282p.

曽根松太郎 1921.『文検受験者のために』明治教育社，554, 32, 110p.，[10p.]

高梨健吉・出来成訓 1993.『英語教科書の歴史と解題』大空社，253p.

辻田右左男 1975.『日本近世の地理学』柳原書店，325, 12p.

富田正文 1964.『福沢諭吉書誌』大塚巧芸社，44p.

中川浩一 1967. 明治期の地誌学習における地域区分と学習順序. 社会科教育研究 25：pp. 18-26.
西浦英之 1970. 近世に於ける外国地名称呼について. 皇学館大学紀要 第8輯：pp. 227-324.
日本地学史編纂委員会（東京地学協会） 1993. 西洋地学の導入（明治元年〜明治24年）〈その2〉―「日本地学史」稿抄―. 地学雑誌 102：pp. 878-889.
根本順吉 1965.『日本科学技術史大系 第14巻・地球宇宙科学』第一法規出版, 661p.
文検受験協会 1925.『文検受験各科目必勝法指針』教育研究会, 547p.
細谷新治 1974.『明治前期日本経済統計解題書誌 ―富国強兵（下）―』一橋大学経済研究所日本経済統計文献センター, 165p.
細谷新治 1978.『明治前期日本経済統計解題書誌 ―富国強兵編（上の2）―』一橋大学経済研究所日本経済統計文献センター, 349p.
牧口常三郎 1903.『人生地理学』（初版）（発行所）文会堂, 995p.
牧口常三郎 1980.『人生地理学5』聖教新聞社, 312p.（聖教文庫）
源 昌久 1978. 矢津昌永の地理学 ―書誌学的調査 1― 淑徳大学研究紀要 第13号：pp. 31-97.
明治文化研究会 1969.『明治文化全集 別巻 明治事物起源』日本評論社, 1496p.
山上万次郎・浜田俊三郎 1893 a.『新撰日本地理』（初版）. 冨山房, 216p.
山上万次郎・浜田俊三郎 1893 b.『新撰万国地理』（初版）. 冨山房, 348p.
山上万次郎・浜田俊三郎 1897.『新撰万国地理』（再訂正11版）. 冨山房, 318p.
山口一夫 1992.『福沢諭吉の亜欧見聞』福沢諭吉協会, 435p.
山住正己 1970.『教科書』岩波書店, 216p.

〈欧文献；アルファベット順〉
Baker, T.N.L. 1963. *The history of geography*. Oxford：Blackwell, 266p.
Freeman, T.W. 1971. *A hundred years of geography*. 1st paperback ed. London：Gerald Duckworth, 335p.（1st ed., 1961. Reprinted with reversions, 1965）
Freeman, T.W. 1980. *A history of modern British geography*. London：Longman, 258p.
Lee, S. ed. 1921. *Dictionary of national biography*. 2nd Suppl. Vol.Ⅱ. London：Smith, Elder & Co., 676p.
Meiklejohn. J.M.D. 1890. *A new geography on the comparative method with maps and diagrams*. 3rd ed. London：Simpkin, Hamilton, Kent and Co., Lim., St. Andrews：A.M. Holden, lii, 504, 16p.（Professor Meiklejohn's Series）
Meiklejohn. J.M.D. 1902. *A new geography on the comparative method with maps and diagrams and an outline of commercial geography*. 27th ed. London：A.M.

Holden, lii, 578, 30p.（Professor Meiklejohn's Series）
Minamoto, S. 1984. Shigetaka Shiga：1863-1927. In T.W.Freeman ed. *Geographers：Biobibliographcal studies*. Vol.8, London and New York：Mansell, p. 95-105.
Takeuchi, K. 1974. The origins of human geography in Japan. *Hitotsubashi Journal of Arts and Sciences*. 15（1）：pp. 1-13.
Takeuchi, K. 2000. *Modern Japanese geography*. Tokyo：Kokon Shoin, 250p.
Roach, J. 1971. *Public examinations in England 1850-1900*. London：Cambridge University Press, 299p.

SUMMARIES

Chapter I
A Study of Yukichi Fukuzawa's (1834-1901) *Sekai Kunizukushi* (World Geography) : A Bibliographic Survey

This chapter is a bibliographic study concerning the geographical works of Yukichi Fukuzawa, renowned thinker and educator of the Meiji era (1868-1912). From among these works, it focuses on the six-volume, "*Tosho/taizen*" *Sekai kunizukushi* (Notes/Complete Collection: World Geography) published in 1869, surveying and examining the content, and identifying the original sources from which Fukuzawa drew, thereby establishing basic documentation for use in conducting further research on Fukuzawa in this field.

The original sources for approximately three-fourths (83 illustrations) of the 108 illustrations provided to support the text and notes in the "*Tosho/taizen*" *Sekai kunizukushi* are identified. The most frequently used source (67 illustrations; 62 percent of all) was *Mitchell's New School Geography* (*MSG*). *MSG* was also the source for most of the text and illustrations of one of the six volumes, which is titled *Ningen no chigaku* (Systematic Geography).

Chapter II
Kanzo Uchimura's (1861-1930) Geographical Works: A Bibliographic Survey

This chapter provides a list of the geographical writings of Kanzo Uchimura and a list of studies on his geography in the attempt to compile basic sources for research on Meiji-era geography.

Inasmuch as Uchimura, eminent thinker and religious leader of the Meiji era and the Taisho era (1912-26), approached the study of geography differently from that of mainstream academia, an appreciation of his work will contribute to critical scholarship on the history of geographical study in Japan. In the area of research on Uchimura, relatively few studies have been done from such a perspective.

The present study provides basic data for further research on Uchimura's geography. Publication of a study of the framework of his geography and how it was situated in the overall system of his thought is forthcoming.

SUMMARIES 261

Chapter III
Masanaga Yazu's (1863-1922) Geographical Works: A Bibliographical Survey

The concerns of previous research on the history of Meiji-era geography have centered almost exclusively on the development of academic geography at the Imperial University.

This chapter discusses non-academic geographer Masanaga Yazu, who devoted his entire career to teaching geography prior to the establishment of geography as an academic discipline in Japan. It presents a bibliography of his writings and a list of studies on Yazu as documentation that may help to fill in the gaps in research on the early state of the development of Meiji geography.

Since Japanese academic geography has more or less ignored Yazu, and no full-fledged study of his life has yet been published, one section in this chapter is devoted to an outline of Yazu's life based examination of historical documents and other materials.

Chapter IV
A Study of Masanaga Yazu's *Nihon Chimongaku* (The Physiography of Japan)

This chapter examines *Nihon chimongaku* published in 1889 by non-academic geographer Masanaga Yazu, who worked outside the academic establishment of the time.

A comparison of the content of this book with that of three physiography-related writings (published between 1886 and 1890) by geologist and academic geographer Bunjiro Koto (1856-1935) illustrates significant differences between the works of academic and non-academic geographers of those days. The Koto books use and cite Japanese data and fieldwork, but Yazu's work cites many more domestic sources and explains them in much more detail.

One of the marked features of *Nihon chimongaku* is the inclusion of passages closely related to daily life as well as to practical uses and business. While some scholars claim that *Nihon chimongaku* was based on the work *Japan* by German geographer Johannes Justus Rein (1835-1918), the arguments are presented demonstrating that Yazu used Rein's work solely as a reference.

Chapter V
Shigetaka Shiga's (1863-1927) Geographical Works : A Bibliographic Survey

The purpose of this chapter is to present a new material to study a history of geography in the Meiji and Taisho eras through a bibliographic survey with particular reference to Shigetaka Shiga, a great thinker of enlightenment, and his geographic works.

A bibliography of Shiga's geographic works was compiled, to which bibliographic annotations are added. Most of the works were located in large libraries and various editions and versions were identified. Upon these findings the position of Shiga's geography was discussed.

Chapter VI
A Study of J.M.D. Meiklejohn's (1830 †-1902) *A New Geography on the Comparative Method* : One Aspect of the History of Geography in the Meiji Period

In the revised fifth edition of his work *Chirigaku kogi* (*Lectures on geography*), 1892, Shigetaka Shiga, a geographer and enlightenment thinker in the Meiji and Taisho eras, mentions a British geographer and a work authored by him. Using the bibliographical approach, this author was able to identify the British scholar as J.M.D. Meiklejohn and the title of his book as *A new geography on the comparative method with maps and diagrams* (1st ed., 1889; hereafter referred to as *A New Geography*). Meiklejohn, once a famous geographer, has faded into obscurity in geographical study in Britain today. († Although varying dates are given for Meiklejohn's birth, I rely on a letter, dated 29/3/84, from Mr. Robert N. Smart, Keeper of the Muniments, University Muniments, University Library, St. Andrews, Scotland, stating that Meiklejohn was born in 1830).

Shiga was attracted by the comparative method Meiklejohn employed in his book and sought to apply it to the study of geographical phenomena in Japan. Through further examinations, this author also discovered that the section on regional geography in Meiklejohn's book was translated and published in Japan as *Shinsen bankoku chiri* (*A new world geography*), 1893, by Manjiro Yamagami (1868-1946) and Shunzaburo Hamada (1870? -1946?). *Shinsen bankoku chiri* was widely read as a secondary school textbook, and went through more than ten printings. The authors published another joint work, *Shinsen Nihon chiri* (*A new Japanese geography*), 1893, in which they adopted Meiklejohn's comparative method, and this, too, enjoyed a considerable readership. Tsunesaburo Makiguchi (1871-1944) mentions

SUMMARIES 263

in his *Jinsei chirigaku* (*The geography of human life*), 1903, that Meiklejohn's book was one of the references used in the preparation of that important geographical work.

This study analyzes the process through which Meiklejohn's *A new geography* became known among Japanese geographers and how its content was disseminated in Japan through their writings long before geography became established as an academic discipline in this country.

Chapter VI, supplement
Survey of J.M.D. Meiklejohn's *A New Geography* by in Japanese University Libraries

This chapter shows the results of a survey on ownership of copies of Meiklejohn's *A New Geography by* universities and other institutions of higher education (a total of 27 institutions) and explains the method of the survey as an example of a bibliographical approach to research on the history of science.

The survey was begun with the following procedure. By examining catalogues of secondary materials used in research on the history of science, especially the history of economics, I identified a number of scholarly works which I judged were written mainly or partly based on these materials. Employing methods used in these works and checking the acquisition registers and other data such as ownership stamps, I surveyed *A New Geography* held in library collections. Considering the copies of *A New Geography* in these collections as data for the study of the history of science, I analyzed the circumstances surrounding their ownership.

Chapter VII
Manjiro Yamagami's (1868-1946) Geography: A Bio-bibliographical Survey

This chapter examines the life of Manjiro Yamagami, author of numerous geographical works and textbooks published during the Meiji and Taisho eras, and surveys his main geographical writings using bio-bibliographical methods. This survey is intended as a preliminary study to identify main sources for a further, full-fledged research aimed at delineating his contribution to the history of Meiji- and Taisho-era geography.

Although a graduate of the department of geology, faculty of science at the Imperial University, Yamagami was active outside the group of so-called academic geographers. Strictly he was not a non-academic geographer, but he is included as part of this author's bio-bibliographic research on geographers outside of academic circles conducted as part of the effort to present basic information and fill in the gaps in research on the early phase of the history of Meiji geography.

   Yamagami is mentioned in passing in historical surveys and critical works on Japanese geography, but virtually no thorough study has been made of his life and achievements. As much as space permits, this chapter will discuss his work not only in geography but in related fields as well.

あとがき

　筆者が本書に収録した論文のテーマ，つまり，ノン・アカデッミック地理学者に関する考察を始める契機のひとつは，細谷新治先生（一橋大学名誉教授）からのアドヴァイスであった。1970年代後半，細谷先生は，一橋大学経済研究所日本経済統計文献センターにおいて一連の『明治前期日本経済統計解題書誌』を執筆中であり，明治期の地理学書——特に，志賀重昂，内村鑑三等の著作——の意義を筆者に説かれた。この分野の研究は現代地理学に学問的反省を促し，しかも，未開拓であり，書誌学的手法を活用し，基礎的データの整備が必要不可欠であることを教示された。筆者は原典（原資料）を一点一点チェックして書誌を作成することから研究のスタートを切った。それ以来，今日まで筆者は前述の方針を厳守している。

　1970年代末頃，細谷先生の地理学プロパーの研究者と面識を持つようにとの配慮から竹内啓一先生（当時・一橋大学社会学部教授）の研究室（社会地理学実験室）を一緒に訪問した。ところが，竹内先生は海外出張中であり，助手の栗原尚子先生（現・お茶の水女子大学文教育学部助教授）にお会いして，若干の抜刷をお渡しした（栗原尚子先生にはその後も，研究会等で大変，お世話になっている）。後日，竹内先生から1980年に京都で開催されるIGU地理思想史の集会へ参加を勧められ，地理学関係の国際会議に初めて列席した。さらに，1980・1981年度文部省科学研究費補助金総合研究A，研究課題「地理思想の伝播と継承に関する比較研究」（研究代表　竹内啓一）の研究分担者の一員にさせて頂いた。この文部省科学研究費補助金による研究集会は代表者・課題名の変更がなされたが，実質的に約20年間，ほぼ継続された。筆者はこの研究集会で作成した論文を報告し，参加者から有意義な助言を得，地理思想史・地理学史研究者と交流を持つこととなった。

細谷・竹内両先生の学恩に与り，本書に収載した諸論文が完成したことに対して深甚なる謝意を表明する次第である。

　本書をこの程，上梓するに際し，筆者の今後の研究課題についてふれておこう。本書に収載したいくつかの論文中で，将来の宿題ないし他日に期したいと記した問題を先ず，究めてみたい。たとえば，日本において矢津昌永著『日本帝国政治地理』『日本政治地理』は，「政治地理」という用語をタイトルに使用した書物として初期に属するものではなかろうか。これらの書物は，内容的に今日の政治地理学とは異なり人文地理学に近いが，明治地理学史を考察する上で重要な資料と思われる。また，伝記・書誌（学）的調査の対象人物として，中根淑（1838-1913），牧口常三郎（1871-1944）を採り上げてみたい。旧幕臣であり，『兵要日本地理小誌』（1873年）の著者である中根について，以前，筆者は日本地理学会の席上で口頭は発表[1]を行っている。しかし，筆者はさらに精緻な調査を実施してみたい。彼の地理学の素養は中国地理書あるいは漢文による西洋地理学書に基づくものなのか，または西洋近代地理学の影響を受けているのか。この問題について論及するつもりである。牧口に関し，近年，地理学研究者からいくつかの労作が発表されている。筆者も伝記・書誌（学）的アプローチにより牧口地理学をまとめてみたい。

　序章で述べたように，本書の内容に訂正・増補を施し，前述の課題をも補足し，集大成した図書を次回に刊行すべく努力したい。

　収録論文初出リストは次のとおりである。

第Ⅰ章「福沢諭吉著『世界国尽』に関する一研究　——書誌学的調査——」
　　『空間・社会・地理思想』第2号，1997年3月，pp. 2-18.

第Ⅱ章「内村鑑三の地理学——書誌学的調査　1——」『淑徳大学研究紀要』
　　第11号，1977年3月，pp. 56-78.

第Ⅲ章「矢津昌永の地理学——書誌学的調査　1——」『淑徳大学研究紀要』
　　第13号，1978年12月，pp. 31-97.

第Ⅳ章「矢津昌永著「日本地文學」に関する一考察」『東北地理』第33巻第2

号，1981 年 7 月，pp. 89-99.
第Ⅴ章「志賀重昂の地理学——書誌学的調査——」，*Library and Information Science*, No.13, 1975 年 10 月，pp. 183-204.
第Ⅵ章 "A Study of J.M.D.Meiklejohn's *A New Geography on the Comparative Method* ― One Aspect of History of Geography in the Meiji Period ――", *Geographical Review of Japan*, Vol.58（Ser.B），No.2, 1985, pp. 195-207.
(補論)「日本の大学における J.M.D. Meikleojhn 著 *A New Geography* の所蔵調査」『図書館学会年報』Vol.31, No.3, 1985 年 9 月，pp. 134-138.
第Ⅶ章「山上萬次郎（1868 – 1946）の地理学に関する一研究——伝記・書誌学的調査——」『人文地理』第 41 巻第 5 号，1989 年 10 月，pp. 76-88.

　本書を平成 14 年度淑徳大学社会学部研究叢書出版助成により「淑徳大学社会学部研究叢書」の一冊として刊行させて頂く機会を与えて下さった，淑徳大学学長　長谷川匡俊先生，学長補佐・大学院社会学研究科長　米川茂信先生，社会学部長　足立　叡先生，本書の査読をして下さった社会学科長　松田苑子先生に謝意を表したい。別けても，米川先生には，学文社へのご紹介の労，執筆上のルール等に付き，お世話になった。重ねてお礼を申し上げたい。なお，本書に所載した研究の一部は，2001（平成 13）年度淑徳大学学術研究助成費を用いた。また，本書の編集・刊行に対して多大の便宜を与えて下さった学文社社長　田中千津子氏に深く感謝したい。
　2002 年 12 月 27 日
　　　　　　　　　　　　　　　　　　　　　　　　　　　　　源　　昌久

注）
1)「中根　淑に関する一研究——明治前期地理学史年表の作成に向けて(1)——」を日本地理学会春季学術大会（1987 年 4 月 1 日，町田市　法政大学）にて発表。なお，発表要旨は，『日本地理学会予稿集』31：pp. 232-233. に掲載されている。

文献名索引

1. 文献名索引は和文（見出し語＜索引語＞は原則として五十音順）と欧文（見出し語＜索引語＞はアルファベット順）の二種類からなる。
2. 本書中にあらわれた書名（和：『　』欧：イタリック書体）・誌名（和：『　』欧：イタリック書体）・論文（和：「　」（姓）欧："　"（姓））・欧文シリーズ名（'　'）（ただし，図表，巻末の「文献表」，summaries は除く）を掲げた。欧文献は原則として原綴りを優先し，カタカナ表記は原綴りへ参照記号（→）を付す。
3. 章題中にあらわれた語のみは，その章では初出のみノンブル（頁付け）をゴシック書体でしめす。たとえば，「第Ⅳ章 J.M.D. メイクルジョン（1830-1902）著『比較新地理学』に関する一考察—明治地理学史の一節—」の場合，第Ⅳ章では章題中の見出し語（索引語）「比較新地理学」は最初に記載された頁のノンブルのみを採用し，第Ⅳ章中の他頁のものは採録しない。

和文索引

ア 行

「秋の傳道」（内村）　47, 54
『亞細亞』　99, 115, 178
「亞細亞大陸に於ける今後の一新大獨立國」（志賀）　175, 185
『亞細亞地理』　83, 114
「亞細亞地理書の新著」　95, 114
「亞細亞に於ける佛蘭西」（志賀）　175, 185
「アダム・スミス—ひとつの序章」（山崎）　232
「厦門九江間の旅行」（志賀）　168
「石狩川鮭魚減少ノ源因」（内村）　42, 50
「伊豆半島論」（志賀）　173
『一地理學者の生涯』　253
『イーハトーブ童話集　注文の多い料理店』　58
「いわゆる『裏日本』の形成について—歴史地理試論—」（千葉）　201
「矧川志賀君の日本風景論を讀む」（山上）　188
「内村鑑三君の地理學考」（山路）　55, 60
『内村鑑三信仰著作全集』　50
『内村鑑三全集』　41, 46, 48, 50
『内村鑑三著作目録—その書誌学的の試み—』　52
「〔内村鑑三〕著作目録」（前田）　61
「内村鑑三とナショナリズム—『地人論』と『興國史談』—」（大久保）　58
「内村鑑三と『日本國の天職』」（川崎）　58
「内村鑑三の地理學—書誌学的調査１—（源）　133, 252, 266
「〔内村〕著書目録」（瀧澤）　51
『瀛環志略』　37
「越後傳道」（内村）　47
「歐洲戰時の加奈太」（志賀）　177
「歐洲大戦の歴史地理」（志賀）　177
「欧米列強の内情と日本の立場」（志賀）　176
「大井川上り」（内村）　47
『大分図幅地質説明書』　221
「小笠原島（善後方法）」（志賀）　173
『隠岐図幅地質説明書』　221

カ 行

「海外発展の根本精神」（志賀）　175, 186
「海外発展の不合格者」（志賀）　175
『開校五十周年記念學習院史』　253
『海国図志』　160
『外國地理參考書』　169
「海中の富」（内村）　46
『會員名簿』〔關西大學々友會〕　254
『會報』〔東京高等師範學校地理歴史會〕　112
『学術図書総合目録　人文地理欧文編　1961年版』　228, 230
『学術図書総合目録　地学欧文編　1959年版』　230
『學問のすゝめ』　10
『學科配當表』　129
『環海異聞』　160
『韓國地理　完』　88
「關西紀行」（内村）　47
「眼前萬里」（志賀）　177, 186

文献名索引　269

「北日本と南日本」(矢津)　94, 112
「コロムブス功績　附コロムブズ傳，肖像地圖入」(内村)　43, 51
『九州日日新聞』　99
「玖馬國の事情」(志賀)　171
「玖馬國富源邦人を待つ」(志賀)　175
『教育時論』　98, 99
『共武政表』　138
「漁業ト氣象學ノ關係」(内村)　42, 50
「漁業ト鐵道ノ關係」(内村)　42
「近縣歩行」(内村)　46, 54
『近世漢学者伝記著作大事典』　4
『近代地理教育の源流』　252
『熊本縣教育史　上巻』　133, 134
『熊本縣教育史　中巻』　134
『熊本県史（近代編第一）』　120, 133
『熊本師範学校史』　133
『熊本新聞』　99
「熊本の地震」(矢津)　93, 110
『〈訓蒙〉窮理圖解』　9, 25, 26
『慶應義塾図書館　洋書目録』　18, 36
『[慶應三年日記]』　9
『〈啓／蒙〉手習いの友』　10
『賢治地理』　59
「興國史談」(内村)　48, 53, 54, 60
『皇国地誌』　136, 137
『高等地理　亞細亞洲』　89, 106, 107
『高等地理　亞非利加洲　卷之貳』　87, 88
『高等地理　南亞米利加洲』　90, 106
『高等地理　清國地誌』　88, 89, 107
『高等地理　歐羅巴洲之部』　106, 107
『高等地理　歐羅巴洲之部　卷之壹』　86, 87
「鑛毒地巡遊記」(内村)　40, 46
『國會』　99
『國民新聞』　99
『國民地理』　250
『〈國民／當用〉世界當代地理』　172
『國民之友』　60, 99, 109, 201
「刻下の滿蒙」(志賀)　176
『〈子供必要〉日本地圖草子』　10
『「コルネル」地理書』　26
「コロムブスの功績」(内村)　43, 50
『コロンブスと彼の功績　肖像地圖入』　43, 51
「近藤重蔵擇捉建標に就て重田文學士に答ふ」(志賀)　171

サ　行

「最近世界各旅行の主意」(志賀)　176, 186
「最近に於ける熊本地震」(矢津)　93, 110
「最近の國際事項一束」(志賀)　176
「最近旅行中に蒐集せし物品の展覽及説明」(志賀)　171
『〈最新〉大日本地理集成』　104
『最新地図世界之部』　171
『最新地圖本邦之部』　171
『最新批判地理學』　241, 247, 248, 249, 251, 252, 255, 256
『采覽異言』　160
『〈山水叢書〉河及湖澤』　167
「山荘雜話（五）山上萬次郎先生」(志賀〔直哉〕)　253
『三瓶山図幅』　238
『三瓶山図幅地質説明書』　221, 238
「J.M.D. メイクルジョン（1830-1902）著『比較新地理学』に関する一考察―明治地理学史の一節―」(源)　223
「史學の研究」(内村)　48, 54
「志賀重昂君を弔す」(山崎)　188, 193, 201
「志賀重昂氏を偲ぶ」(〔不明〕)　188
『志賀重昂全集』　162, 177, 182, 183
「志賀重昂先生の日本風景論を讀む」(巨智部)　188
「志賀重昂著『日本風景論』」(内村)　45
「志賀重昂と地理学」(長尾)　201
「志賀重昂『日本風景論』」(松田)　201
「志賀重昂（1863-1927）の地理学―書誌学的調査―」(源)　39
「志賀重昂の地理学―書誌学的調査―」(源)　2, 61, 252, 267
「志賀重昂論（上）」(岩井)　201
「志賀氏地理學講義」(〔不明〕)　188
「四國山地ノ地質」(山上)　237
「四國地質一班」(山上)　237
『時事新報』　98, 99, 197
『ジャッパン』→ Japan
『ジャッパン・メイル新聞』　166
「宗教と農業」(内村)　49
『十五年分大日本水産會報報告總目録自第一號至第十號』　42
『純粋理性批判』→ Critique of Pure Reason
『条約十一国記』　9
『掌中万国一覧』　9, 25, 26
「諸國物語」(志賀)　175
『書誌』　7
「初代会長山崎先生の追憶」(田中)　158
『知られざる國々』　172, 173, 183, 194,

198, 199
「白山之記」(矢津) 93, 109
『新希望』 47
「人材の地理的配布」(志賀) 168
『人生地理学』 6, 216, 217, 223
『人生地理学』(聖教文庫版) 212, 217
『人生地理学(上)』 216
『人生地理学(下)』 216
『新撰中地文学』 79, 103
『新撰外國地理』 85, 86, 103, 106
『新撰地文學(上)』 253
『新撰地文學(下)』 253
『新撰地文學講義』 240
『新撰中地誌』 240
『新撰中地文學』 79, 103
『新撰日本地圖』 78
『新撰日本地理』〔矢津〕 78, 103
『新撰日本地理』〔山上・浜田〕 212, 213, 214, 215, 239
『新撰万国地理』 6, 212, 213, 214, 215, 223, 231, 239
「(新著紹介) 韓國地理 矢津昌永著」 96
「(新著紹介) 高等地理 矢津昌永氏著 丸善書店發行」 96
『新日本地誌』 70, 100
『新萬國地圖』 92, 108
『新編中學地理 外國誌』 85
『新編中學地理 外國誌 上卷』 72, 100
「新編中學地理(外國誌)〔書評〕」 96
『新編中學地理 日本誌』 71, 73
「新編中學地理(日本誌)〔書評〕」 96
『新編中學地理日本誌用地圖』 73, 92
「瑞典國鰊漁廢絶の源因」(内村) 42, 50
『〔西航記〕』 9
『〔西航手帳〕』 9
「政治地理研究の方面」(矢津) 94, 112
『聖書之研究』 40, 47, 49
『西洋事情』 9, 35, 160
『西洋事情二編』 10
『西洋事情外編』 9
『西洋旅案内 付録万国商法』 9
『世界国尽』 8, 160, 221
『世界山水圖説』 171, 183
『世界寫眞圖説 雪』 171
「世界第一の我利々々亡者」(志賀) 175
『世界地理學』 86
「世界に於ける日本人」(志賀) 175
「世界に於ける日本人の配布」(志賀) 175
「世界の奇觀」(志賀) 177, 186

「世界の巨船『ミ子ソタ』號」(矢津) 94, 112
『世界物産地誌』 90, 108
「世界物産地誌 完〔書評〕」(小林) 96, 117
「世界物産地誌に對する小林房太郎氏の批評に就きて」(杉浦) 96, 117
「石炭の消費は大氣の質を變ずることなきや」(山上) 237
『早大目録』 → 『早稻田大學圖書館和漢圖書分類目録(十一)』
『創立六十年』 126, 127, 134
『續世界山水圖説』(志賀) 171, 183
「祖宗の搖籃」(志賀) 177, 186
『〈素/本〉世界国尽』 11, 14, 35
『〈素/本〉世界国尽 一』 13
『〈素/本〉世界国尽 二』 13
『〈素/本〉世界国尽 三』 13

タ 行

『第一高等學校六十年史』 253
『大鉱物学』 134
「太醇中の小齲」(志賀) 170, 183
「大正八年の世界地圖―打破らせる可き世界地圖」(志賀) 176
「大正八年度 學科配當表」 130
「大戰後の大金穴―猶太人の建國―」(志賀) 176
「第二回夏期講談會の地(信州小諸)」(内村) 46
『第廿一回 自明治三十五年九月 至明治三十六年八月 早稻田大學報告』 128
『第廿二回 自明治三十六年九月 至明治三十七年八月 早稻田大學報告』 128
『第廿六回 自明治四十年九月至 明治四十一年八月 早稻田大學報告』 128, 129
『大日本沿海輿地全図』 160
『大日本地誌』 134, 195
『大日本地名辞書』 161
『大日本地理集成 全』 80, 81, 104
『大日本地理集成 全』(訂正再版) 81
『大日本府県志』 161
「太平洋岸に於ける日本人」(志賀) 176
「太平洋近代の沿革」(志賀) 172
『地學雜誌』 60, 99, 109, 111, 146, 150, 156, 164, 165, 187, 189, 234, 237, 238, 239, 247, 254, 256
「『地学雑誌』―創刊(明治二十二年)より関東大震災まで日本の近代地理学の系譜

文献名索引　271

　　　研究　資料第三一」(石田)　　133, 253
『地学初歩』　26
『地学の語源をさぐる』　157
『地学論叢』　108, 241
『地球説略』　38
「千歳川鮏減少ノ源因」(内村)　42, 49
『地質學雜誌』　166, 187, 189
『地質要報』　238
『地人論』　40, 43, 44, 45, 52, 53, 56, 58, 59, 60, 107, 190, 201, 230
「〔地人論・興国史談の〕解説」(山本)　60
「地人論とその著者」(辻田)　57
「「地人論」と地理学」(山名)　59
「〔『地人論』の〕解説」(鈴木)　57, 59
『地名索引　内外地誌　日本之部』　65, 97
『地文學講義』　82
「地文學講義」(小藤)　144, 193
『地文學講義　全』　255
「地文學と地理學と地質學との關係を論ず」(岩崎)　111
「地文學の定義に就きて」(矢津)　94, 111
『中學教育史稿』　134
『中學地文學』　70, 71
「中學地文學〔書評〕」　96
「中學地文學の批評に就き零丁學士に答ふ」(矢津)　94, 111
『中等日本地誌』　69, 70, 98, 99, 103, 124
『中等萬國地誌　上巻』　83, 84, 105
『中等萬國地誌　中巻』　84, 85, 105
『中等萬國地誌　下巻』　85, 105
『中地文學』　73, 74
『中地理學』　73, 74, 75, 76, 100, 101, 106
『中地理學外國誌用　外國地圖』　92
『中地理學〔外國誌〕』　85
『中地理學外國誌』　77, 102
『中地理學外國誌用　外國地圖　全』　77, 92, 102
『中地理學日本誌用　日本地圖　完』　76, 92
『帳合之法』　35
『朝鮮西伯利紀行』　83, 105, 124
『徴発物件一覧表』　138
『地 理 學』　169, 170, 180, 181, 182, 190, 195
『地理學　完』　167, 168, 169, 211
『地理學教科書』　144, 145
『地理學考』　39, 40, 43, 45, 52, 201, 230
『地理學講義』　164, 187, 195
『地理學講義』(初版)　181, 202, 204, 205

『地理學講義』(訂正5版)　5, 204, 211, 212, 223
『地理學講義』(増訂11版)　218
『地理學講義』(訂正増補14版)　218
「地理学雑誌の系譜(下)」(中川)　134
『地理學小品』　79, 103
「地理學と歴史との關係」(山上)　238
「地理學の位置及分類」(山上)　244, 254
『地理學評論』　60, 188, 190
『地理教科書外國篇』　170
『地理教科書本邦篇』　170, 195
『地理講話』　171, 211
『地理全誌』　37-38
「地理と歴史」(内村)　46
「ツイミ川(正称ツーム・イ)」(志賀)　170, 183
『帝國文學』　166
『訂正新撰地理　外国之部』　254
『訂正　中地理學』　75
「テパーンタール砂漠の位置─宮沢賢治の地理観と内村鑑三の『地人論』─」(恩田)　58
「デンマルク國の話　信仰と樹木とを以て國を救ひし話」(内村)　46
『東京書籍出版營業者組合書籍総目錄』　45
『東京書籍商組合員圖書總目錄』　43
『東京専門学校校則・学校配当資料』　254
『東京帝國大學學術大觀　理学部　東京天文臺　地震研究所』　157
『東京独立雑誌』　40, 54
『東京日日新聞』　99
『東京文理科大學・東京高等師範學校・第一臨時教員養成所一覧　昭和七年度』　133
『統計年鑑』　161
『頭書』→『〈頭書/大全〉世界国尽』
『〈頭書/大全〉世界国尽』　4, 9, 13, 14, 15, 16, 17, 18, 28, 32, 35, 36
『─亞細亞洲　一』　11
『─亞細亞洲　一　再刻』　12
『─阿非利加洲　二』　12
『─欧羅巴洲　三』　12
『─北亞米利加洲　四』　12
『─南亞米利加洲　大洋州　五』　12
『─附録　六　　』　12
『─附録　六　再刻　』　12
『─亞細亞洲／阿非利加洲　巻之一二　再刻』　13

『一欧羅巴洲／北亞米利加洲　巻之三四　再刻』 13
『一南亞米利加洲／大洋／附録　巻之五六　再刻』 13
『唐人往来』 9
『道中日記』 10
『〈銅版画入〉万国往来』 15
「東北紀行」(内村) 46, 54
「東北傳道　近刊半谷清壽翁著『東北之將来』へ寄贈せんために稿せる一篇」(内村) 47
『〈童蒙／楷梯〉西洋往来』 15
『東洋學藝雜誌』 98, 99, 144, 145, 152
『東洋商業地理』 91
「徳川時代に於ける外国地理関係著訳の概観並に資料」(岩根) 201
「登山の壯快」(矢津) 94
『利根川圖志』 166

ナ　行

『内外地理學講義』 168
「勿来關を訪ふの記」(内村) 47
「南米史の一節（智利と日本）」(志賀) 176
『南洋時事』 162, 174, 183, 184, 185, 187, 193, 198, 199, 200, 204
『南洋時事　増補三版』 174, 184
『廿五年紀念　早稲田大學創業録』 129
『日本』→ Japan
『日本』〔和雑誌名〕 99
「日本一の大不見識」(志賀) 175, 185
「日本一の大問題」 173, 184
『日本近世の地理学』 133, 233
「日本國の天職」(内村) 39, 43, 50
『日本山水論』 198
『日本出版文化史』 201
『日本人』 58, 98, 178, 185, 201
「日本の閑却してゐたアラビア地方」(志賀) 176
「日本生産略」(志賀) 173, 184
『日本政治地理』 77, 98, 99, 114, 118, 266
『日本政治地理』(再版) 78
「日本政治地理一斑」(山上) 254
「日本石灰石一斑」(山上) 220, 238
『日本地学辞書』 161
『日本地質学會史　日本地質学会60周年記念』 253
『日本地誌提要』 137
『日本地圖』 92, 108
「日本地政學の先覚者内村鑑三君の三大廣域圏論」(高木) 55
『日本地文學』 5, 44, 57, 58, 65, 66, 70, 71, 97, 98, 109, 113, 114, 115, 123, 124, **135**, 193
「日本地文學ノ批評ニ就キ國民之友及頓智氏ニ」(矢津) 93, 109
「日本地文學〔批評〕」 95
『日本地文圖』 67, 92, 98, 147
『日本地理』 80, 103
「日本地理學界の今昔」(山上) 249, 250, 253
『日本地理講義』 82
『日本帝国形勢総覧』 161
「日本政治地理　矢津昌永氏著」(猪間) 95
『日本政治地理』 67, 77, 98, 111, 114, 115, 118, 124, 241, 255, 266
『日本政治地理第一巻第二巻索引』 241
『日本政治地理　訂正再版』 68
「日本と英米兩國（其一）」(志賀) 170
「日本と英米兩國（其二）」(志賀) 170
「日本と墨西哥との歴史的關係」(志賀) 176
「日本に最も知られざる方面」(志賀) 176
「日本ノ火山」(小藤) 144, 145
「日本の大学における J.M.D.Meiklejohn 著 A New Geography の所蔵調査」(源) 218, 267
「日本の地質学と小藤文次郎」(木村) 157
「日本の地質と衆議院議員選擧區」(志賀) 173
「日本の地理学―その發達と性格についての小論―」(石田) 201
「日本之雪」(矢津) 94, 112
『日本風景論』 60, 164, 165, 179, 180, 187, 190, 195, 196, 197, 198, 201, 204, 211
『日本風景論』(初版) 165
『日本風景論』(再版) 165
『日本風景論』(第3版) 165
『日本風景論』(第4版) 166
『日本風景論』(第5版) 166
『日本風景論』(第6版) 166
『日本風景論』(第15版) 167
『日本風景論』(全集第四巻) 167, 179, 180
『日本風景論』(文庫版) 167
「日本風景論〔書評〕」(〔不明〕) 189

文献名索引　273

「日本風景論を評す」(小川)　188
「日本北西海岸ノ深雪」(矢津)　93, 108
「日本理解の必須要件」(志賀)　176
『日本を中心とせる輓近地理學發達史』
　　61
「入信日記」(内村)　46, 54
「農業に及ぼす氷河の影響」(山上)　256

ハ　行

パーレイ〔書名〕　18
「始めて日光を見る」(内村)　46
「八丈島に渡るの記」(内村)　47
『パルリー万国史』→ Peter Parley's
　　Universal History…
『パーレー万国史』　27
「『藩学養賢堂蔵洋書目録』について―慶應
　　三年福沢諭吉将来本―」(金子)　36
『(藩学養/賢堂蔵)洋書目録全』　18
『万国人物誌』　160
『萬國地誌』　76, 102
『萬國地理』　91
『萬國地理　完』　91
『比較的新地理学』→ A new geography…
『肥後先哲偉蹟後篇』　121, 123, 124, 125,
　　130, 134
『飛騨四近地質報文』　157
『人及地』→ L'homme et la terre
『福沢諭吉全集』　11
『冨山房五十年』　171
「普通地理學講義」(小藤)　146
『復刻　人生地理学　解題』　216
「米國發見事業の事務官ピンゾン兄弟」(内
　　村)　43, 51
「米本土及布哇在留日本人の教育」(志賀)
　　176
『兵要日本地理小誌』(全3巻)　157, 266
「ヘヂン博士の言行」(志賀)　173, 184
「邦國の位置（政治地理一節）」(矢津)
　　94, 110
『防長教育會百年史』　254
「北越巡行日記」(内村)　47
「北海の秋」(内村)　47
「北上録（上）」(内村)　47, 54
「北米史の一節（日本開國の濫觴）」(志賀)
　　176
「北海道鱈漁業の景況」(内村)　42, 49
「北海道訪問日記」(内村)　47

マ　行

『毎日新聞』　98, 99
『牧口常三郎全集』　216
『〈真字／素本〉世界国尽』　11, 13, 14, 35
「間宮海峡の發見者は誰」(志賀)　173
「間宮林藏東韃行程考」(志賀)　173
「間宮林藏東韃行一百年紀念」(志賀)
　　177
『丸亀図幅地質説明書』　221
「丸善・丸屋・書店票」(衣笠)　233
『万延元年アメリカハワイ見聞報告書』　9
「水の經營」(志賀)　173, 184
「三たび信州に入るの記」(内村)　46
「道しるべ」(志賀)　171, 183
『ミッチエル地理書』　25, 26
『ミッチエル地理書直訳』　34
「ミッチッル」地理書→『ミッチエル地理
　　書』
「南鳥島と北太平洋問題」(志賀)　168
「無費用の海外發展補助機關設立の議」(志
　　賀)　175, 185
「明治期の経済学二次文献」(杉原)　232
「明治後期における早稲田大学の教員および
　　担任科目―明治三十五年九月より明治四
　　十二年八月まで―」(石山〔昭〕)　134
『明治前期日本経済統計解題書誌』　265
「明治・大正期の日本の地理学界の思想的動
　　向―山崎直方・小川琢治の昭和期への役
　　割―」(石田)　51, 134
「明治地文学と Sir Archibald Geikie」(石山
　　〔洋〕)　133
『〈明治七年／改正〉慶應義塾社中約束』　26
「明治廿八年十月霧島山破裂實況概報」(山
　　上)　253
「明治の地理学史―20・30年代を中心にし
　　て―」(中川)　133
「明治末期・大正前期の早稲田大学教員と担
　　任科目―明治四十二年より大正八年まで
　　―」(石山〔昭〕)　134
『守屋荒美雄傳』　253

ヤ　行

「矢津氏地文學ゝ就て」(〔不明〕)　95, 114
「矢津氏著中學日本地誌に就て」(酒井)
　　96, 115
「矢津氏の日本政治地理」　95, 114
「〔矢津氏の日本地文學〕」　96, 115
「矢津氏編纂日本地文學」(小藤)　95, 113

「新*編*日本地文學ニ就テ」(頓野)　95, 113
「矢津昌永氏中學地文學の定義を駁す」(零丁學士)　96, 116
「矢津昌永氏著中學地文學を讀みて」(零丁學士)　96, 116
「矢津昌永氏著中學萬國地誌を讀む」　96, 115
「矢津昌永氏の『日本政治地理』について」(阿部)　96-97, 118
「矢津昌永の地理学―書誌学的調査1―」(源)　252, 266
「矢津昌永(1863-1922)の地理学―書誌学的調査―」　135
「山形縣に入るの記」(内村)　47
「山上萬次郎(1868-1946)の地理学に関する一研究―伝記・書誌学的調査―」(源)　4, 221, 267
『山口高等商業學校沿革史』　253
「山崎直方先生の業績」(多田)　158
『山と書物』　180, 201
『郵便報知新聞』　98
『輿地誌略』　160, 221
「余の見たる信州人」(内村)　49

『讀賣新聞』　99
『萬朝報』　40

ラ 行

『六合雜誌』　39
「琉球の話」(志賀)　170
『龍南會雜誌』　99
『歴史及地理』　188, 189
『歴史地理』　60, 164, 188, 189
『歴史と地理』　187, 189

ワ 行

「我国地理学の回顧」(石橋)　201
『早稲田學報』　127
『早稲田學報臨時増刊第七十七號　早稲田大學校友會誌　第十七回報告及名簿』　128
『早稲田大學開校　東京專門學校創立廿年紀念録』　128
『早稲田大學圖書館　和漢圖書分類目録(十一)』　80, 91, 92, 167, 168, 169, 170
『早稲田大学百年史』(第一巻)　254
『早稲田大学百年史』(第二巻)　254

欧文索引

All Possible World: A History of Geographical Ideas (2nd ed.)　233
"Allgemeine Erdkunde" (Hann, Hochstetter und Pokorny)　253
Art of Travel, The　231
Art of Writing English, The　229
Bibliotheca universalis...　3-4
Biographical dictionary of American educators　33
Bücher-Lexikon　145
"Contextual approach, The" (Berdoulay)　252
Cornell's high school geography　25, 26, 37
Cornell's primary geography　26, 37
Critique of Pure Reason　229, 230
Dictionary of American biography　33
Dictionary of National Biography　205, 207
DNB → *Dictionary of National Biography*
Earth and Man, The　44
English Language, The　229
Geographers　3, 7

Handbook for Travellers in Central and Northern Japan　178
Handbook of commercial geography　219
Hereditary Genius...　230
"Ideology and the Idea of Nature: The Case of Peter Kropotkin" (Galois)　253
Industries of Japan, The　151
Inquiries into Human Faculty and Its Development　230
International Geography, The　86
Japan　5, 97, 133, 150, 151, 152, 154, 156
Japan nach Reisen und Studien (1881, 1886)　151
Japan nach Reisen und Studien (1905)　156
L'homme et la terre　256
La terre　248, 255
Lehrbuch der Geographie...　146
Lippincott's Pronouncing Gazetteer　86
Making of England, The　218
Map of the United States and territories　33
Mitchell's First Lessons in Geography

文献名索引 275

37
Mitchell's New Ancient Geography　37
Mitchell's New Intermediate Geography　37
Mitchell's New Outline Maps　37
Mitchell's New Physical Geography　37
Mitchell's New Primary Geography　37, 38
Mitchell's new school atlas　36
Mitchell's new school geography　25, 27, 28, 32, 33, 36
Mitchell's New School Geography and Atlas　37
'Mitchell's new series of geographies'　25, 34, 37, 38
'Mitchell's (old) series of geographies'　34
MSG → *Mitchell's new school geography*
Murray's Handbook for Travellers in Japan　201
National union catalog pre-1965 imprints, The　35, 36, 37, 156
New American atlas, A　33
New geography…, A　6, **204**, **223**
New physical geography, A　248, 249
New primary geography, The　25, 37
"Northcote-Trevelyan Report of 1853, The"　220
NUC → *National union catalog pre-1965 imprints, The*
On the Connection of the Physical Science 230
Personal Recollections, from Early Life to Old Age, of Mary Somerville…　230
Peter Parley's Universal History…　15, 27, 35
Philip's Advanced Class-Book of Modern Geography　86
Philips' Modern Geography　87
Physical Geography (Somerville)　230
Physical Geography (7th ed. Rev.)　233
Physical Geography (Guiyot)　44
Pictorial hand-book of modern geography…, A　27, 37
Pictorial history on the world…　27
'Professor Meiklejohn's Series'　218
Radical Geography : Alternative viewpoints on contemporary social issues　252
School Geography　207
"Shigetaka Shiga : 1863-1927" (Minamoto)　252
Stanford's Compendium of Geography　86
Statesman's Year-Book 1900-1903, The　86
Statesman's Year-Book 1895　84
Times Atlas, The　87
"Zur Geologie und palaeontologie von Japan" (Naumann und Neumayr)　237, 253

人名・機関名索引

1. 人名・機関名索引は和文（見出し語＜索引語＞は五十音順）と欧文（見出し語＜索引語＞はアルファベット順）の二種類からなる。
2. 本書中にあらわれた人名・機関名（ただし，図表，巻末の「文献表」，summaries は除く）を掲げた。西洋人名・機関名は原則として原綴りを優先し，カタカナ表記は原綴りへ参照記号（→）を付す。
3. 章題中にあらわれた語のみは，その章では初出のみノンブル（頁付け）をゴシック書体で示す。たとえば，「第Ⅱ章　内村鑑三（1861-1930）の地理学―書誌学的調査―」の場合，第Ⅱ章では章題中の見出し語（索引語）「内村鑑三」は最初に記載された頁のノンブルのみを採用し，第Ⅱ章中の他頁のものは採録しない。

和文索引

ア 行

赤星可任　　86, 87, 88
赤星典太　　133
赤峰倫介　　59
浅井郁太郎　　253
淳宮雍仁親王　　131
阿部市五郎　　118
安部恒久　　103
新井白石　　160
安養院共立私塾　　120
石川三四郎　　256
石川松太郎　　35
石田龍次郎　　10, 126, 136, 146, 157
石橋五郎　　147, 190, 191
石山　洋　　97, 150
伊能忠敬　　160
一桜小学校　　123
猪間収三郎　　115
岩井忠熊　　185
岩崎重三　　111
矧川漁長 → 志賀重昂
ウエストン → Weston, W.
上宮中学校　　241, 255
内田晋斎　　35
内田澱江　　120
内田寛一　　126
内田正雄　　160
内村鑑三　　1, 8, **39**, 62, 161, 230, 234, 247, 265
内村全之丞宜之　　39
内村祐之　　53
内村美代子　　53
英国王立地理学会 → Royal Geographical Society
エヂンボロ地学協会 → Royal Geographical Society of Edinburgh, the
海老名明四　　165
大川英子　　103, 122, 124, 125, 131
大阪外国語学校　　235, 241
大阪外国語大学 → 大阪外国語学校
大関久五郎　　126, 134
太田臨一郎　　18
大槻玄沢　　160
大槻磐渓　　180
大坪金弼　　121
小川琢治　　1, 71, 111, 116, 166, 198, 201, 238, 239
小田内通敏　　130
恩田逸夫　　59

カ 行

海軍観象台　　157
海軍水路部　　97, 148
〔海軍〕水路部　　240
貝原益軒　　165, 166, 167
学習院　　239, 240, 253, 254
仮名垣魯文　　160
嘉納治五郎　　123, 124
樺島駒次　　90
河井庫太郎　　161
川野健作　　131
関西大学　　241
間諜隊　　138
木山小学校　　122
ギョー氏 → Guyot, A.
岐陽学人 → 山上萬次郎
教育博物館　　233

人名・機関名索引　277

京都帝国大学　　125
（京都帝国大学）文科大学　　1, 143, 218
金石取調所　　135
金峰義塾　　121, 152
陸羯南　　58
草葉學校　　120, 121
国松久弥　　221
熊本県師範学校　　121
熊本師範學校　　121, 125
熊本大学附属図書館　　229
熊本大学法文学部　　119
栗生一郎　　221
栗原尚子　　265
クロポトキン, P.A → Kropotkin, P.A.
群馬大学附属図書館　　218
慶應義塾　　26, 27, 160
慶應義塾大学メディアセンター　　27
慶應義塾図書館　　41, 64, 159, 163, 229
ゲーキー → Geikie, A
ゲー氏 → Geikie, A
硯山生 → 小藤文次郎
鉱山所　　135
高等師範學校　　119, 122, 124, 126, 152
高等師範學校研究科　　125, 152
国際基督教大学図書館　　41
国立国会図書館　　41, 64, 159, 163, 182, 231, 233
呉啓孫　　86
小島烏水　　167, 179, 198
小平高明　　80, 81
巨智部忠承　　165, 198, 201, 238
コッツカー氏 → Cocker, B.F.
小藤文次郎　　5, 65, 67, 95, 143, 144, 145, 146, 147, 151, 157, 161, 247, 193
小藤文次郎文庫　　253
小林房太郎　　117
小林義正　　179
コルネル氏 → Cornell, S.S.

サ 行

斎藤正二　　216
坂市太郎　　157
桜井 勉　　136
桜井房記　　123
札幌農学校　　39, 162
サトウ・アーネスト → Satow, E.M.
佐藤傳蔵　　124, 134, 195
佐藤友計　　31
参謀局　　138

鹽谷宏蔭　　160
史學地理學同好會　　187
志賀重昂　　1, 5, 8, 60, 62, 108, 112, 115, 129, 158, **159**, 202, 204, 216, 220, 223, 234, 247, 250, 265
志賀直哉　　239, 243
重味小学校　　122, 134
時習館　　120
品川彌次郎　　237
ジョイナー → Joyner, H.B.
書籍館　　231
神保小虎　　183, 236, 237, 241
神保博士 → 神保小虎　　183
水路局　　138
水路部　　66, 138
水路寮　　138
杉浦隆次　　90, 117, 118
鈴木俊郎　　59
角田政治　　71, 72, 73, 80, 81, 100, 105
聖アンドリュー大学→ University of St.Andrews, the
政教社　　201
総持寺　　131
﨑南生 → 巨智部忠承
曽根松太郎　　222
ソマビル夫人 → Somerville, M.

タ 行

第一高等学校　　54, 58
第一高等中学校　　54, 58, 236, 237
第五高等中学校　　119, 123, 124, 134
第五臨時教員養成所　　241
ダーウヰン → Darwin, C. R.
高木友三郎　　56
高橋景保　　160
高橋至時　　160
竹内啓一　　3, 7, 222, 265, 266
田中阿歌麻呂（麿）　　256
田中啓爾　　126
チェンバレン → Chamberlain, B.H.
千草學校　　121
地質局　　138
千葉徳爾　　195
中央気象台　　66, 97, 138, 148
朝報社　　40
地理局地質課　　135
地理司　　137
地理寮木石課　　135
地理歴史科（高等師範学校）　　124

278

地理歴史部（高等師範学校） 126
椿山 → 田中阿歌麻呂
塚本明毅　　136, 137, 160
辻田右左男　　10, 56, 57, 58, 230
帝国大学文科大学　　161
帝国大学理科大学　　6, 157, 161, 237, 238
銅会所　　135
東京開成学校　　136
東京気象台　　137, 157
東京教育大学　　119
東京教育大学附属図書館　　112
東京教育博物館　　144
（東京）高等師範學校　　119, 124, 127
東京史学協会　　188
東京師範学校　　122
東京専門学校　　119, 124, 127, 128, 235
東京大学　　137
東京大学予備門　　236
東京大学理学部地質学及採鉱学科　　136, 143, 157
東京大学理学部地質学教室図書室　　159
東京大学理学部地理学科　　157
東京地学協会　　10, 161, 184, 187, 241, 254
東京帝国大学　　125
東京帝国大学理科大学　　1, 115, 134, 143, 218, 220
同志社大学図書館　　231
東北大学附属図書館　　230, 231
東北大学附属図書館北青葉山分館　　253
常盤小学校　　123
富田正文　　35
ドラモンド氏 → Drummond, H.
ドレーパー → Draper

ナ　行

内務省地理局　　136
内務省地理寮　　135
内務省地誌課　　160
ナウマン→ Naumann, E.
中川浩一　　115, 125, 126, 221, 222, 252
中川　元　　124
長崎大学附属図書館経済学部分館　　229, 230
中根　淑　　157, 266, 267
中村不折　　166, 167
西村　貞　　123
日本山岳会　　198
日本地学史編纂委員会　　25
日本地質学会　　187, 241

日本地理学会　　188
日本歴史地理学会　　188
日本歴史地理学研究会　　188
根本順吉　　150
農商務省鉱山局　　238
農商務省地質調査所　　136, 220, 234, 238
野口保興　　65, 123, 250
野澤秀樹　　256

ハ　行

間　重富　　160
ハッソン氏 → Hutson, C.W.
ハッチンソン氏 → Hutchinson, N.H.
浜田俊三郎　　6, 212, 215, 223, 231, 239
ハムボルト → Humboldt, A.F.v.
原田豊吉　　237
ハン → Hann, J.
一橋大学附属図書館　　64, 159, 163
一橋大学経済研究所日本経済統計文献センター　　265
一橋大学附属図書館　　230
兵部省海軍部水路局　　137
平山太郎　　123
福井県〔尋常〕師範学校　　123, 143
福井県〔尋常〕中学校　　66, 123, 143
福沢諭吉　　1, 4, **8**, 160
文科大学 → 帝国大学文科大学
文検受験協会　　222
ヘーゲル氏 → Hegel, G.W.F.
ペシエル氏 → Peschel, O.
ヘヂン博士 → Hedin, S.
防長教育会　　236, 237, 241
ポコルニー → Pokorny, A.
細谷新治　　136, 265, 266
ホツホステッター → Hochstetter, F.v.
本覚寺　　243

マ　行

前橋孝義　　221
牧口常三郎　　6, 212, 216, 222, 223, 247, 266
マーシュ氏 → Marsch, G.P.
増山　明　　90
マクヴィーン → McVean, C.A.
松田道雄　　196
丸善　　232, 233
丸屋　　232
マルレー → Murray, J.J.
三宅雪嶺　　58, 201
宮沢賢治　　58

人名・機関名索引　279

民部省庶務司戸籍地図掛　137
民友社　201
メイクルジョン氏 → Meiklejon, J.M.D.
明治文化研究会　17
明浄高等女学校　241
メーソン→ Mason, W.B.
森田清行　17
文部省　119
文部省図書局　241

　　　　ヤ　行

矢津　節　125
矢津昌親　120, 122
矢津昌永　1, 2, 5, 8, 44, 58, 62, 135, 193, 234, 250-251, 266
矢津美志　120, 122
山上キヌ　236
山上清三郎　236
山上高行　236, 237, 243, 254
山上萬次郎　1, 2, 6, 8, 165, 212, 220, 223, 231, 234
山口一夫　16
山口貞雄　56
山口大学附属図書館　229
山口中学校高等中学科　236
山口良蔵　14
山崎直方　1, 126, 156, 191, 193, 195, 241
山路愛山　55, 60
山住正己　28, 37
山名伸作　59
山本泰次郎　54, 60

吉田東伍　161

　　　　ラ　行

ライマン → Lyman, B.B.
ライン → Rein, J.J.
ライン氏 → Rein, J.J.
ラッツェル → Ratzel, F.
ラフィート氏 → Laffitte, P.
ラボック → Lubbock, J.
理科大学 → 帝国大学理科大学
陸軍省　131
リッテル氏→　Ritter, K(C).
リッテル→　Ritter, K(C).
リビングストン→　Livingstone, D.
ルクリュ（―）→ Reclus, É.
零丁學士 → 小川琢治
レクルース → Reclus, É.
ロートアウグ氏 → Rothaug, J.G.
ローリンソン氏 → Rawlinson, A.
龍動地学協会 → Royal Geographical Society of London, the

　　　　ワ　行

脇水鐵五郎　253
ワグネル → Wagner, H.
早稲田大学　108, 127, 128, 130, 162, 235
早稲田大学大学史編集所　119
早稲田大学図書館　41, 64, 79, 159, 163, 230
和田維四郎　136, 157
渡邊信治　89

欧文索引

Appleton, D. & co.　37
Arrowsmith, J.　33
Baker, T. N. L.　218
Bohn, H. G.　37
Brunton　155
Chamberlain, B. H.　201
Chishol m , G. G.　219
CIE(The Civil Information and Education Section)　231
Clark, W.　33
Cocker, B. F.　44
Cornell, S. S.　26
Cornwell, J.　207
Darwin, C. R.　44
Draper　44

Drummond, H.　44
Engeln, O. D. V.　256
Fessca, M.　221
Freeman, T. W.　3, 218
Fuller, R. A.　33
Galton, F.　228, 230, 231, 232
Geikie, A.　97, 98, 111, 116, 244, 255
Gesner, C. v.　3
Gladstone, W. E.　220
Goodrich, S. G.　35
Green, J. R.　205, 207, 218
Guiyot, A.　44, 45, 52
Hann, J.　239
Haywood, F.　230
Hedin, S.　173, 184

Hegel, G. W. F.   44
Hochstetter, F. v.   239
Humboldt, A. F. v.   44
Hutchinson, N. H.   44
Hutson, C. W.   44
IGU (the International Geographical Union)   7, 265
Imperial Institute, the   207
IUHPS (the International Union of the History and Philosophy of Science)   7
James, P. E.   232
Joyner, H. B.   137
Kant, I.   229, 230
Kropotkin, P. A.   235, 251, 253
Laffitte, P.   44
Lewis, M.   33
Livingstone, D.   44
Lubbock, J.   197
Lyman, B. B.   135
Marsch, G. P   44
Martin, G. J.   233
Mason, W. B.   201
McVean, C. A.   137
Meiklejohn, J. M. D.   5-6, **204, 223**
Mitchell, M.   33
Mitchell, S. A.   25, 26, 33, 34
Mitchell, W.   33
Murray, J. J.   247

Naumann, E.   136, 155, 237, 253
Neumayr, M.   237
Peschel, O.   44
Pokorny, A.   239
Ratzel, F.   247
Rawlinson, A.   44
Reclus, É.   44, 235, 247, 248, 249, 251, 252
Rein, J. J.   5, 97, 98, 150, 151, 154, 155, 156, 158
Ritter, K(C).   44, 103, 247
Roach, J.   219
Rothaug, J. G.   145
Royal Geographical Society   10, 161
Royal Geographical Society of Edinburgh, the   204, 207
Royal Geographical Society of London, the   204, 207
Ruskin, J.   166
Satow, E. M.   178
Somerville, Martha   230
Somerville, Mary   44, 228, 230, 232, 233
Takeuchi, K → 竹内啓一
University of St. Andrews, the   204, 205, 207
Wagner, G.   158
Wagner, H.   246, 255
Weston, W.   198

事項索引

1. 事項索引は和文（見出し語＜索引語＞は五十音順）と欧文（見出し語＜索引語＞はアルファベット順）の二種類からなる。
2. 本書中にあらわれた事項（ただし、図表、巻末の「文献表」、summaries は除く）を掲げた。事項名は原則として、原綴りを優先し、カタカナ表記は原綴りへ参照記号（→）を付す。
3. 章題中にあらわれた語は、その章では初出のみノンブル（頁付け）をゴシック書体でしめす。たとえば、「第Ⅶ章 山上萬次郎の地理学—伝記・書誌学的調査—」の場合、第Ⅶ章では章題中の見出し語（索引語）「伝記・書誌学的調査」は最初に記載された頁のノンブルのみを採用し、第Ⅶ章中の他頁のものは採録しない。

和文索引

ア 行

アウトサイダー地理学者　2
アカデミック地(理)学　143
アカデミック地理学　1, 5, 62, 202, 218, 223
アカデミック地理学者　1, 2, 5, 6, 250, 251
あすとろのみかる・じょがらひい　28
アナーキスト　251, 252
アナーキスト地理学者　235
鴉片戦役　89
安山岩　144-145
一般学校教育資格取得試験　→ General School Certificate
ウィーン万国博覧会　137
内村（鑑三）の地理学　4, **39**
裏日本　103, 195
英国地理思想　202
往来物　16, 17
オックスフォードおよびケンブリッジ大学地方試験→ Oxford and Cambridge Local Examinations, the
表日本　103, 195
お雇い外国人　135, 136, 155, 157, 221
親潮　144

カ 行

海外移住　193
海外政策　194
外国地名の表記法　17, 148
学制頒布　14, 138
霞石　144
環境論　162
狭義の地文地理学　246
気界地理学　246
北日本　112
教員養成カレッジ　210
近代地理学　138, 160, 161, 266
近代地理学史　202
熊本地震　110
黒潮　144, 155
系統地理　14, 15, 28
現代地理学　235
玄武岩　145
皇国地誌　159
向斜　157
鉱物学　157
公務員任用→ Civil Service
公務員任用試験　→ Civil service examinations
皇命　52
国粋
　——主義　199
　——派　200, 201
　——保存旨義　200
　——保有主義　201
国家地理　112
コロンブス世界博覧会　71, 97, 115, 124
コンテクスチュアル・アプローチ　2

サ 行

挿絵図付世界地誌　14
三国干渉　196
志賀（重昂）の地理学　5, 115, **159**
　——に対する問題意識　191
　——の研究方法　190, 191
　——の定義　190
志賀の地理学観　190, 191
志賀重昂の地理思想　202
志賀の地理的見聞　183

自然地理　　104, 209
自然地理学　　148, 154
自然の地学　　14, 28
自由参加の競争→Open competition
習書師　　120, 133
商業地理学　　209, 219
条約改正　　196
殖産興業　　135, 157
殖民論　　199
書誌学
　　——的アプローチ　　2, 4, 202, 228
　　——的研究　　4, 5, 39, **62**, **159**
　　——的手法　　265
　　——的調査　　3
書店票　　229, 233
人事地理　　112
人文地理　　98, 104, 112
人文地理学　　148, 246, 266
神命　　52
水海地理学　　246
数理地理　　209
西欧派　　200, 201
政治地理　　104, 112, 266
政治地理学　　98, 118
静態地誌　　209
西南の役　　120, 122
西南季候風　　113
生物地理学　　246
西洋史学　　161
世界三大廣域論　　56
石油資源問題　　199
全国地理図誌編集　　138
創価教育学会　　216
蔵書印　　37, 228, 232
蔵書印記　　229, 232
熄火山　　155
測量・地図作成事業　　137, 138

タ　行

第一高等中学校不敬事件　　54
地学　　156, 161
地学読方　　14
地学輪講　　14
地形学　　157
地誌型往来物　　15, 35
地誌型　→　地誌型往来物
地質学　　1, 136, 157, 189, 234
地誌の編纂　　159
地誌編纂事業　　136

地人相関論　　182, 244
地図学　　246
地政学　　56, 57
地文学　　111, 116, 127, 147, 154, 157
地文学の範囲　　148
地文地理学　　246
地名辞典　　161
中學校教授要目　　102, 103
中學校師範學校教員免許規程　　122, 221
中学校令　　236
徴兵令　　138
地(理)学　　135, 137, 143, 148, 157
地理学者の分類　　1
地理学の総論　　14
帝国主義　　199, 200
伝記・書誌(学)　　3
　　——的アプローチ　　2, 3, 4, 5, 266
　　——的調査　　4, 6, **234**, 266
　　——的手法　　6
伝記的研究・調査　　119
天文学・暦学による地図作製　　160
天文地理　　209
天文の地学　　14, 28
動気候学　　150
頭書絵入　　16
頭書画(図)入　　16, 18

ナ　行

ナショナリズム　　58
日英通商航海条約　　196
日露戦争　　131
日清講和条約　　196
日清戦争　　39, 40, 45, 74, 99, 111, 196
日本アルプスの父　　198
日本地質構造論　　237
日本地理学史　　234
日本における地理学の系譜　　159
日本ライン　　186
人間の地学　　14, 16, 28, 29
ノン・アカデミック地理学　　1
ノン・アカデミック地理学者　　2, 4, 5, 6, 234, 247, 251, 265

ハ　行

背斜　　157
発展段階説　　31
磐梯山の爆発　　148
比較法　　204, 205, 207, 209, 210, 211, 215, 228

事項索引　283

庇護移動　219
福沢（諭吉）の地理　4, 31
府県志　161
富国強兵　135, 136, 138, 161
富士岩　144
文検　221
文検地理科　217
平民的欧化主義　201
兵要地誌　138
貿易風　113
邦制地理　112
ぽりちかる・じょうがらひい　28
翻訳（案）地（理）学　147

マ　行

牧口の地理学　266
南日本　112

明治地理学　8

ヤ　行

矢津の地理学　**62**
山上の地理学　**234**
　　──の定義　243
　　──の分類　246
山上の地理学観　243, 250
洋学輸入の地理学　160
揺籃期のアカデミック地(理)学　2, 143

ラ　行

ラディカル地理学　252
ラディカル地理学者　235
蘭学　160
陸海地理学　246

欧文索引

Andesite　→　富士岩
Anticlinal　→　背斜
Astronomical Geo.　→　天文地理
Basalt　→　玄武岩
Bio-bibliographical approach　→　伝記・書誌（学）的アプローチ
Bio-bibliography　→　伝記・書誌（学）
Cambridge Local Examination　219
Circle of affinity　252
Civil service　210
Civil service examinations　219
comparative method　→　比較法

General School Certificate　220
Mathematical Geo.　→　数理地理
Nepheline　→　霞石
Open competition　219
Oxford and Cambridge Local Examinations, the　210, 219, 220
Oxford Local Examination　219
Physical Geo.　→　自然地理
Physiography　152
Public examinations　211, 219
Scientific community　252
Synclinal　→　向斜

著者紹介

源　昌久（みなもと　しょうきゅう）

1946年	生まれ
1970年	慶應義塾大学経済学部卒業
1974年	慶應義塾大学大学院文学研究科図書館・情報学専攻修士課程修了（文学修士）
現　職	淑徳大学社会学部教授
論　文	「日本の地理学書と中国近代地理学―翻訳書誌を通じて―」『地理学評論』第67巻第3号，1994年.
	"The Image of Tokyo Rivers in Literature: The Works of Koda Rohan and Nagai Kafu". *Social Theory and Geographical Thought. Japanese Contributions to History of Geographical Thought (6)*, 1996.
	「わが国の兵要地誌に関する一研究―書誌学的研究―」『空間・社会・地理思想』第5号，2000年.
	「石井（第七三一）部隊と兵要地誌に関する一考察―書誌学的研究―」『淑徳大学社会学部研究紀要』第36号，2002年.

近代日本における地理学の一潮流
Beyond the Academe : Another Lineage of Modern Japanese Geography　　淑徳大学社会学部研究叢書　17

2003年5月20日　初版第一刷発行

著　者　　源　　昌　久
発行者　　田　中　千津子

印刷／新灯印刷（株）

発行所　〒153-0064　東京都目黒区下目黒3-6-1
☎03(3715)1501　FAX03(3715)2012
振替　00130-9-98842
株式会社　学文社

検印省略　　　©2003　Printed in Japan　Minamoto Syokyu
ISBN 4-7620-1248-3